AI를 잡는 자가 미래를 잡는다

AI 고속도로

AI HIGHWAY

송경창 지음

대한민국
AGI 시작을
위하여

그리고
사랑하는 아내와 딸을
위하여

AI HIGHWAY

AI를 잡는 자가 미래를 잡는다 **AI 고속도로**

추천사

　1인당 GDP로 2년 연속 일본을 제친 나라가 한국이다. 그 발전의 상징적 원동력은 경부고속도로다. 송경창 원장은 30년의 산업정책 전문가답게, 한국 AI 경제와 산업의 발전을 위해 어떤 고속도로가 필요한지 역설하고 있다. 인프라 정책 관점에서 저자의 경험과 전략이 녹아들어 있다. 특히, AI 시대의 AI 경부고속도로의 필요성과 16개의 구체적인 AI 정책을 담대하게 제시하고 있다.

　송경창 원장은 그간의 광범위한 경험으로 한국이 AI 혁신을 통해 어떻게 미래를 선도할 수 있을지를 구체적이고 실질적인 전략으로 제시하고 있다. 이 책은 한국 AI 산업의 현주소를 짚어내고, 앞으로 나아가야 할 방향을 명확히 제시한다. 단순히 기술의 발전만을 다루는 것이 아니라, 그 기술이 사회와 경제에 미칠 영향과 이에 대비해 우리가 취해야 할 정책적, 전략적 대응을 총체적으로 설명하고 있다. 정책가들은 이 책을 통해 한국이 글로벌 AI 경쟁에서 어떻게 우위를 점할 수 있는지에 대한 이해를 높일 수 있을 것이다.

이경전
경희대학교 빅데이터응용학과 교수

AI 시대에 컴퓨팅 인프라는 전통적인 슈퍼컴퓨터와 양자컴퓨터를 결합한 하이브리드 형태로 진화할 것이다. 한국은 세계적 수준의 디지털 인프라 구축 경험을 가지고 있으며, 이제 AI 시대의 도래와 함께 양자-HPC 하이브리드 컴퓨팅을 포함하는 'AI 고속도로'를 구축할 필요가 있다.

이 책은 한국이 양자 컴퓨팅과 AI를 통합한 미래 인프라를 구축하는 방법에 대한 통찰을 제공한다. Quandela가 양자 우위 달성을 목표로 노력하듯, 한국도 AI와 양자 컴퓨팅 분야에서 기술적 리더십을 확보하기를 바라며, 이 책에 제시된 비전이 실현 가능한 경로를 제공하는 데 도움이 되길 바란다.

니콜로 소마스키
Quandela CEO(프랑스 소재 풀스택 양자 컴퓨팅 기업)

이 책은 AI 시대의 핵심 인프라 구축에 대한 통찰력 있는 로드맵을 제시한다. 저자가 제시하는 'AI 고속도로' 개념이 지역과 국가의 AI 경쟁력 강화를 위한 실천적 청사진이라 생각한다. 2018년 포스텍 인공지능거점센터 설립 당시부터 저자와 함께한 경험을 통해, 우리나라가 AI 강국으로 도약하기 위해서는 GenAI 가속기센터와 같은 첨단 인프라 구축이 도시와 지역의 미래 경쟁력을 좌우할 것으로 확신한다. 이 책은 그 구체적인 방향을 제시하고 있다.

서영주
포스텍 AI 대학원장

CONTENTS

추천사   004
프롤로그   010

Part Ⅰ. AI 패권전쟁과 신인류   014

Chapter 01. AI 패권전쟁   017
인공지능 시대 개막 | 신(新)애치슨라인 | AI 반도체 주권

Chapter 02. 생성 AI 혁명   026
ChatGPT 등장 | GenAI 붐 | AI 플랫폼

Chapter 03. AGI 세계   045
사람을 닮은 AI | AI 슈퍼 파워 | AI 안전윤리
〈AGI 절대반지〉
샘 알트만 | 데미스 하사비스 | 무스타파 술레이만 | 젠슨 황

Part Ⅱ. 생성 AI 넥스트 유니콘   080

Chapter 01. 파운데이션 모델 산업   083
ChatGPT가 쏘아 올린 초거대 AI | OpenAI, Google DeepMind, Anthropic | 네이버, 카카오, SK텔레콤, LG | AI 시대의 황금열쇠

AI를 잡는 자가 미래를 잡는다 **AI 고속도로**

Chapter 02. 클라우드 산업 　　　　　　　　　092

미래의 데이터 방주 | AWS, MS Azure, Google Cloud |
삼성SDS, 메가존 클라우드, 네이버 클라우드, KT 클라우드 |
엣지 컴퓨팅과 클라우드 융합 | 무한 확장의 플랫폼

Chapter 03. AI 반도체 산업 　　　　　　　　112

미래를 여는 칩 | NVIDIA, AMD, INTEL, 삼성전자, SK하이닉스 |
Graphcore, Cerebras Systems, 리벨리온 | 미래의 황금 칩

Chapter 04. AI 응용 서비스 산업 　　　　　　124

AI 스타트업의 꽃 | 헬스케어 AI | 휴머노이드 로봇 AI |
에듀케이션 AI | 마케팅 AI | 크리에이티브 AI | AI 시대의 황금알
〈AI 시대의 대항해, 새로운 영웅들의 탄생〉

Part Ⅲ. 글로벌 AI 고속도로 　　　　　　　　　　150

Chapter 01. 미국 AI 고속도로 　　　　　　　　153

실리콘밸리 '세계 최초 AGI 구축' | 보스턴 휴머노이드 '올 뉴 아틀라스' |
위스콘신 러스트벨트 'AI 데이터센터'

Chapter 02. 중국 AI 고속도로 　　　　　　　　162

베이징 'China AI 2.0' | 항저우 'City Brain' |
허페이 '양자통신 고속도로'

Chapter 03. 캐나다 AI 고속도로 171
토론토 '벡터 AI 연구소' | 몬트리올 '밀라 AI 연구소' |
에드먼턴 '아미 AI 연구소'

Chapter 04. 대만 AI 고속도로 181
타이페이 '호국신산(護國神山) 반도체' |
신주 'AI 실리콘밸리 대만' | 타이중 'Green TSMC'

Chapter 05. 글로벌 AI 고속도로 미래 190
국가 AI 이니셔티브 | AI 핵심 인재 |
AI 스타트업 육성 | 글로벌 기업 협력
〈뉴디지털 인프라 삼국지〉

Part Ⅳ. 한국형 AI 고속도로 202

Chapter 01. 한국형 AI 고속도로 205
국제 해저케이블 고속도로 | IDC vs AIDC vs AI Factory |
AIDC/AI Factory 인프라 | 한국형 AI 고속도로

Chapter 02. 네카오 AI 데이터센터 234
데이터센터 수도권 집중 | 네이버 하이퍼스케일 데이터센터 |
카카오 데이터센터

Chapter 03. 광주/부산/춘천 데이터센터 집적 단지   246

광주 AI 데이터센터 | 부산 데이터센터 집적 단지 |
춘천 데이터센터 집적 단지

Chapter 04. AI 경부고속도로   255

바다가 선물한 미래도시 | AI 경부고속도로 청사진 |
K 슈퍼 클라우드 컴퓨팅 파크
〈문무 AI 강국 삼국유사〉

Part Ⅴ. 리파워링 코리아   270

Chapter 01. AI 시대 전력망 혁신   273

지능형 전력망 대전환 | 한국형 전력망 고속도로

Chapter 02. 국가 전력망 고속도로   282

국내 전력계통 빅쇼크 | 국가 전력망 고속도로 계획

Chapter 03. 분산형 국가 전력망 고속도로   293

에너지 자립 모델 | 분산형 국가 전력망 고속도로

정책 리스트   306
참고자료   307

프롤로그

"AI 패권전쟁과 신인류 시대를 어떻게 준비할 것인가?"
"생성 AI 넥스트 유니콘은 누가 될 것인가?"
"한국형 AGI 인프라를 어떻게 구축할 것인가?"
"국가 전력망 대개조는 왜 필요한가?"

30여 년 동안 공직과 비즈니스 지원을 해온 경험으로 이런 질문들에 대한 답을 찾고, 미래를 준비해 나가는 과정이 이 책의 핵심이다.

AI 혁명, 이제 피할 수 없는 현실이 됐다. 누구에게는 이제껏 꿈꾸지 못했던 예술적, 과학적 기회를 열어 주고, 새로운 가능성을 보고 뛰어든 기업에게는 새로운 부를 창출할 수 있게 해주었다. 이 치열한 경쟁대열에 참여해 새로운 가치를 창출해 낸 사람만이 혜택을 누리게 될 것이다.

하지만 이건 시작에 불과하다. AGI가 등장하면 세상은 또 한 번 뒤집힐 것이다. 인간의 능력을 뛰어넘는 AI가 나오면 어떤 일이 벌어질까? 우리가 상상하는 것보다 훨씬 더 큰 변화가 올 것이다. 일자리는 어떻게 될까? 인간의 역할은 무엇이 될까? 우리는 지금 역사의 변곡점에 서 있다. AI 혁명의 파도에 휩쓸리지 않으려면 지금부터 준비해야 한다.

얼마 전 박정희 대통령 역사기념관을 찾았다. 60년대와 70년대 우리나라 산업화의 주역이었던 고속도로와 댐, 발전소 건설 현장의 빛바랜 사진들을 둘러보며 국가 발전에 인프라가 얼마나 중요한지 새삼 깨달았다. 그런데 묘하게도 이 역사적 순간들이 지금 우리가 직면한 AI 시대의 도전과 겹쳐 보였다.

며칠 뒤, 문득 빌 게이츠의 '미래로 가는 길'을 다시 펼쳐 보았다. 1995년에 나온 이 책에서 게이츠가 제시한 '정보 고속도로' 개념이 오늘날의 디지털 혁명을 얼마나 정확히 내다봤는지 놀라지 않을 수 없었다. 인터넷 시대가 도래할 것을 예견하며, 디지털 정보가 세계를 빠르게 연결하는 날이 올 거라 내다본 그의 통찰은 현실이 되어 우리 삶을 완전히 바꿔 놓았다.

이제 우리는 또 다른 시대의 문턱에 서 있다. AI 기술이 눈부시게 발전하면서 정보 고속도로를 넘어 'AI 고속도로'가 필요해졌다. ChatGPT 같은 혁신적인 AI 모델이 등장하면서 이런 변화는 더욱 가속화되고 있다. 인터넷 문명에서 AI 문명으로의 대전환이 일어나는 지금, 마이크로소프트, 애플, NVIDIA 같은 기업들이 생성 AI 중심 기업으로 탈바꿈하면서 엄청난 투자 자본이 몰리고 있다.

인터넷 시대에 구글, 아마존, 알리바바, 네이버 같은 기업 생태계가 조성되었듯이, 인공지능 시대에는 생성 AI가 주도하는 네이티브 생태계가 형성될 것이다. 이는 단순한 기술 변화가 아니라 산업 구조와 사회 시스템 전반의 근본적인 변화를 의미한다.

우리나라 역사를 되돌아보면, 1965년 경제개발 5개년 계획의 첫 사업으로 경부고속도로를 착공했다. 이 도로는 한국의 산업화와 경제 성장을 이끈 핵심 기반이자, 국가 발전의 대동맥 역할을 했다. 경부고속도로가 산업화 시대의 문을 열었듯, 이제 AI 고속도로가 대한민국의 AI 시대를 열어젖힐 것이다.

　AI 신경제 시대를 맞아 우리에겐 새로운 인프라가 필요하다. 인공지능과 사람, 사람과 세계, 세계와 미래를 잇는 가교가 바로 AI 고속도로이다. 그 핵심이 바로 AI 고속도로(AI Highway), 전력망 고속도로(Electric Power Highway), K 슈퍼 클라우드 컴퓨팅(K Super Cloud Computing)이다. AI 고속도로는 고성능 컴퓨터, 대규모 데이터센터, 초고속 통신망을 아우르는 디지털 인프라다. 전력망 고속도로는 AI 시대에 폭발적으로 늘어날 전력 수요에 대비한 안정적이고 지속 가능한 에너지 공급 체계다. K 슈퍼 클라우드 컴퓨팅은 막대한 연산 능력이 필요한 AI 개발과 운용을 위한 국가 차원의 슈퍼컴퓨터 인프라다.

　이 세 가지 인프라는 서로 긴밀히 연결되어 있다. AI 고속도로가 AI 기술 발전의 근간이라면 전력망 고속도로는 그 에너지원이고, K 슈퍼 클라우드 컴퓨팅은 AI의 두뇌 역할을 한다. 여기에 AI 연구개발을 위한 교육 제도, 산학연 협력 체계, 이를 뒷받침할 법과 제도까지 포함하는 종합적인 생태계가 더해져야 한다. 이는 AGI 시대로 가는 길목에서 AI 신경제 지도를 구축하기 위한 핵심 인프라라고 할 수 있다.

　우리나라가 반도체, 배터리, 전기차와 같은 첨단 산업에서 세계 최고 수준에 올랐듯이, AI 분야에서도 선두에 서려면 이 세 가지 인프라 구축이 시급하다. 이는 단순한 기술 발전을 넘어 국가 경쟁력을 높이고 미래 세대에게 새로운 기회를 열어 줄 토대가 될 것이다.

AI 고속도로는 서울과 수도권을 넘어 전국으로 뻗어나가야 한다. AI 호남고속도로, AI 경부고속도로 같은 구상은 국토 균형 발전과 AI 기술의 전국적 확산에 반드시 필요하다. 이를 통해 지방의 젊은이들이 고향을 떠나지 않고도 세계적인 AI 기업과 어깨를 나란히 할 수 있는 환경을 만들어야 한다. 세계 각국이 앞다투어 AI 고속도로를 조성하는 이유도 바로 여기에 있다.

빌 게이츠가 정보 고속도로로 인터넷 시대를 예견했듯, 우리는 AI 고속도로로 AI 시대의 새 지평을 열어가야 한다. 이는 단순한 기술 진보를 넘어 우리 사회와 경제의 근본적인 변화를 이끌어낼 것이다.

이 책은 AI 신경제 인프라의 필요성과 구체적인 실현 방안을 담았다. 국제 해저케이블 고속도로, 글로벌 AI 고속도로, 한국형 AI 고속도로, 넥스트 유니콘 AI 테크 기업과 같은 국내·외 정책 사례도 함께 살펴본다. 우리가 함께 만들어갈 AI 시대의 청사진을 그리며 독자 여러분과 이 흥미진진한 여정을 시작하고자 한다. 이 길을 함께 걸으며 대한민국이 AI 강국으로 우뚝 서는 모습을 그려본다. 우리 모두가 이 역사적인 변화의 주역이 되기를 희망한다.

나는 지금 미래를 곁눈질하면서 어렴풋이 AI 혁명의 징후들을 간파할 때마다 전율을 느낀다. 이제 막 시작되고 있는 이 혁명적 변화에 참여할 기회를 얻은 것을 크나큰 행운이라고 여긴다.

마지막으로, 이 책을 쓰는 데 도움을 준 ChatGPT, Claude, Perplexity, Midjourney, AskUp과 같은 AI 파트너들에게 감사드린다.

PART

I

AI 패권전쟁과 신인류

Chapter 01	AI 패권전쟁
Chapter 02	생성 AI 혁명
Chapter 03	AGI 세계

CHAPTER 01

AI 패권전쟁

1.1 인공지능 시대 개막

2022년 11월, ChatGPT가 세상에 나왔다. 그리고 우리는 놀랐다. 아니, 경악했다고 해야 할까. 이 놀라운 기술이 출시 2개월 만에 월간 활성 사용자 1억 명을 모았다. 틱톡이 9개월, 인스타그램이 2년 6개월 걸린 일을 말이다.

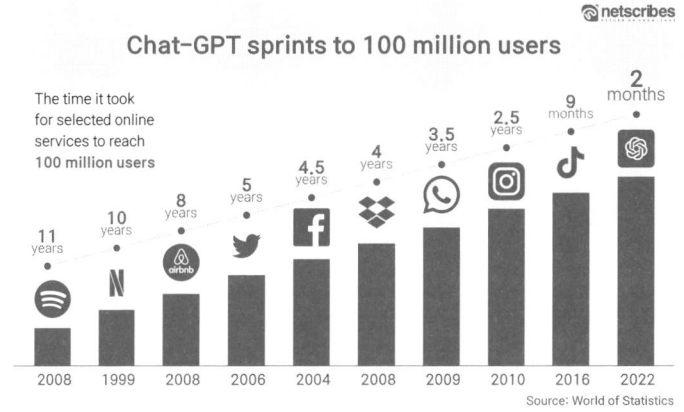

이게 바로 AI의 힘이다. 우리가 상상했던 것보다 훨씬 빠르고 강력하게, AI는 우리의 일상과 일터를 바꾸고 있다. 이제 우리는 AI와 함께 사는 법을 배워야 한다.

2023년, 우리는 생성 AI의 시대로 들어섰다. 거대언어모델(LLM)이 줄줄이 등장하더니, 이를 바탕으로 온갖 앱들이 쏟아져 나오고 있다. 말 그대로 혁명이다. 하지만 혁명의 주역인 엄청난 양의 데이터를 처리해야 한다. 여기서 반도체의 중요성이 부각된다. AI에게 두뇌가 필요하다면, 반도체는 그 두뇌의 뉴런이다. 특히 GPU와 AI 전용 반도체가 새로운 주역으로 떠오르고 있다. CPU의 독주 시대는 끝났다.

AI가 반도체 산업을 뒤흔들고 있다. AI는 엄청난 연산 능력이 필요한데, 이게 바로 고성능 반도체에 대한 수요로 이어진다. 가트너(Gartner)에 따르면, 2024년 전 세계 반도체 시장 규모가 6,240억 달러, 2025년엔 7,210억 달러에 이를 거라고 한다. 연 15% 이상 성장하는 셈이다. 놀라운 속도다.

ⓒ Gartner

AI는 데이터센터도 바꾸고 있다. 기존 데이터센터가 AI 전용으로 변모하고 있는 것이다. 당연히 AI용 고성능 반도체 수요가 폭증하고 있다. 이런 변화가 반도체 산업 전체의 지형을 바꾸고 있다. 우리는 지금 반도체 산업의 대변혁기를 목격하고 있는 것이다.

이 격변의 시대, 기업들의 운명도 바뀌고 있다. NVIDIA가 AI 반도체 시장의 왕좌를 차지하며 폭풍 성장 중이다. TSMC는 첨단 기술로 AI 반도체 생산의 핵심 기업이 됐다. 우리나라의 삼성전자와 SK하이닉스도 이 전쟁에 뛰어들었다. 과연 승자가 될 수 있을까?

그런데 이게 단순한 기업 간 경쟁이 아니다. 국가 간 기술 패권 다툼으로 번지고 있다. 특히 미국과 중국, 이 두 강대국의 싸움이 치열하다. 엄청난 돈을 쏟아붓고, 온갖 정책을 동원하고 있다. 21세기판 군비 경쟁이라고나 할까?

미국은 2022년 8월, '반도체과학법'을 만들었다. 520억 달러로 반도체 산업을 지원하고, 2,800억 달러를 과학 기술 연구에 쏟아붓는다고 한다. 어마어마한 돈이다. 중국은 어떨까? '중국제조 2025'라는 전략을 내놓고, 2025년까지 반도체 자급률 70% 달성을 목표로 삼았다. 자국 기업의 R&D 투자에 대규모 산업보조금을 지원한다고 한다.[1]

이런 와중에 글로벌 공급망도 재편되고 있다. TSMC, 삼성전자 같은 기업들이 미국, 일본으로 생산기지를 옮기고 있다. 기술도 지키고 안정적인 공급망도 확보하려는 전략이다. 세계 지도가 다시 그려지는 듯하다.

AI 시대의 개막과 함께 시작된 반도체 전쟁, 이것이 앞으로 세계 경제와 국제 관계를 좌우할 거다. 반도체 기술이 곧 AI 산업의 핵심이고, 국가 경쟁력과 직결되니 말이다. 각국은 이 전쟁에서 이기기 위해 안간힘을 쓸 것이다.

이 반도체 전쟁은 단순한 기업 간 경쟁이 아니다. 국가의 운명이 걸린 싸움이다. 우리나라는 어떻게 해야 할까? 글로벌 반도체 시장에서 우리의 자리를 지키고, AI 시대의 기술력을 확보해야 한다. 특히 AI 반도체 기술 개발, 인재 양성, 안정적인 공급망 구축이 시급하다. 동시에 국제 협력도 필요하다.

반도체 산업, 우리나라 경제의 큰 기둥이 아닌가. 그런데 지금 이 기둥이 흔들리고 있다. 미국과 중국, 이 두 거인이 엄청난 돈을 쏟아붓는데 우리가 어떻게 맞설 수 있을까? 이것은 삼성전자나 SK하이닉스만의 문제가 아니다. 우리 모두의 일이다.

우리에겐 세계 최고의 반도체 기술이 있다고 자랑한다. 그래, 맞다. 하지만 이것만으로는 앞으로 한참 모자란다. AI 시대에 맞는 새로운 기술, 새로운 인재가 필요하다. 대학은 AI 반도체 전문가를 키워내야 한다. 기업은 과감히 돈을 써야 한다. 정부는 이를 뒷받침할 정책을 내놓아야 한다.

1.2 신(新)애치슨라인

1950년 1월 12일, 미국 국무장관 딘 애치슨이 한반도를 배제한 채 극동 방위선을 그었다. 그 선은 알류샨 열도에서 일본, 오키나와, 필리핀을 잇는 것이었다. 이제 그 선이 다시 그어졌다. 이번엔 총구가 아닌 반도체 칩으로 말이다.

21세기의 신(新)애치슨라인은 한국, 일본, 대만을 품에 안았다. 미국이 중국의 기술 굴기를 막고자 동아시아 반도체 강국들과 손을 잡은 것이다. 삼성전자, SK하이닉스, TSMC, 일본의 첨단 기업들이 이 새로운 진영에 들어섰다. 이제 반도체는 단순한 돈벌이 수단이 아니다. 국가의 운명을 좌우할 전략 자산이 된 것이다. 그러나 일부 전문가들은 지정학적 위험이 높은 한국과 대만 대신 일본과 싱가포르를 택하는 미국의 '신(新)애치슨라인'이 만들어질 가능성도 제기하고 있다.

ⓒ 동아일보

이 새로운 선은 미중 기술 전쟁의 최전선이다. 미국은 2022년 10월, 중국으로 가는 반도체의 문을 걸어 잠갔다. 이는 단순한 경제 제재가 아니다. 중국이 첨단 기술의 열쇠를 쥐지 못하게 하려는 전략이다. 왜일까? 반도체가 AI, 양자컴퓨터, 6G 같은 미래 기술의 심장이기 때문이다. 이제 반도체는 국가 안보의 핵심이 됐다.

이 새로운 선이 그어지면서 세계 반도체 지도가 바뀌고 있다. TSMC, 삼성전자, SK하이닉스 같은 거인들이 미국 땅에 공장을 짓고 있다. TSMC는 애리조나에 650억 달러, 삼성은 텍사스에 440억 달러 이상을 쏟아붓고 있다. 왜 이런 큰돈을 들여 미국에 공장을 짓는 걸까? 미국이 반도체 공급망을 자국으로 끌어들이려 하고,

기업들은 중국 의존도를 낮추려는 것이다. 새로운 냉전의 그림자가 반도체 산업을 뒤흔들고 있다.

하지만 이 새로운 선이 가져올 위험도 만만치 않다. 세계 경제가 둘로 쪼개질 수 있고, 동아시아 국가들은 미중 사이에서 딜레마에 빠질 수 있다. 기술 발전도 더뎌질 수 있다. 그럼에도 이 선은 이미 그어졌다. 미국과 동맹국들은 이를 통해 기술 패권과 안보를 지키려 한다. 2023년 3월, 네덜란드와 일본이 중국행 첨단 반도체 장비의 문을 닫은 것도 같은 맥락이다. 새로운 냉전의 서막이 올랐다.

한국은 이 새로운 선 안에 들어섰다. 득과 실이 공존한다. 미국과 손잡으면 기술을 키우고, 세계 반도체 시장의 큰손이 될 수 있다. 이는 분명 좋은 일이다. 하지만 중국과 사이가 벌어질 수 있고, 기업들은 전략을 뜯어고쳐야 한다. 이는 큰 부담이다. 한국은 이제 냉철한 판단과 과감한 선택의 기로에 서 있다.

이 새로운 선은 단순히 반도체 산업의 경계가 아니다. 세계 질서가 바뀌고 있음을 알리는 신호탄이다. 기술, 돈, 안보가 한데 얽힌 새로운 세계 질서의 시작이다. 정부와 기업들은 이제 눈을 크게 뜨고 세상을 봐야 한다. 변화의 물결에 휩쓸리지 않으려면 전략적 대응이 필요하다.

앞으로 이 새로운 선의 향방에 세계의 이목이 쏠릴 것이다. 미국이 동맹을 얼마나 더 끌어모을지, 중국은 어떻게 맞설지, 글로벌 기업들은 어떤 선택을 할지가 관건이다. 특히 인도와 베트남 같은 신흥 기술 강국들의 행보도 주목해야 한다. 이들이 어느 쪽에 설지에 따라 이 선의 모양과 힘이 달라질 수 있기 때문이다. 새로운 세계 질서의 윤곽이 서서히 드러날 것이다.

이 새로운 선은 21세기 세계 질서의 뼈대가 될 것이다. 기술 패권을 놓고 벌이는 전쟁이 격화되는 가운데, 각국은 안보와 경제 사이에서 줄타기를 해야 한다. 이는 단순히 산업 정책의 문제가 아니다. 국가의 운명이 걸린 전략적 선택이다. 앞으로 국제 관계를 이야기할 때 이 선을 빼놓고는 말할 수 없을 것이다. 새로운 세계 질서의 서막이 올랐다.

1.3 AI 반도체 주권

반도체를 둘러싼 전쟁이 시작됐다. 20세기에 석유가 그랬듯, 21세기엔 반도체가 세계 질서를 좌우하는 핵심 자원이 됐다. AI 기술이 날로 발전하면서 고성능 반도체의 중요성은 하늘을 찌를 듯이 커지고 있다. 이게 그저 돈벌이 수단이 아니라는 걸 알아야 한다. 국가 안보와 기술 주권의 핵심이 됐다는 말이다.

가트너에 의하면, 세계 AI 반도체 시장 규모가 2024년 428억 달러, 2027년 1,194억 달러를 훌쩍 넘길 거라고 한다. 이 숫자는 반도체가 21세기 심장이 됐다는 것을 의미한다.

미국과 중국이 이 반도체를 놓고 한판 붙었다. 미국은 자국 기업들의 기술력을 앞세워 세계 반도체 공급망을 장악하려 한다. 2022년 10월에는 아예 중국에 대한 기술 제재 조치를 내놨다. 중국의 첨단 반도체 개발을 막겠다는 속셈이다. 이게 세계 반도체 산업에 엄청난 충격을 줬다는 건 두말할 나위도 없다.

반면 중국은 어떤가? '반도체 굴기'를 외치며 사활을 걸고 있다. 2025년까지 반도체 자급률 70%를 달성하겠다고 한다.[1] 엄청난 돈을 쏟아붓고 있다. 미국이 견제하고 있지만, 중국의 이런 노력이 장기적으로 세계 반도체 산업의 판도를 바꿀 수 있다는 점을 간과해선 안 된다.

컴퓨팅 파워를 확보하는 일, 이건 그저 기술적인 문제가 아니다. 반도체를 개발하고 생산하고 유통할 수 있는 국가적 역량이 필요하다. 연구개발 인프라, 생산 시설, 공급망 관리, 숙련된 인력 등이 모두 갖춰져야 한다. 가령, 7나노미터 이하 공정의 반도체를 만들 수 있는 기업이 전 세계에 단 두 곳뿐이라는 사실을 알고 있는가? TSMC와 삼성전자다. 이게 바로 반도체 기술의 진입장벽이 얼마나 높은지 보여주는 증거다.

이런 상황에서 한국의 위치가 어떤지 살펴보자. 한국은 메모리 반도체 시장에서 압도적인 1위다. 시스템 반도체 분야에서도 빠르게 성장하고 있다. 2022년 기준으로 한국의 세계 반도체 시장 점유율이 20%에 달한다. 미국 다음이다. 삼성전자와 SK하이닉스는 메모리 반도체 시장의 60% 이상을 차지하고 있다. 이게 무슨 뜻인가? 한국이 세계 반도체 공급망에서 핵심 역할을 하고 있다는 뜻이다.

하지만 한국의 반도체 산업도 난관에 봉착해 있다. 미중 기술 패권 경쟁 속에서 한국 기업들이 곤란한 처지에 놓였다. 미국의 대중 제재와 중국 시장의 중요성 사이에서 줄타기를 해야 하는 형국이다. 게다가 AI 같은 신기술에 대응하기 위한 고성능 반도체 개발 경쟁에서도 뒤처지면 안 된다. 이것은 엄청난 부담이다.

한국 정부가 '2030년까지 반도체 강국을 이루겠다'는 'K-반도체 전략'을 내놓은 이유가 바로 여기에 있다. 대규모 투자와 세제 혜택, 인재 양성 등을 밀어붙이고 있다. 특히 시스템 반도체와 파운드리 분야의 경쟁력 강화에 힘을 쏟고 있다. 이건 메모리 반도체에 치우친 한국의 산업 구조를 다각화하고, AI 시대에 대비하기 위한 전략이다.

AI 시대의 반도체 주권 확보는 국가의 운명을 가를 중대한 과제다. 이건 단순한 산업 영역의 문제가 아니다. 국가 안보와 경제 발전의 핵심 요소다. 미중 간 기술 패권 다툼이 치열해지는 상황에서, 한국은 자체 기술력과 생산 능력을 토대로 독자적인 반도체 생태계를 만들어야 한다. 세계 공급망에서 핵심 위치를 굳건히 해야 한다.

이를 위해선 무엇이 필요한가? 꾸준한 연구개발 투자, 전문 인재 양성, 국제 협력 강화다. AI 시대의 반도체 주권 확보, 국가의 미래를 좌우할 핵심 과제다. 우리가 이 전쟁에서 어떤 위치에 설 것인지, 지금 우리의 선택이 그 답을 결정할 것이다. 반도체 전쟁, 이것은 21세기 패권의 핵심 전선이다. 우리는 이 전선에서 어떤 역할을 할 것인가? 그 답을 찾는 것이 우리 세대의 과제다.

CHAPTER

02

생성 AI 혁명

2.1 ChatGPT 등장

　1956년, 미국 다트머스 대학교에서 열린 한 회의가 인공지능의 역사를 열었다. 다트머스 컨퍼런스라 불린 이 모임에서 '인공지능'이란 말이 처음 쓰였다. 당시 모인 과학자들은 인간의 지능을 흉내 내는 기계를 만들 수 있다고 믿었다. 이 작은 모임이 AI 연구의 출발점이 되어 반세기가 넘는 세월 동안 이 분야를 이끌어왔다.

　연구 초기에는 주로 문제 해결과 논리적 사고에 관심이 쏠렸다. 60년대와 70년대에 들어서면서 전문가 시스템이라는 것이 나왔다. 이것은 의사나 화학자 같은 전문가의 지식을 기계에 넣으려는 시도였다. 하지만 이때의 AI는 한정된 분야에서만 쓸 수 있었고, 실제 세상의 복잡한 문제를 다루기에는 역부족이었다.

　80년대에 접어들면서 신경망 기술이 다시 주목받기 시작했고, 기계학습이라는 분야도 발전했다. 이때 나온 역전파 알고리즘은 여러 층으로 된 신경망을 학습시킬 수 있게 해줬다. 이게 지금 딥러닝의 밑바탕이 됐다. 하지만 그때의 컴퓨터 성능과 데이터양으로는 큰 규모의 신경망을 제대로 학습시키기 어려웠다.

90년대와 2000년대 초에는 기계학습 알고리즘이 더 복잡해지고 정교해졌다. 서포트 벡터 머신(SVM) 같은 새 기술도 나왔다. 게다가 인터넷이 발달하면서 엄청난 양의 데이터를 모으고 다룰 수 있게 됐다. 이런 변화로 AI 연구는 새로운 단계로 접어들었다.

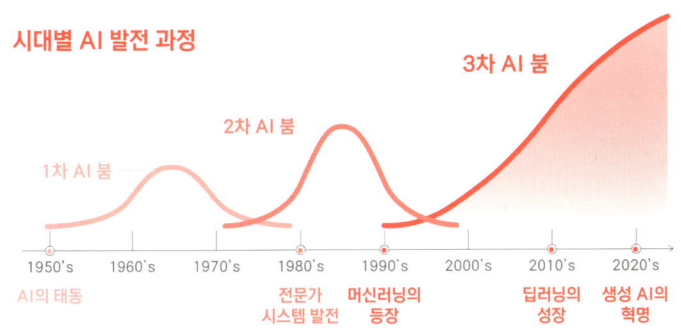

ⓒ SK경영경제연구소, 'AI의 시작과 발전 과정, 미래 전망'

2010년대에 들어 AI는 비약적으로 발전했다. 특히 딥러닝 기술이 크게 나아지면서 컴퓨터 비전, 자연어 처리, 음성 인식 같은 여러 분야에서 사람 수준의 능력을 보이기 시작했다. 2012년 ImageNet이라는 대회에서 딥러닝으로 만든 AlexNet이 압도적으로 이긴 것은 AI 역사의 큰 전환점이었다.

2016년, AI는 일반 사람들의 이목을 한껏 끌었다. 구글 딥마인드가 만든 AI 바둑 프로그램 알파고가 세계 최고 수준의 바둑 기사 이세돌 9단을 이긴 것이다. 이 사건은 AI의 실력을 극적으로 보여줬고, 많은 이들이 AI의 가능성과 앞날에 대해 생각해 보게 만들었다.

2020년대에 들어서면서 AI는 더 강해지고 여러 분야로 퍼져나갔다. 2020년에 OpenAI가 GPT-3를 내놓았다. 이 거대한 언어 모델은 1,750억 개의 매개변수를 가지고, 사람이 쓴 글과 구분하기 힘들 정도로 자연스러운 글을 만들어낼 수 있었다.

거대언어모델과 생성 AI의 탄생으로 인간과 기계 사이에 언어 장벽이 무너지고 있다. 마침내 인간과 기계가 소통하게 된 순간, 새로운 시대가 열리고 있다.

AI가 이렇게 발전한 건 알고리즘, 데이터, 컴퓨팅 파워 덕분이다. 알고리즘 쪽에서는 딥러닝, 강화학습, 전이학습 같은 기술이 크게 나아졌다. 특히 2017년에 나온 트랜스포머라는 구조는 자연어 처리에 혁명을 일으켰다. 데이터 측면에서는 빅데이터가 나오면서 AI 모델을 학습시키는 데 필요한 엄청난 양의 데이터를 쓸 수 있게 됐다. 인터넷이 발달하고 IoT 기기가 널리 퍼지면서 온갖 종류의 데이터가 폭발적으로 늘어났다. 컴퓨팅 파워 쪽에서는 GPU가 발전하고 클라우드 컴퓨팅이 보편화되면서 대규모 AI 모델을 학습시킬 수 있게 됐다. 특히 AI 전용 칩이 나오면서 AI 연산을 더 효율적으로 할 수 있게 됐다.

이런 핵심 동력이 발전한 덕분에 2022년에 나온 ChatGPT는 AI 기술의 판도를 완전히 뒤집어놓았다. ChatGPT는 사람과 대화할 때 맥락을 잘 파악하고 알맞게 대답할 수 있었다. 이것은 LLM(Large Language Model : 거대언어모델)의 능력을 최대한 끌어올린 결과였다.

LLM은 엄청난 양의 글 데이터로 학습한 AI 모델이다. 이 모델은 글을 쓰고, 번역하고, 요약하는 등 다양한 언어 관련 작업을 할 수 있다. GPT 시리즈, Gemini, LLama 같은 게 대표적인 LLM이다. 이런 모델들은 수십억에서 수천억 개의 매개변수를 가지고 있어서, 사람의 언어를 깊이 이해하고 만들어낼 수 있는 능력이 있다.

요즘엔 LLM을 넘어서 LAM을 연구하고 있다. LAM은 글을 쓰는 것 말고도 실제로 뭔가를 할 수 있는 AI 모델이다. 예를 들어, 사람이 시키는 걸 알아듣고 인터넷 브라우저를 다루거나 컴퓨터의 여러 기능을 실행할 수 있다. LAM은 AI가 단순히 말하는 것을 넘어 실제 세상과 소통할 수 있다는 것을 보여주고 있다.

  2024년, AI 기술은 또 한 번 도약했다. 특히 눈여겨볼 만한 건 GPT-4o다. 이건 기존 GPT-4를 더 다듬어서 성능과 효율을 높인 것이다. 반응 속도가 더 빨라졌고, 맥락을 이해하는 능력도 좋아졌다. 특히 복잡한 생각을 요구하는 일이나 여러 단계를 거쳐야 하는 문제를 푸는 데 탁월하다. GPT-4o는 윤리 문제나 편견을 줄이는 데도 신경 썼다. 이것은 AI를 책임감 있게 발전시키고 쓰려는 업계의 노력을 보여준다. 이런 발전 덕분에 AI는 더 믿을 만하고 쓸모 있는 도구가 되고 있고, 여러 산업 분야에서 AI를 활용할 가능성도 더 커지고 있다.

  AI 기술은 지금도 계속 발전하고 있다. 특히 뭔가를 만들어내는 생성 AI 시장은 이제 겨우 시작했다고 볼 수 있다. AI는 이제 병원, 은행, 학교, 예술계 등 거의 모든 분야에 파고들고 있다. 우리가 살아가는 방식과 일하는 방식을 뿌리부터 바꾸고 있는 거다.

  앞으로 AI는 더 발전해서 사람의 능력을 넘어설 거라고 본다. 특히 사람만큼 똑똑한 AI, 이른바 AGI를 만들 수 있을지에 대해 많은 사람들이 얘기하고 있다. AI가 앞으로 어떻게 발전하고 우리 사회에 어떤 영향을 줄지는 아직 모른다. 하지만 한 가지 확실한 건 AI가 우리의 미래를 만드는 데 큰 역할을 할 것이라는 점이다.

  AI의 역사는 사람의 지능을 흉내 내고 더 키우려는 끊임없는 노력의 과정이었다. 처음에는 단순한 논리 체계에 불과했지만, 지금은 강력한 딥러닝 모델까지 놀라운 속도로 발전했다. 앞으로 AI는 더 발전해서 우리가 상상도 못한 방식으로 세상을 바꿀 것이다. 이런 변화 속에서 우리는 AI의 가능성을 최대한 활용하면서도, 그것이 가져올 수 있는 위험을 조심스럽게 다뤄야 할 것이다.

ChatGPT 열풍

지난 1년간 ChatGPT를 위시한 상위 50개 AI 도구들이 일으킨 파장은 실로 놀랍다. 무려 240억 건이 넘는 방문 수를 기록했고, 매달 평균 2억 3천만 명 이상의 새로운 방문자들이 몰려들었다. 이 숫자들이 의미하는 바는 무엇일까? AI 기술이 우리 일상에 얼마나 깊숙이 파고들었는지를 여실히 보여주는 증거라고 할 수 있겠다.

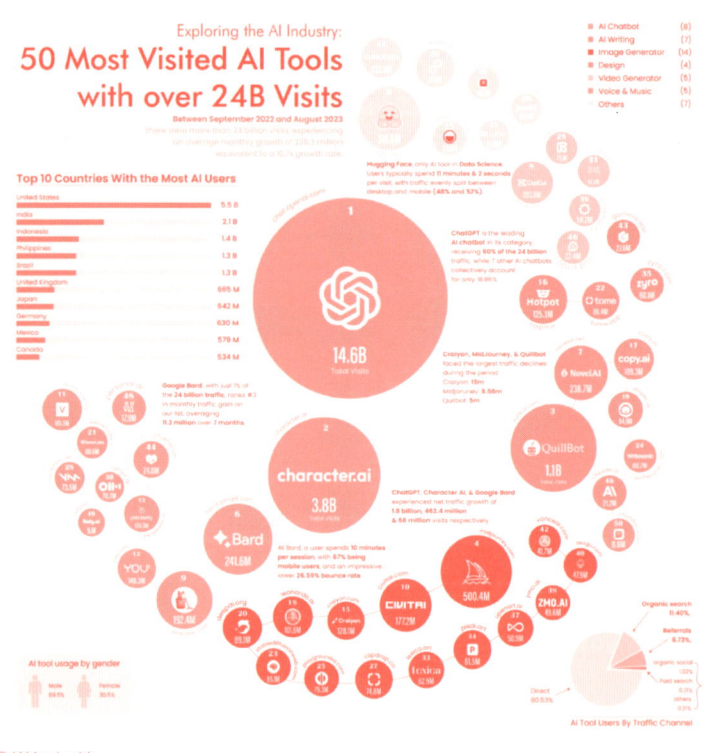

ⓒ Writerbuddy

이 거대한 물결의 중심에 서 있는 건 단연 ChatGPT다. 전체 트래픽의 60%가 넘는 140억 건의 방문을 기록했으니, 그 위력이 얼마나 대단한지 짐작할 수 있다. 그런데 한 가지 아쉬운 점은 한국의 모델이 20위 안에 들지 못했다는 사실이다. ChatGPT, Character AI 및 Google Bard는 각각 18억 건, 4억 6,340만 건, 6,800만 건의 순으로 트래픽 증가를 경험했다.

Top 20 Countries with the Most AI Users

Country	Total Visits	% of Total Traffic
United States	5.5B	22.62%
India	2.1B	8.52%
Indonesia	1.4B	5.60%
Philippines	1.3B	5.25%
Brazil	1.3B	5.22%
United Kingdom	665M	2.74%
Japan	642M	2.65%
Germany	630M	2.60%
Mexico	579M	2.39%
Canada	534M	2.20%
France	481M	1.98%
Malaysia	434M	1.79%
Colombia	415M	1.71%
Spain	377M	1.55%
Viet nam	351M	1.45%
Argentina	320M	1.32%
Australia	319M	1.32%
Pakistan	271M	1.12%
Russian Federation	270M	1.11%
Peru	268M	1.10%

© Writerbuddy

　미국이 55억 건으로 전체의 22.6%를 차지했고, 유럽 국가들도 합쳐서 39억 건을 기록했다. 인도는 미국에 이어 2위를 차지하며 21억 명의 방문자 수를 기록했다. 다음으로 인도네시아, 필리핀, 브라질이 뒤를 잇고 있다. 흥미로운 점은 중국이 14억 명의 인구에도 불구하고 상위 20위권에 들지 못했다는 점이다. 이는 중국이 AI를 규제하는 것과 더불어 자체 AI 도구를 개발한다는 사실로 설명될 수 있다.

반면 우리나라는 상위 20개국 목록에조차 이름을 올리지 못했다. 이 현실을 어떻게 받아들여야 할까?

우리는 과거 인터넷 시대의 도래를 경험한 적이 있다. 1990년대부터 '산업화'는 뒤졌지만, 정보화는 앞서가자는 기치 아래 본격적으로 IT산업을 육성했다. 초고속 정보통신기반구축 종합계획(1995)을 수립하고 이행하였다. 당시 온 국민이 하나되어 인터넷 배우기에 열을 올렸고, 그 결과 대한민국은 IT 강국의 반열에 오를 수 있었다. 지금 우리에게 필요한 건 그때의 그 열정이다. AI를 배우고 활용하자는 열풍이 다시 한번 일어나야 한다. 우리의 일상에서, 그리고 각자의 전문 분야에서 AI를 적극적으로 활용한다면 우리는 또다시 AI 강국으로 도약할 수 있을 것이다.

2.2 GenAI 붐

인공지능 역사에 한 획을 그은 사건이 있었다. 마치 베를린 장벽이 무너진 것처럼, 거대언어모델의 장벽이 허물어진 것이다. 2023년 3월, 메타가 '라마(LLama)'라는 거대언어모델을 오픈소스로 공개했다. 의도치 않은 유출이었지만, 결과적으로 AI 산업 전반에 지각변동을 일으켰다. 공개 이후 불과 1년 만에 3만 개가 넘는 파인 튜닝 모델이 등장했고, 이는 'LLM 르네상스'라 불릴 만한 혁명적 변화의 시작이었다.

인공지능 기술이 날로 발전하면서 GenAI(생성 AI)가 우리 사회 곳곳에 혁명적 변화의 바람을 일으키고 있다. 이 기술은 텍스트, 이미지, 음성, 영상 등을 자유자재로 만들어낸다. 예술가의 손길이 필요한 창의적 작업에서부터 일상의 단순 업무까지 GenAI의 활용 범위는 실로 광대하다.

영상 분야에서 GenAI의 혁신은 눈부시다. OpenAI의 Sora는 마치 마법 지팡이와 같다. 몇 줄의 텍스트만으로 고품질 영상을 뚝딱 만들어내는 이 AI 모델은 영화, 광고, 교육 콘텐츠 제작 등 다양한 분야에서 무한한 가능성을 보여주고 있다. 이는 창작의 패러다임을 완전히 바꿀 수 있는 혁명적 기술이다.

Sora의 능력은 놀랍다. 고품질 영상을 만들고 다양한 스타일을 구현하며, 복잡한 동작과 장면까지 연출해 낸다. 단순한 텍스트 설명만으로도 현실감 넘치는 상세한 영상을 창조해 내고, 실사와 애니메이션을 자유자재로 오가며 다양한 스타일의 영상을 선보인다. 여러 캐릭터의 상호작용, 복잡한 배경 등 다채로운 장면 구현 능력은 그야말로 경이롭다.

Sora의 출현은 영화와 광고 제작 현장에 혁명적 변화를 예고한다.

초기 콘셉트 영상이나 스토리보드 작성 단계에서 이 기술을 활용한다면, 제작 시간과 비용을 획기적으로 줄일 수 있을 것이다. 이는 창작자들에게 더 많은 시간과 자원을 핵심 창작 활동에 쏟을 수 있게 해주는 혁신적 도구가 될 것이다.

ⓒ OpenAI 홈페이지

GenAI의 혁명은 검색 엔진 분야까지 뒤흔들고 있다. Perplexity AI는 이 변화의 중심에 서 있다. 이 혁신적 검색 엔진은 단순한 키워드 나열에서 벗어나, 자연어로 던진 질문에 정확하고 종합적인 답변을 제공한다. 이는 우리가 정보를 찾고 이해하는 방식 자체를 근본적으로 바꿀 수 있는 기술이다.

Perplexity AI는 지식의 만능 도우미와 같다. 대화하듯 자연스럽게 질문할 수 있고, 다양한 출처의 정보를 종합해 포괄적인 답변을 제공한다. 실시간으로 업데이트되는 최신 정보를 반영하며, 모든 정보의 출처를 명확히 밝혀 신뢰성을 확보한다. 이는 단순한 검색을 넘어 전문가와 대화하는 듯한 경험을 제공하는 혁신적 기술이다.

GenAI 기반 검색 엔진은 정보 검색의 개념을 완전히 새롭게 정의하고 있다. 이제 더 이상 무의미한 링크의 홍수 속에서 헤매지 않아도 된다. 사용자의 질문에 대해 직접적이고 종합적인 답변을 제공함으로써 정보에 대한 접근성과 이해도를 비약적으로 높이고 있다. 이는 개인 비서가 전 세계의 지식을 정리해 알려주는 것과 같은 혁명적 변화다.

GenAI의 진화는 멀티모달 AI라는 새로운 지평을 열었다. 구글의 Gemini는 이 혁명의 선두 주자다. 이 놀라운 기술은 인간의 오감처럼 텍스트, 이미지, 음성, 영상 등 다양한 형태의 정보를 동시에 받아들이고 처리할 수 있다. 이는 AI가 인간의 복합적인 인지 능력에 한 걸음 더 가까워졌음을 의미한다.

Gemini는 인공두뇌와 같다. 다양한 형태의 정보를 받아들이고, 복잡한 맥락과 미묘한 뉘앙스까지 이해하며 창의적으로 문제를 해결한다. 여러 분야의 지식을 융합해 혁신적인 해답을 제시하고, 새로운 정보와 상황에 재빠르게 적응한다. 이는 단순한 기계를 넘어 진정한 지능을 가진 존재에 가까워지고 있음을 보여주는 놀라운 기술이다.

Gemini 같은 멀티모달 AI는 우리 삶의 다양한 영역을 혁신하고 있다. 교육 현장에서는 개인화된 학습 경험을 제공하고, 의료 분야에서는 환자의 증상 설명, 의료 영상, 음성 기록을 종합 분석해 정확한 진단을 내린다. 고객 서비스 분야에서도 혁명적 변화를 일으키고 있다. 이는 AI가 단순한 도구를 넘어, 우리 삶의 동반자로 진화하고 있음을 보여준다.

기업들도 GenAI의 무한한 가능성을 놓치지 않고 있다. 넷플릭스는 AI 기술을 콘텐츠 제작과 추천 시스템에 활용하고 있다. 예를 들어, 넷플릭스는 AI를 사용하여 콘텐츠 번역을 개선하고, 시청자

취향에 맞는 맞춤형 콘텐츠를 추천한다. 또한, 비디오 인코딩 최적화에도 AI를 활용하여 스트리밍 품질을 향상시키고 있다.

GenAI 기술은 눈덩이가 굴러가듯 빠르게 발전하고 있다. 이 기술의 물결은 앞으로 더 많은 산업 분야를 휩쓸며 혁신의 바람을 일으킬 것이다. 하지만, 이 눈부신 발전의 이면에는 우리가 반드시 해결해야 할 중요한 과제들이 도사리고 있다. 이는 양날의 검과 같아서 우리가 어떻게 다루느냐에 따라 축복이 될 수도, 재앙이 될 수도 있는 것이다.

GenAI 붐은 단순한 기술의 진화를 넘어 우리 사회의 DNA를 바꾸고 있다. 영상을 만들고, 정보를 찾고, 다양한 형태로 상호작용하는 방식 등 우리 삶의 많은 영역에서 GenAI는 새로운 지평을 열고 있다. Sora, Perplexity AI, Gemini 같은 혁신적 기술들은 이미 우리의 일상과 일하는 방식을 근본적으로 변화시키고 있다. 이는 산업혁명이 농경사회를 산업사회로 바꾼 것과 맞먹는 역사적 변화의 순간이다.

퍼플렉시티와 생성 AI 검색 시대

인터넷이 등장했을 때 구글의 혁신적인 검색 엔진이 정보 혁명을 이끌었듯, 지금 우리는 또 다른 변곡점에 서 있다. 생성 AI 검색의 등장이 바로 그것이다. 이 기술은 우리가 정보를 찾고 이해하는 방식을 근본적으로 바꿀 잠재력을 가지고 있다.

이 변화의 중심에 퍼플렉시티(perplexity)라는 새로운 검색 엔진이 있다. 구글과 퍼플렉시티의 차이는 명확하다. 구글에 '한국 경제 전망'이라고 검색하면 관련된 웹페이지들을 죽 늘어놓는다. 마치 도서관에서 관련 서적을 책장에서 꺼내 보여주는 것과 비슷하다. 반면 퍼플렉시티는 여러 출처의 정보를 종합해 하나의 답변을 만들어낸다. "한국 경제는 올해 약 2.5% 성장할 것으로 전망됩니다. 이는 지난해보다 소폭 상승한 수치로…"라는 식이다. 더 나아가 퍼플렉시티는 이 정보의 출처도 명확히 표시해 준다.

ⓒ techrecipe.co.kr/posts/66770

이러한 생성 AI 검색의 잠재력을 인식한 거대 기업들도 이 흐름에 동참하고 있다. OpenAI는 ChatGPT의 경험을 바탕으로 SearchGPT를 준비 중이다. 네이버는 '큐(Cue:)'라는 이름의 생성형 AI 검색 서비스를 선보였다. 구글도 'AI Overview' 기능을 통해 생성 AI 기술을 검색에 접목시키려 노력하고 있다.

이런 움직임은 새로운 성장의 기회를 의미한다. 구글이 인터넷 시대의 정보 혁명을 이끌며 성장했듯, 생성 AI 검색 기술을 선점하는 기업이 AI 시대의 새로운 강자로 부상할 가능성이 크다.

생성 AI 검색이 가져올 변화의 잠재력은 엄청나다. 개인 맞춤형 정보 제공, 복잡한 질문에 대한 즉각적인 답변, 심지어 이커머스와 결합한 새로운 쇼핑 경험까지 우리 삶의 많은 부분을 바꿀 수 있다.

결국 이런 기술의 발전은 우리에게 선택을 요구한다. 다양한 정보를 직접 살펴보고 판단할 것인가, 아니면 AI가 종합한 답변을 신뢰할 것인가? 이는 개인의 선택이겠지만, 분명한 건 우리의 정보 소비 방식이 크게 변하고 있다는 점이다.

AI 검색 시대가 주류가 되었을 때 우리의 콘텐츠가 AI에 의해 선택되기 위해서는 어떤 준비를 해야 할까? 첫째, 정확하고 신뢰할 수 있는 정보를 제공해야 한다. AI는 여러 출처의 정보를 비교하고 종합하기 때문에 신뢰성 높은 정보가 더욱 중요해질 것이다. 둘째, 구조화된 데이터를 제공해야 한다. AI가 쉽게 이해하고 처리할 수 있는 형태로 정보를 구성하는 것이 중요하다. 셋째, 독창적이고 깊이 있는 콘텐츠를 만들어야 한다. AI는 단순한 정보보다는 통찰력 있는 분석과 독특한 관점을 가진 콘텐츠를 더 가치 있게 여길 것이다.

생성 AI 검색 시대는 피할 수 없는 미래다. 이 도구를 어떻게 사용할지, 그리고 이 새로운 바다에서 어떤 보물을 찾아낼지는 우리의 선택에 달려 있다. 우리는 지금 새로운 정보 혁명의 출발선에 서 있다. 이제 그 여정을 시작할 때다.

2.3 AI 플랫폼

AI 플랫폼 시대가 도래했다. 기업 생태계가 격변의 소용돌이에 휩싸였다. 구글, 아마존, 페이스북, 네이버, 카카오 같은 인터넷 공룡들의 시대는 막을 내리고 있다. 이제 AI 플랫폼이라는 새로운 게임의 규칙이 판을 뒤엎고 있다.

이는 단순한 기술 진보가 아니다. 산업 구조와 비즈니스 모델이 근본부터 흔들리고 있다. 오프라인 서비스를 온라인으로 옮겨 대박을 터트렸던 기업들도 이제는 AI로 완전히 새로운 가치를 창출해야 하는 험난한 길에 들어섰다.

AI 플랫폼 시대의 핵심은 무엇인가? 초거대 AI 모델과 막대한 컴퓨팅 파워다. OpenAI, 구글, 마이크로소프트, NVIDIA 같은 선두 주자들은 천문학적인 자금을 쏟아부으며 AI 슈퍼컴퓨터와 데이터센터 구축에 사활을 걸고 있다. AI가 이제 단순한 소프트웨어를 넘어 거대 인프라 산업으로 진화하고 있다.

이 새로운 시대에는 기존 인터넷 기업들의 위상이 하루아침에 뒤바뀔 수 있다. 애플은 여전히 시가총액 1위 기업이지만, AI 개발 분야에서는 마이크로소프트와 NVIDIA에 비해 상대적으로 뒤처진 모습을 보이고 있다.

AI 플랫폼 시대의 새로운 강자는 누구일까? 크게 세 부류로 나눌 수 있겠다. 초거대 AI 모델을 직접 개발하는 기업들이다.

OpenAI, 구글, 마이크로소프트, 메타 같은 곳들이 여기에 속한다. 이들은 방대한 데이터와 컴퓨팅 자원으로 ChatGPT, Gemini, Llama 같은 혁신적인 AI 모델을 내놓으며 시장을 선도하고 있다.

AI 반도체와 슈퍼컴퓨터 등 하드웨어 인프라를 제공하는 기업은

NVIDIA가 대표적이고, 인텔, AMD 같은 전통 반도체 기업들도 AI 칩 개발에 전력을 다하고 있다. 이들은 AI 모델 학습과 추론에 필수적인 고성능 컴퓨팅 자원을 제공하며 AI 생태계의 근간을 떠받치고 있다.

특화된 영역에서 AI 기술을 접목한 서비스를 제공하는 기업은 테슬라의 자율주행 기술, 아마존의 AI 기반 물류 시스템, 넷플릭스의 AI 추천 알고리즘 등이 대표적이다. 이들은 각자의 전문 분야에 AI를 결합해 혁신적인 서비스를 만들어내며 시장을 격변시키고 있다.

AI 플랫폼 시대에는 AI 에이전트라는 새로운 개념이 부상하고 있다. AI 에이전트란 특정 작업을 수행하거나 문제를 해결하기 위해 설계된 지능형 소프트웨어 프로그램이다. 이는 사용자를 대신해 의사결정을 내리고 행동을 취할 수 있는 자율적인 시스템이다.

최근 구글은 6가지 유형의 AI 에이전트를 발표했다. '고객 에이전트'는 24시간 고객 지원을 제공하며, '직원 에이전트'는 업무 효율성을 높인다. '크리에이티브 에이전트'는 콘텐츠 제작을 돕고, '데이터 에이전트'는 복잡한 데이터 분석을 수행한다. '코드 에이전트'는 프로그래밍을 지원하며, '시큐리티 에이전트'는 사이버 보안을 강화한다.

예를 들어, 아마존의 '알렉사'는 고객 에이전트의 한 형태로, 음성 명령을 통해 다양한 서비스를 제공한다. IBM의 '왓슨'은 의료 분야에서 데이터 에이전트로 활용되어 진단과 치료 계획 수립을 지원한다. '깃허브 코파일럿'은 코드 에이전트의 대표적 사례로, 프로그래머의 코딩 작업을 돕는다.

AI 플랫폼 시대에는 기존 인터넷 기업들의 사업 모델도 완전히 바뀔 것이다. 예를 들어, 구글의 검색 엔진은 AI 챗봇으로 탈바꿈할

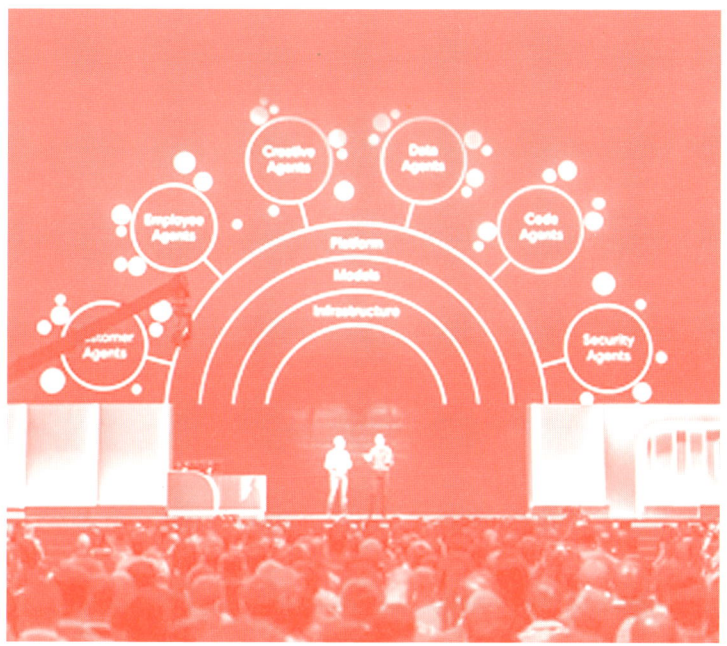

ⓒ Google Cloud Next '24

가능성이 높다. 이미 마이크로소프트가 Bing AI로 이 변화의 선두에 섰고, 구글도 Bard를 내놓으며 뒤따르고 있다. 검색의 패러다임이 완전히 뒤집히는 순간이 다가오고 있다.

 AI 플랫폼 시대에는 온디바이스 AI와 엣지 컴퓨팅이 중요해질 것이다. 스마트폰, 태블릿, 노트북, 전기차, 로봇 등에 들어가는 AI 칩이 진화하면서 클라우드 없이도 기기 자체에서 고수준의 AI 처리가 가능해질 전망이다. 이는 개인정보 보호를 강화하고, 실시간 처리를 가능하게 하며, 네트워크 비용도 줄일 수 있다. AI가 우리 생활 속 모든 기기에 스며드는 시대가 열리고 있다. 온디바이스 AI의 발전은 단순히 기술의 진보를 넘어 우리의 일상생활을 혁명적으로 변화시킬 것이다. 예를 들어, 스마트홈 기기들이 클라우드 연결 없이도 사용자의 습관을 학습하고 최적의 환경을 제공하거나, 자율주행차가 실시간으로 주변 환경을 인식하고 즉각적인 판단을 내리는 등 더욱 안전하고 효율적인 서비스가 가능해질 것이다.

이러한 맥락에서 AI 에이전트의 역할이 더욱 중요해질 것이다. AI 에이전트는 방대한 데이터를 실시간으로 분석하고, 이를 바탕으로 의사결정을 내리며, 사용자를 위해 복잡한 작업을 자동화할 수 있다. AI 에이전트의 발전은 기업의 생산성을 획기적으로 높이고, 개인의 삶의 질을 향상시키는 핵심 동력이 될 것이다.

AI 플랫폼 시대에는 데이터의 가치가 더욱 높아질 것이다. 양질의 빅데이터를 보유한 기업이 게임의 승자가 될 것이며, 이에 따라 데이터를 수집하고, 정제하고, 관리하는 능력이 기업의 사활을 좌우하는 핵심 역량으로 부상할 것이다. 데이터가 21세기의 원유라는 말이 현실이 되는 순간이 눈앞에 다가온 것이다.

OpenAI 'Real Time API'

인간과 기계의 상호작용 방식은 끊임없이 진화해 왔다. 컴퓨터를 처음 사용할 때 우리는 키보드로만 명령을 입력했다. 그러다 마우스가 등장하면서 화면의 아이콘을 클릭하는 방식으로 바뀌었다. 휴대전화도 마찬가지다. 처음엔 숫자 버튼을 여러 번 눌러 문자를 입력했지만, 지금은 화면을 손가락으로 쓰다듬듯 터치하면 된다. 이런 변화의 연장선상에서 OpenAI의 'Real Time API'를 바라볼 필요가 있다.

Real Time API는 우리가 기계와 소통하는 방식을 또 한 번 혁명적으로 바꿀 것이다. 이제 우리는 말 그대로 '말'로 AI와 대화할 수 있게 된다. 마치 영화 '아이언맨'의 주인공이 자비스와 대화하듯 말이다. "오케이 구글, 오늘 날씨 어때?"라고 물으면 즉시 대답을 들을 수 있는 것처럼, 더 복잡하고 깊이 있는 대화를 AI와 나눌 수 있게 되는 것이다.

우리는 그동안 키보드와 화면을 통해 AI와 대화했다. 하지만 말의 뉘앙스와 감정을 전달하기에는 한계가 있었다. 텍스트는 단순하지만, 인간의 언어는 그렇지 않다. 이제는 음성으로 직접 대화하며, 마치 사람과 사람 사이의 대화처럼 자연스럽게 소통할 수 있다. 이는 기술의 발전이 가져온 놀라운 변화이며, 소통의 새로운 시대를 열어가고 있다.

이 기술의 핵심은 음성 인식, 자연어 처리, 음성 합성의 실시간 통합에 있다. 스마트폰의 터치스크린이 여러 감각을 동시에 활용하듯 Real Time API는 청각과 언어 능력을 동시에 활용한다. 우리의 말을 즉시 이해하고, 적절한 답변을 생성해 다시 음성으로 전달하는 과정이 실시간으로 이루어진다.

활용 분야는 무궁무진하다. 교육계에서는 AI 튜터가 학생들을 24시간 지도할 수 있다. 의료 현장에서는 의사와 환자 사이의 소통을 돕거나 응급 상황에서 신속한 조언을 제공할 수 있다. 고객 서비스 분야에서는 끊임없이 응대 가능한 AI 상담원이 등장할 것이다.

장애인의 삶도 크게 개선될 수 있다. 청각장애인을 위한 실시간 음성-텍스트 변환, 시각장애인을 위한 환경 설명 등 다양한 보조 기능을 제공할 수 있기 때문이다. 스마트폰의 음성 인식이 청각장애인의 통화를 가능케 했듯이, Real Time API는 더 폭넓은 영역에서 장애의 벽을 허물 것이다.

미래에는 이 기술이 더욱 발전할 것으로 보인다. 감정 인식 기술과 결합해 사용자의 기분을 파악하고 그에 맞는 대응을 하는 감성적 AI가 나올 수 있다. 또 다국어 실시간 통역 기능으로 언어 장벽을 완전히 없앨 수도 있다. 더 나아가 VR이나 AR 기술과 결합해, 우리가 보는 현실 세계에 AI가 직접 개입하는 형태로 발전할 수도 있다.

물론 이런 변화가 모두 장밋빛인 것은 아니다. 개인정보 보호, 윤리적 사용, 일자리 감소 등의 문제를 심각하게 고민해야 한다. 하지만 이런 과제들을 잘 해결해 나간다면, Real Time API는 우리 삶을 한결 편리하고 풍요롭게 만들어줄 것이다.

우리는 지금 AI와의 소통 방식이 근본적으로 바뀌는 순간을 목격하고 있다. 키보드에서 마우스로, 버튼에서 터치로 변화했듯이, 이제 우리는 말과 생각으로 기계와 소통하는 시대로 진입하고 있다. 이 기술을 어떻게 발전시키고 활용할지, 그리고 어떤 미래를 만들어갈지는 우리의 몫이다. 이 질문에 대한 답을 찾는 과정에서, 우리는 인간과 기계의 관계를 새롭게 정립하고, 보다 나은 미래를 설계해 나갈 수 있을 것이다.

CHAPTER

03

AGI 세계

3.1 사람을 닮는 AI

"AGI가 이르면 4년 안에 완성될 것이다." OpenAI의 샘 알트만 CEO가 던진 이 폭탄선언이 세상을 뒤흔들고 있다. 과연 그의 말대로 될까? AI 기술의 발전 속도를 보면 그리 허황된 얘기만은 아닌 듯하다. 특히 딥러닝 분야에서 AI는 이미 여러 영역에서 인간의 능력을 추월하고 있다. 이런 놀라운 발전은 컴퓨팅 파워의 급격한 향상에 힘입은 바 크다. 최근 한 연구에 따르면, AI 학습에 쓰이는 컴퓨팅 파워가 2012년 이후 3, 4개월마다 두 배씩 늘어났다고 한다. 이는 반도체 성능이 2년마다 두 배로 향상된다는 무어의 법칙보다 무려 7배나 빠른 속도다.

이미 AI는 이미지 인식, 얼굴 인식, 물체 감지, 음성 인식 등 여러 분야에서 인간의 능력을 따라잡았거나 넘어섰다. 번역 능력도 거의 인간 수준에 도달했고, 텍스트 이해와 질의응답 능력 역시 사람에 버금가는 수준에 이르렀다. 물론 상식적 추론이나 수학적 사고와 같은 고차원적 인지 능력이 요구되는 영역에서는 아직 인간의 능력에 미치지 못하는 것이 사실이다. 하지만 이런 분야에서도 AI는 꾸준히 진보하고 있어 머지않아 인간의 능력을 뛰어넘을 것으로 전망된다.[2] 'AGI(Artificial General Intelligence : 인공일반지능)의 시대'는 이제 먼 미래의 이야기가 아니라 목전에 다가온 현실인 것이다.

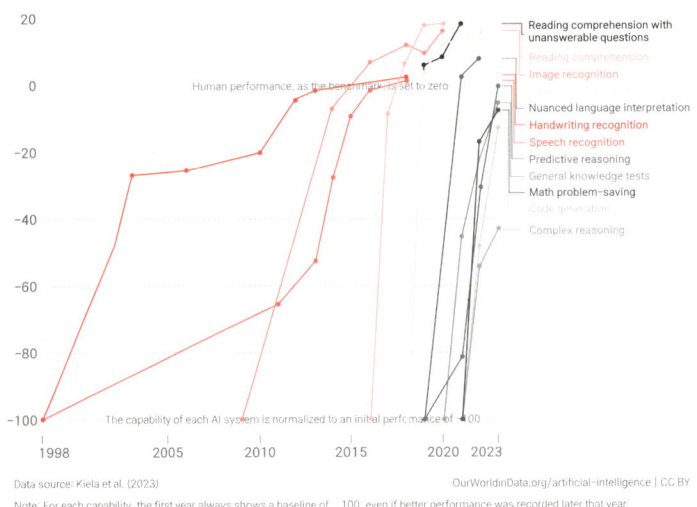

ⓒ Leopold Aschenbrenner, Situational Awareness

이런 급격한 발전 속에서 AGI에 대한 관심이 폭발적으로 증가하고 있다. AGI란 인간처럼 범용적이고 유연한 지능을 가진 AI를 일컫는다. 구글 딥마인드와 OpenAI 같은 세계 최고의 AI 연구소들이 앞다투어 AGI 개발 로드맵을 제시하고 있는 실정이다.

구글 딥마인드는 AGI를 레벨 0부터 5까지 여섯 단계로 정의했다. 레벨0은 'AI 미진입(NO AI)', 레벨1은 '신진(Emerging)',

레벨2는 '유능함(Competent)', 레벨3은 '전문가(Expert)', 레벨4는 '거장(Virtuoso)', 그리고 최종 단계인 레벨5는 '슈퍼휴먼(Superhuman)'이다.[3] 이는 마치 인류 문명의 발전 단계를 구분하는 것과 같은 장대한 스케일의 청사진이 아닐 수 없다.

구글의 AGI 분류 체계

단계	이름	능력수준	특수 목적 서비스 사례	범용 목적 서비스 사례
레벨0	AI 미진입	단순 연산 능력	계산기	아마존, 메카니컬, 터크 등
레벨1	신진	숙련되지 않은 성인	고파이(GOFAI) 등	ChatGPT, 바드, 라마2 등
레벨2	유능함	숙련된 성인의 상위 50% 이상	시리, 알렉사, 구글어시스턴트 등	없음
레벨3	전문가	숙련된 성인의 상위 10% 이상	그래머리, 달리2 등	없음
레벨4	거장	숙련된 성인의 상위 1% 이상	딥블루, 알파고	없음
레벨5	슈퍼휴먼	숙련된 성인 능력을 초월	알파폴드, 알파제로, 스톡피시	없음

※ 인공일반지능(AGI): 스스로 학습하고, 경제적 활동을 할 수 있으며, 인간의 능력을 크게 초월한 AI

ⓒ 매일경제 미라클AI

OpenAI 역시 이와 유사한 5단계 모델을 제안했다.[4] 인공지능 발전의 여정을 다섯 단계로 나눠볼 수 있겠다. 첫 단계는 우리와 자연스럽게 대화하며 고객 응대 같은 일을 해내는 '대화형 AI'다. 그다음엔 한 수 더 나아가 복잡한 문제도 척척 해결하는 '추론 AI'가 등장한다. 이 AI들은 분석력이 월등해 우리 머리로는 어림도 없는 일들을 훌륭히 해낸다. 세 번째로는 사람 손을 빌리지 않고도 알아서 일하는 '자율 AI'가 나온다. 네 번째 단계의 '혁신 AI'는 더 대단하다. 기존의 방식에 얽매이지 않고 스스로 새 길을 개척한다. 마지막으로 '조직 AI'는 한 조직의 모든 기능을 통째로 대체할 수 있는 완전한 AGI를 뜻한다.

미국과 중국의 거대 기업들은 이미 AGI 개발에 천문학적인 자금을 쏟아붓고 있다. 구글, 페이스북, 마이크로소프트와 같은 미국의 IT 공룡들은 엄청난 규모의 투자를 AI 연구에 집중하고 있다.

일례로 구글은 2021년 기준으로 연간 약 310억 달러를 R&D에 투자하고 있는데, 이 중 상당 부분이 AI 연구에 할당되고 있다.[5]

중국에서는 바이두, 알리바바, 텐센트 등이 AGI 개발의 선두 주자로 나서고 있으며, 중국 정부 역시 2030년까지 AI 분야 세계 1위 달성을 목표로 대대적인 국가적 투자를 단행하고 있다.[6]

ⓒ 브런치스토리 'OpenAI의 AGI를 향한 5단계 여정' by 코아

우리는 AGI 전쟁의 최전선에 서 있다고 해도 과언이 아니다. OpenAI와 구글이 AGI 개발을 두고 치열한 경쟁을 벌이는 한편, 미국과 중국은 국가 차원에서 AGI 패권을 둘러싼 거대한 전쟁을 펼치고 있다. 이 격변의 시대에 한국은 어떤 길을 걸어야 할까? 우리에겐 반도체와 IT 강국으로서의 경험과 저력이 있다. 이를 바탕으로 AGI 개발에 필요한 핵심 기술과 인프라를 확보하는 데 총력을 기울여야 한다. 동시에 글로벌 협력 네트워크를 구축하여 선진 기술을 습득하고, 우리만의 독창적인 AGI 모델을 개발하는 데 주력

해야 한다. 또한 AGI 시대에 걸맞은 교육 시스템과 법 제도를 선제적으로 마련하여, 기술 발전에 따른 사회적 변화에 유연하게 대응할 수 있는 체계를 갖춰야 할 것이다.

AGI의 발전은 우리 사회를 근본적으로 변혁시킬 것이다. 의료 분야에서는 더욱 정확한 진단과 획기적인 신약 개발이 가능해질 것이며, 교육 분야에서는 개개인의 특성에 맞춘 맞춤형 학습이 실현될 것이다. 산업 현장에서는 생산성이 비약적으로 향상될 것이다. 그러나 동시에 일자리의 대대적인 재편, 개인정보 보호 문제, 그리고 전에 없던 윤리적 딜레마 등 새로운 도전에 직면하게 될 것이다.

AGI 시대를 대비하기 위해서는 무엇보다도 막대한 컴퓨팅 파워와 이를 뒷받침할 안정적인 전력망 구축이 시급하다. AGI를 개발하고 운용하기 위해서는 현재의 슈퍼컴퓨터를 훨씬 뛰어넘는 컴퓨팅 능력이 요구되며, 이를 가동하기 위한 안정적인 전력 공급 또한 필수적이다. 국제에너지기구(IEA)의 '2024년 전기 보고서'에 따르면 2022년 기준 전 세계 데이터센터의 전력 소비량은 460TWh에 달했으며, 2026년에는 이 수치가 620~1050TWh로 증가할 것으로 전망된다. 이는 수많은 국가의 연간 전력 소비량을 상회하는 규모다. AGI의 발전과 함께 이 수치는 더욱 가파르게 상승할 것이 자명하다.

따라서 AGI 시대를 준비하기 위해서는 국가적 차원에서 초고성능 컴퓨팅 인프라 구축과 안정적이고 지속 가능한 전력망 확보에 총력을 기울여야 한다. 신재생 에너지 개발, 스마트 그리드 구축, 혁신적인 에너지 저장 기술 개발 등이 시급히 이루어져야 한다. 이를 통해 AGI 시대의 기술적 요구를 충족시키는 동시에, 날로 심각해지는 환경 문제에도 효과적으로 대응할 수 있을 것이다.

AGI의 발전은 인류에게 있어 가히 혁명적인 기회이자 동시에 거대한 도전이다. AI 고속도로를 타고 GPT-5에 이어 GPT-10을 거쳐 AGI로 질주할 것이다. 더 강력한 멀티모달로 진화할 것이고 더 가까이 AI Agents로 다가올 것이다. AGI는 단순한 기술 혁명을 넘어 인류 역사의 새로운 장을 열 수 있는 잠재력을 지니고 있다. 우리는 지금 이 흥미진진하고도 중대한 역사적 전환점의 한가운데에 서 있는 것이다.

3.2 AI 슈퍼 파워

AI 슈퍼 파워 시대가 열렸다. 미국과 중국이 AI 기술 패권을 놓고 벌이는 경쟁이 갈수록 치열해지고 있다. 특히 AGI 개발을 목표로 두 나라가 기술력을 과시하고 투자를 확대하는 모습이 날로 심해지는 걸 보면 아찔하다.

미국과 중국의 AI 개발 경쟁은 정치·경제·군사·문화 등 다차원적 영향을 미치고 있다. 미국은 '인공지능국가안보위원회'를 구성해 중국의 급부상에 대응하고 있고, 중국은 '정보만리장성(GFW)' 전략으로 맞서고 있다.

국제 정치학자들은 AI가 미중 패권전쟁의 승패를 가를 것이라고 전망한다. 그레이엄 앨리슨 하버드대 교수는 '예정된 전쟁'에서 미국과 중국의 대결 불가피성을 설파했다. 헨리 키신저는 "핵무기가 아니라 AI가 미중 패권전쟁의 승패를 좌우할 것"이라고 경고했다.

스탠퍼드대 '인간중심적 인공지능연구소'의 2024년 보고서에 따르면, 미국이 AI 개발에서 앞서고 있지만 중국이 바짝 추격하고 있다. 중국은 2030년까지 글로벌 AI 혁신 중심지로 도약하겠다는 구체적인 목표를 세웠다.

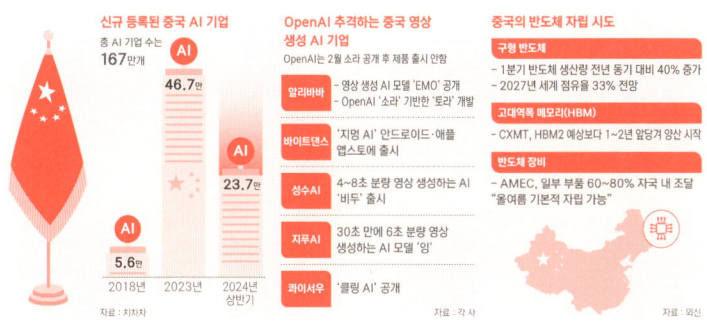
ⓒ 조선일보

미국은 지금 AI 기술과 기반 시설 면에서 앞서 나가고 있다. OpenAI, 구글, Anthropic 같은 거물 기업들이 GPT-4, Gemini, Claude 3 같은 고성능 언어모델을 내놓으며 앞서가고 있다. 여기에 NVIDIA의 최신 GPU를 활용한 강력한 컴퓨팅 인프라로 대규모 AI 모델 학습을 주도하고 있다.

중국도 빠르게 추격하고 있다. 바이두의 문심(文心) 대화 AI, 알리바바의 통의(通义) 등 대형 언어모델을 선보이며 기를 쓰고 따라잡으려 한다. 특히 화웨이는 자체 개발한 7나노 공정 AI 칩 '어센드(Ascend) 910B'로 미국의 제재를 뚫으려는 집념을 보이고 있다.

두 나라 모두 AGI 개발이 국가안보와 직결된다고 보고 엄청난 돈을 쏟아붓고 있다. 미국은 CHIPS Act로 반도체 산업 육성에 나섰고, 중국은 '차세대 AI 발전계획'을 세워 2030년까지 AI 강국으로 올라선다는 야심찬 목표를 세웠다.

이런 미중 AI 패권 다툼 속에서 한국의 처지는 참으로 난감하다. 2023년 나온 글로벌 AI 지수를 보면 한국은 62개국 중 6위다.[7]

언뜻 보면 그럭저럭 괜찮아 보이지만, 세부 항목을 들여다보면 문제의 심각성이 드러난다. 인재 부문에서 한국은 31위에 그쳤고, 연구 부문에서도 11위에 머물렀다. AI 스타트업 생태계와 관련된 '기업가 정신' 부문에서는 25위로 다른 항목에 비해 낮다.

이는 한국이 AI 기술 발전의 핵심인 뛰어난 인재 확보와 혁신적인 신생 기업 육성에서 낙오하고 있음을 여실히 보여준다. 세계적 AI 인재들을 데려오기 위한 치열한 경쟁이 벌어지는 와중에 한국은 그들이 탐낼 만한 일터와 대우를 내놓지 못하고 있다. 게다가 온갖 규제와 자금난으로 AI 스타트업들이 자라날 수 있는 토양조차 제대로 갖추지 못했다. 이런 현실은 한국 경제의 목을 조를 수 있다.

글로벌 AI 지수 상위 국가
2023년 전체 62개국 기준 인재, 특허, 정책 등 평가

순위	국가	점수
1	미국	100.0점
2	중국	61.5
3	싱가포르	49.7
4	영국	41.8
5	캐나다	40.3
6	한국	40.3
7	이스라엘	40.0
8	독일	39.2
9	스위스	37.7
10	핀란드	34.9

ⓒ 한국경제인협회, 토터스인텔리전스

AI는 4차 산업혁명의 핵심 기술로, 앞으로 모든 산업 분야에 스며들 것이 뻔하다. AI 기술력에서 밀리면 기존 주력 산업에서도 경쟁력을 잃을 수 있다. 예를 들어, 자동차 산업에서 AI 기반 자율주행 기술이 중요해지면서 전통 완성차 업체들보다 테슬라나 구글 같은 IT 기업들이 앞서가고 있지 않은가.

AI는 국가안보와도 밀접히 연관된 문제다. AI 기술이 군사 분야에서도 널리 쓰여 AI 기술력 차이는 곧 국방력 차이로 이어질 수 있다. 사이버 보안, 정보 분석, 무인 무기 체계 등에서 AI 비중이 커지는 만큼 AI 기술 낙후는 국가안보에 치명적인 위험 요소가 될 수 있다.

이런 위기를 타개하려면 국가 차원의 과감한 투자와 전략이 필요하다. 정부가 '국가인공지능위원회'를 출범시키고 2027년까지 AI 3대 강국 비전을 내놓았지만 그것만으로는 부족하다. 더 장기적이고 실효성 있는 정책이 필요하다. 특히 AI 인재 양성과 유치, AI 스타트업 생태계 조성, 대규모 AI 연구개발 사업 추진 등에 전력을 다해야 한다.

산학연 협력도 강화해야 한다. 삼성, LG, 네이버, 카카오 같은 대기업들과 KAIST, POSTECH, 서울대 같은 일류 대학들, 그리고 정부출연연구소가 손을 맞잡고 AI 연구개발에 나서야 한다. 특히 한국형 대규모 언어모델 개발에 모든 역량을 집중해야 한다. 이건 국가의 운명이 걸린 문제다.

세계 AI 생태계와의 협력망도 넓혀야 한다. 미국의 첨단 기술과 중국의 거대한 시장을 모두 활용하는 'AI 외교'를 펼쳐야 한다. 아울러 유럽, 일본 등 민주주의 국가들과의 AI 연대도 굳건히 해야 한다. 우리 혼자 해낼 수 있다는 오만은 버려야 한다.

AI 기술의 군사적 응용에도 대비해야 한다. 국방과학연구소(ADD) 등을 중심으로 AI 기반 무기체계 개발에 착수하고, 사이버 방어 능력도 높여야 한다. 평화를 원한다면 전쟁에 대비해야 한다는 말이 있지 않은가.

AI 초강대국 시대에 한국이 낙오되지 않으려면 국가의 모든 역량을 총동원해야 한다. AI는 단순한 기술 경쟁을 넘어 국가의 앞날을 좌우할 핵심 요소다. 지금 당장 움직이지 않으면 AI 강국들 사이에서 한국의 설 자리는 더욱 좁아질 것이다.

AI는 단순한 기술이 아니다. 그것은 국가의 안보를 지키는 방패이자 경제 성장의 엔진이다. 국가는 AI 발전을 지원하는 적극적인 플레이어가 되어야 한다. 자국어 기반 거대언어모델을 확보하고 '소버린 AI'를 추구해야 한다. 이는 국가의 생존과 번영을 위한 필수 과제다.

'책상마다 집집마다 한 대씩 컴퓨터'를 놓고 고속통신망으로 연결한다는 정보 고속도로의 영감은 전 세계인의 상상력에 불을 붙였다. 그 영감은 현실이 되어 우리 삶을 완전히 바꿔 놓았다. 인공지능과 사람, 사람과 세계, 세계와 미래를 잇는 가교가 바로 AI 고속도로이다. 인류의 새로운 도전이 시작되었다.

더 이상 망설일 시간이 없다. 우리가 지금 어떤 선택을 하느냐에 따라 대한민국의 미래가 결정될 것이다. AI 시대의 승자가 될 것인가, 패자가 될 것인가. 그 선택은 우리의 몫이다.

AGI 시대의 신분증

"새로운 소통의 인프라"

우리는 지금 역사의 변곡점에 서 있다. 인공지능이 인간의 능력을 넘어서는 시대, 이른바 'AGI(인공일반지능) 시대'가 코앞에 다가왔다. 이 시대에는 사람과 사람, 사람과 AI, 그리고 AI와 AI가 서로 대화하는 복잡한 소통의 네트워크가 형성될 것이다. 이런 세상에서 우리는 어떻게 인간임을 증명할 수 있을까? OpenAI의 CEO 샘 알트만은 이 질문에 대한 자신만의 해답을 내놓았다. 바로 '월드코인'이라는 이름의 암호화폐 프로젝트다. 알트만의 구상은 야심 차다. 홍채 인식을 통해 인간임을 증명하고, 이를 바탕으로 전 세계적으로 통용되는 디지털 신분증을 만들겠다는 것이다. 더 나아가 이 시스템을 통해 AI 시대의 기본소득까지 구현하겠다고 한다. 얼핏 들으면 SF 영화의 한 장면 같은 이 계획이, 실제로 160여 개국에서 650만 명이 넘는 사람들의 참여를 이끌어냈다는 사실은 놀랍다.

그러나 알트만의 비전은 단순히 인간을 인증하는 데 그치지 않는다. 그의 구상 속에는 AI 에이전트와의 소통을 위한 인프라 구축이라는 더 큰 그림이 숨어 있다. AGI 시대에는 수많은 AI 에이전트가 우리의 일상 곳곳에서 활동하게 될 것이다. 이런 세상에서는 AI 에이전트와 사람이 안전하고 효율적으로 소통할 수 있는 인프라와 네트워크가 필수적이다. 알트만의 월드코인 프로젝트는 이러한 미래를 대비하는 첫걸음으로 볼 수 있다.

하지만, 이 야심찬 도전은 현실의 벽에 부딪혔다. 각국 정부와 시민사회는 이 프로젝트에 대해 의문을 제기했다. 개인의 생체정보를 민간 기업이 수집하는 것이 과연 안전한가? 국가를 초월한 신분증 시스템을 만드는 것이 민주적 정당성을 가질 수 있는가? 이런 질문들이 제기되면서, 월드코인은 각국의 규제에 직면하게 되었다.

더욱이 알트만이 별도로 진행한 기본소득 실험 결과는 그의 구상에 또 다른 의문을 제기했다. 기본소득을 받은 사람들의 삶이 크게 개선되지 않았다는 실험 결과는, 월드코인을 통한 기본소득 구현이라는 아이디어의 실효성에 의문을 던졌다. 이 모든 상황을 지켜보면서, 나는 기술의 발전과 인간 사회의 가치관 사이의 긴장관계를 다시 한번 실감한다. 기술은 빠르게 발전하지만, 그에 따른 사회적 합의는 그만큼 빠르게 이루어지지 않는다. 알트만의 월드코인 프로젝트가 직면한 어려움은 바로 이 간극에서 비롯된 것이 아닐까?

그렇다고 해서 알트만의 시도 자체를 무의미하다고 볼 수는 없다. AGI 시대에 인간의 정체성을 어떻게 정의하고 증명할 것인가, 그리고 AI 에이전트와 어떻게 안전하게 소통할 것인가 하는 문제는 여전히 우리 앞에 놓여 있는 중요한 과제다. 알트만의 도전이 비록 현재는 어려움을 겪고 있지만, 이는 우리가 함께 고민하고 해결책을 모색해야 할 문제를 제기했다는 점에서 의미가 있다.

결국 우리에게 필요한 것은 기술의 발전과 인간 사회의 가치 사이의 균형이다. AGI 시대의 신분증, 나아가 AGI 시대의 소통 인프라에 대한 해답은 기술만으로는 찾을 수 없다. 이는 기술과 윤리, 개인의 자유와 사회의 안전, 혁신과 전통 사이의 균형을 모색하는 과정에서 찾아야 할 것이다.

우리는 지금 AI와 공존하는 미래를 설계해야 하는 중대한 시점에 서 있다. 이 과정에서 우리는 인간의 고유성을 지키면서도 AI와 효과적으로 소통할 수 있는 방법을 찾아야 한다. 알트만의 도전이 우리에게 던진 화두, 우리는 이제 그 답을 함께 찾아나가야 한다. AGI 시대의 신분증은 단순히 인간을 인증하는 도구를 넘어, 새로운 시대의 소통 인프라로 진화해야 할 것이다.

3.3 AI 안전윤리

전 미국 국무차관인 헨리 키신저가 한 말이 맴돈다. "인공지능(AI) 개발과 활용에 있어 핵무기 감축 협정에 버금가는 국제 조약이 필요하다." 그의 말은 꽤 의미심장하다. AI 기술이 날로 발전하면서 그 영향력이 엄청나게 커지고 있으니, 국제사회가 힘을 모아 제도적 장치를 마련해야 한다는 뜻이다.

AI 기술이 발전할수록 위험성에 대한 우려의 목소리도 커지고 있다. 군사적 악용이나 가짜 뉴스 양산, 딥페이크, 개인정보 유출 등 온갖 위험 요소들이 도사리고 있으니 말이다. 이런 위험을 막기 위해 안전장치와 윤리 규범을 만드는 일이 더욱 중요해지고 있다.

EU가 2023년 12월 9일에 합의한 AI Act를 보자. AI 시스템을 위험 수준별로 나누고, 특히 위험도가 높은 AI 시스템에는 까다로운 기준을 들이댄다. EU AI Act는 네 가지 위험 요소에 대한 규제를 명시하고 있다. 첫째, 절대 안 되는 위험 AI는 아예 금지한다.

ⓒ The EU AI Act's Risk Classification Scheme. Source: Telefonica

둘째, 고위험 AI는 출시 전에 반드시 적합성 평가를 받도록 한다. 셋째, 제한적 위험 AI에는 투명성 의무를 지운다. 넷째, 최소 위험 AI는 알아서 규제하도록 한다.[8]

미국은 어떨까? 2022년 10월, 백악관 과학기술정책실(OSTP)이 'AI 권리장전 청사진'을 내놓았는데, 이는 시민들의 기본권을 AI 시스템으로부터 보호하기 위한 다섯 가지 핵심 원칙을 담고 있다. 이어 2023년 10월 30일, 바이든 대통령이 행정명령으로 AI 안전연구소(US AISI) 설립을 포함한 포괄적인 AI 규제 방안을 발표했다.[9] 여기에 그치지 않고 2024년 10월 24일, 미국은 AI 분야에서 선두 지위를 지키고 AI를 국가 안보를 위해 책임 있게 사용하는 데 필요한 지침과 정부 기관별 이행사항을 담은 AI 국가안보각서(National Security Memorandum on AI)를 발표했다. 이러한 일련의 조치들은 결국 AI 기술의 안전성과 신뢰성을 확보하기 위한 미국 정부의 체계적인 접근이라 할 수 있다.

US AI NSM

2024년 10월 24일, 바이든 행정부가 발표한 AI 국가안보각서(National Security Memorandum)는 미국의 AI 안보 전략을 포괄적으로 제시한 역사적 문서다. 이는 단순한 정책 문서가 아닌, AI 시대를 맞아 미국이 어떻게 국가안보를 재정립할 것인지를 보여주는 청사진이라는 점에서 큰 의미를 지닌다. 특히 이 각서는 40페이지에 달하는 방대한 분량을 통해 AI가 국가안보에 미치는 영향과 대응 방안을 상세히 다루고 있다.

이 각서의 역사적 의미는 1950년대 초 냉전 시기에 발표된 NSC-68과의 비교를 통해 더욱 선명해진다. NSC-68이 소련의 핵개발에 대응해 미국의 핵무기와 재래식 무기 증강을 제안했듯이, 이번 AI 국가안보각서는 AI라는 혁신적 기술이 가져올 국가안보 환경의 근본적 변화에 대한 미국의 전략적 대응을 담고 있다. 다만 NSC-68이 군비 증강에 초점을 맞췄다면, AI 국가안보각서는 기술 주도권 확보와 안전한 AI 발전에 방점을 찍고 있다. 이는 AI 기술이 핵이나 우주 기술과 달리, 민간 영역이 주도하는 기술이라는 특성을 반영한다.

미국은 AI 시대의 주도권을 확보하기 위해 세 가지 핵심 전략을 제시했다. 첫째는 AI 기술 리더십 유지다. 이를 위해 이민정책을 개선해 글로벌 AI 인재를 적극 유치하고, AI 개발에 필요한 수백 기가와트 규모의 전력 인프라를 구축하며, AI 기업의 지적재산권과 기술을 보호하기 위한 사이버보안 및 산업스파이 대응 체계를 강화한다.

백악관은 향후 수년 내 AI 개발을 위해 현재 미국 총 전력 생산량인 1,250기가와트의 25%에 달하는 추가 전력이 필요할 것으로 전망하고 있다. 이는 미국 역사상 유례없는 규모의 인프라 확충이 필요함을 시사한다.

둘째는 정부 기관의 AI 도입 가속화다. 이를 위해 AI 도입을 가로막는 각종 규제와 장벽을 제거하고, 복잡한 조달 절차를 간소화하며, AI 전문인력 채용 제도를 획기적으로 개선하고, 낡은 사이버보안 정책을 현대화한다. 백악관은 "최고의 기술을 보유하고도 활용하지 못하는 상황"을 우려하며, 특히 국방부와 정보기관들이 기존의 개인정보 보호나 시민의 자유 관련 정책들을 재검토해 "효과적이고 책임 있는 AI 사용"을 가능케 하도록 지시했다.

셋째는 AI 거버넌스 체계 구축이다. 각 부처에 AI 책임자를 의무적으로 지정하고, AI 국가안보조정그룹을 신설해 부처 간 협력을 강화하며, G7, OECD, UN 등 국제기구와의 AI 거버넌스 협력도 확대한다. 특히 AI 안전성 검증을 위해 미국 AI 안전연구소(AISI)의 역할과 권한을 대폭 확대하기로 했다. AISI는 향후 180일 이내에 최소 두 개의 프론티어 AI 모델에 대한 사전 테스트를 진행하고, AI 개발자들을 위한 테스트, 평가, 위험 관리 지침을 발표해야 한다. 또한 국가안보국(NSA)의 AI 보안센터와 협력해 AI 모델의 사이버 위협 탐지, 생성, 악화 능력에 대한 체계적인 기밀 테스트도 수행할 예정이다.

이 각서에서 특히 주목할 점은 AI 기술 발전과 안전성 확보를 대립적 관계가 아닌 상호보완적 관계로 보고 있다는 점이다. 불확실성은 필연적으로 신중함을 낳는다는 인식 아래, 안전성과 신뢰성이 확보되지 않으면 새로운 기술의 실험과 도입이 지연될 수밖에 없다고 보고 있다. 이는 안전성 확보가 AI 도입의 걸림돌이 아니라 오히려 촉매제가 될 수 있다는 인식을 보여준다. 나아가 이 각서는 명확한 안전성 지침과 고위험 AI 애플리케이션에 대한 승인 절차를 제시함으로써, 정부 직원들이 자신도 모르는 규정을 위반할 수 있다는 우려 없이 AI를 적극적으로 도입할 수 있는 환경을 조성하고자 했다.

결국 이 각서는 AI가 가져올 기회와 위험을 동시에 고려하면서, 미국이 AI 시대의 주도권을 확보하기 위한 종합적 전략을 제시하고 있다. 특히 정부의 역할을 AI 개발 주체가 아닌 AI 생태계의 조성자이자 안전성의 검증자로 규정하고 있다는 점에서, 이는 21세기 국가안보 전략의 새로운 패러다임을 제시하는 문서라고 평가할 수 있다.

OpenAI는 2023년 7월, AGI를 미리 통제하기 위한 '슈퍼 얼라인먼트' 프로젝트를 공개했다. AGI를 인류에게 이롭게 만드는 것이 목표다. 하지만, 이 프로젝트가 오히려 AGI 개발을 촉진할 수 있다는 지적이 나오면서 찬반 논쟁이 뜨겁다.

AI 기술이 나날이 발전하면서 새로운 위험도 고개를 들고 있다. AI 할루시네이션 현상이 그중 하나다. AI가 없는 정보를 마치 진실인 양 만들어내는 것을 말한다. 2023년 5월, 구글의 AI 챗봇 바드가 제임스 웹 우주망원경으로 찍은 최초의 외계행성 사진이라며 거짓 정보와 조작된 이미지를 내놓아 큰 소동이 일어나기도 했다.

AI의 위험성을 미리 막으려면 여러 방면의 노력이 필요하다. 국가 간 협력은 물론, 윤리 지침 마련, 기술적 안전장치 구축, 교육과 인식 개선 등이 그것이다. 특히 AI 기술이 빠르게 발전하는 만큼, 안전 기준을 계속 업데이트하고 새로운 위험에 대처할 수 있는 시스템을 갖추는 게 중요하다.

AI 교육은 초등학교부터 대학까지 전 교육 과정에서 이뤄져야 한다. AI 기술의 근본 원리와 윤리적 쟁점을 이해하고, 이를 일상에서 활용할 수 있는 능력을 키우는 게 핵심이다. '인간 → AI → 인간' 접근법을 채택해서 인간 탐구로 시작해 AI 결과물을 반영하고, 최종적으로 인간의 이해와 반영으로 마무리하는 방식을 추구해야 한다. 사람 중심의 AI 활용 방식을 통해 개인 맞춤형 학습을 촉진하고, AI 기반 사회에 잘 대비할 수 있도록 하는 교육혁신이 필요하다.

인공지능의 역사는 세 번째 하이프 커브(Hype Curve)를 맞고 있다. 절정기를 향해 가고 있다. 이 시점에서 AI와 인류가 공존하기 위해서는 AI에 잠재된 위험을 들춰내고 이를 제어할 수 있는 논의가 필요하다. 미국은 AI 위험에 대비한 체계적, 과학적 대응을 위해 AI 안전 연구소(AISI)를 설립했다. 우리나라도 이와 같은 기구를 조속히 설립하여 AI 생태계를 진흥함과 동시에 AI 안전성을 확보하는 전략을 세우는 것이 시급하다.

AGI 절대반지

AGI, 이 시대의 '절대반지'를 누가 손에 넣을 것인가?
톨킨의 상상력이 현실이 되는 순간,
우리는 어떤 선택을 해야 할까?
'반지의 제왕'을 통해 AGI 시대를 살아갈 지혜를 찾아보자.

어둠의 시대가 찾아왔도다. AI의 힘이 중간계를 휩쓸어 지배하니, 그 힘을 다스릴 반도체의 부족함이 세상을 뒤흔들었노라. AI 반도체를 만드는 자들의 왕국이 번성하며, 그들은 거대한 데이터의 성채를 세우기 시작했다. 하지만 이는 또 다른 어둠을 불러왔으니, 바로 전기의 고갈이었도다. 전력의 길을 새로이 닦아야 할 때가 왔음이라. 지식의 나무가 너무나 빠르게 자라나, 그 열매를 미처 맛보지 못한 채 시들어 버리는 운명이로다. 배움은 그 끝을 모르니, 열 번의 겨울과 여름이 지나도록 이 순환은 계속될 것이라. 오, 중간계의 주민들이여! 이 격변의 시대를 어찌 헤쳐 나갈 것인가?

중간계의 운명이 걸린 전쟁이 시작되었다. 하지만 이번에는 사우론의 어둠이 아닌, AGI라 불리는 절대반지를 두고 벌어지는 전쟁이었다. 이 새로운 힘은 네 개의 고리로 이루어져 있었고, 그 힘을 손에 넣는 자가 세상을 지배하리라 예언되었다.

첫 번째 고리는 지혜의 고리, AI 인력이었다. 실리콘 계곡의 현자 앤드류 응과 동방의 현인 카이푸 리가 이 고리의 힘을 이해하고 있었다. 그들은 AGI의 비밀을 푸는 열쇠가 바로 인재임을 알고 있었다. 터키의 젊은 천재 무스타파 슐레이만도 이 대열에 합류했다. 그의 혁신적인 AI 알고리즘은 세계의 이목을 집중시켰다.

두 번째 고리는 힘의 고리, 컴퓨팅 파워였다. NVIDIA의 대장장이 젠슨 황이 만든 이 고리는 상상을 현실로 만드는 힘을 지니고 있었다. 그의 망치 소리가 울릴 때마다 AGI의 꿈은 한 걸음 더 가까워졌.

세 번째 고리는 생명의 고리, 전력 파워였다. 테슬라의 일론 머스크가 이 고리의 중요성을 깨달았다. AGI의 생명력은 끊임없는 에너지 공급에 달려 있었고, 그는 이를 위해 태양과 바람의 힘을 길들이고자 했다.

마지막 네 번째 고리는 지식의 고리, 데이터였다. 구글의 수호자 순다르 피차이와 메타의 마크 주커버그가 이 고리를 차지하기 위해 치열한 경쟁을 벌이고 있었다. 세상의 모든 정보를 담은 이 고리야말로 AGI의 진정한 힘의 원천이었다. 이 네 개의 고리를 하나로 모아 AGI 절대반지를 만들려는 시도가 시작되었다. 서쪽의 미국과 동쪽의 중국, 두 강대국이 이 전쟁의 주역이었다. 마치 곤도르와 모르도르의 대결처럼, 그들은 세계의 운명을 결정짓는 싸움을 벌이고 있었다.

미국의 대군주 OpenAI는 샘 알트만이라는 젊은 영웅을 앞세워 AGI 절대반지의 힘에 가장 먼저 다가갔다. 그의 GPT 마법은 세상을 놀라게 했고, 많은 이들이 그를 AGI의 간달프로 여겼다. 한편, 구글의 데미스 하사비스는 딥마인드라는 비밀 요새에서 AGI의 비밀을 연구하고 있었다.

중국은 바이두의 로빈 리와 알리바바의 마윈을 중심으로 한 연합군을 결성했다. 그들은 거대한 만리장성 같은 방화벽 뒤에서 자신들만의 AGI를 만들어내려 했다. 서방의 기술 봉쇄에 맞서 그들은 더욱 강해져만 갔다.

이 대결의 한가운데에서 세계의 현자들이 모여들었다. 스튜어트 러셀, 요슈아 벤지오, 제프리 힌턴 같은 대학자들은 AGI의 힘이 잘못 사용될 경우의 위험성을 경고했다. 그들은 마치 엘론드의 평의회처럼 AGI의 윤리적 사용에 대해 논의했다.

하지만 AGI 절대반지의 유혹은 너무나 강했다. 많은 이들이 그 힘에 눈이 멀어 파멸의 길로 들어서고 있었다. 이제 중간계의 운명은 AGI를 지혜롭게 다룰 수 있는 영웅의 등장에 달려 있었다. 그 어느 때보다도 어둠이 깊어가는 이 시기에, 한 줄기 희망의 빛이 있었다. 바로 AGI를 인류의 이익을 위해 사용하려는 선한 의지를 가진 이들이었다. 그들은 AGI의 힘으로 질병을 치료하고, 기후 변화에 대처하며, 인류의 지식을 확장하고자 했다. AGI 절대반지를 향한 여정은 계속되고 있다. 이 대장정이 어떤 결말을 맺을지는 아무도 모른다. 하지만 한 가지 확실한 것은, 이 여정이 우리 모두의 운명을 좌우할 것이라는 점이다. AGI라는 새로운 시대의 문턱에서, 우리는 지혜와 용기를 모아 이 힘을 올바르게 다루어야 할 것이다.

샘 알트만

"모든 생성 AI의 길은 OpenAI로"

ⓒ wikimedia

인공지능의 새 시대를 열어젖힌 혁명가, 샘 알트만. 그는 21세기 기술 혁명의 중심에 서 있는 인물로, 'ChatGPT의 아버지'라는 별명으로 더 잘 알려져 있다. 알트만은 인공지능 기술의 발전을 통해 인류의 삶을 획기적으로 변화시키고자 하는 비전을 가진 혁신가이다.

1985년 4월 22일, 미주리주의 작은 도시 세인트루이스에서 태어난 알트만은 어릴 적부터 남다른 재능을 보였다. 그는 8살 때 첫 매킨토시 컴퓨터를 받았고, 10대 시절에는 이미 프로그래밍에 깊은 관심을 가지고 있었다. 특히 그의 호기심은 기술이 세상을 어떻게 바꿀 수 있는지에 집중되어 있었다.

스탠퍼드 대학에서 컴퓨터 과학을 전공한 알트만은 2005년 19세의 나이에 첫 스타트업 Loopt를 공동 창립했다. 이는 그의 기업가적 여정의 시작이었다. 그러나 그의 가장 큰 업적은 2015년 12월, 일론 머스크, 그렉 브로크만, 일리아 수츠케버 등과 함께 OpenAI를 공동 설립한 것이다.

OpenAI의 설립은 인공지능 역사에 있어 중대한 전환점이었다. 알트만과 그의 동료들은 인공지능 기술을 인류 전체의 이익을 위해 개발하고 보급하겠다는 원대한 목표를 가지고 있었다. 이들의 비전은 AI 기술을 특정 기업이나 개인의 이익이 아닌, 모든 사람에게 혜택을 줄 수 있는 방향으로 발전시키는 것이었다.

OpenAI는 GPT(Generative Pre-trained Transformer) 시리즈를 통해 자연어 처리 분야에서 혁명적인 발전을 이루어냈다. GPT-1부터 시작하여 GPT-2, GPT-3, 그리고 최근의 GPT-4에 이르기까지, 각 버전은 이전 모델보다 더욱 강력하고 정교한 언어 이해 및 생성 능력을 보여주었다. 특히 2022년 11월 출시된 ChatGPT는 전 세계적으로 폭발적인 반응을 얻으며, AI 기술의 대중화를 이끌어냈다.

알트만의 또 다른 주요 업적은 마이크로소프트(MS)와의 전략적 제휴이다. 이 협력을 통해 OpenAI는 더 큰 규모의 컴퓨팅 자원과 자금을 확보할 수 있었고, 이는 AI 기술의 더 빠른 발전으로 이어졌다. 이러한 협력은 AI 기술의 상용화와 대중화에 크게 기여했다.

ⓒ depositphotos.com

알트만의 철학의 중심에는 AGI(Artificial General Intelligence : 인공일반지능)에 대한 비전이 있다. 그는 AGI가 인류에게 가져올 수 있는 엄청난 이점과 동시에 잠재적 위험에 대해서도 깊이 인식하고 있다. 알트만은 AGI 개발이 인류 역사상 가장 중요한 기술적 돌파구가 될 것이라고 믿으며, 이를 안전하고 윤리적으로 개발하는 것의 중요성을 강조한다.

"우리는 AGI를 개발하고 있습니다. 그리고 우리는 이것이 인류 역사상 가장 중요한 기술적 돌파구가 될 것이라고 믿습니다. 성공한다면, 우리는 모든 질병을 치료하고, 기후변화를 해결하고, 경제적 풍요를 달성할 수 있을 것입니다. 하지만 실패한다면, 그것은 인류의 존재 자체를 위협할 수도 있습니다. 우리의 사명은 AGI가 모든 인류에게 이익이 되도록 하는 것입니다."라고 알트만은 말한다.

AI 역사에서 알트만의 업적은 실로 지대하다. 그는 단순히 기술을 개발하는 데 그치지 않고, AI의 윤리적 사용과 인류 전체의 이익을 위한 발전을 주도했다. ChatGPT를 통해 AI 기술을 대중화시켰고, OpenAI를 통해 AI 연구의 개방성과 협력을 증진시켰다. 또한, AGI 개발에 대한 그의 비전과 노력은 AI 기술의 미래 방향을 제시하고 있다.

샘 알트만은 21세기의 기술 혁명가이자 비전가로, AI 기술을 통해 인류의 삶을 개선하고자 하는 열정을 가진 인물이다. 그의 노력과 업적은 AI 기술의 발전뿐만 아니라, 이 기술이 어떻게 인류에게 이로운 방향으로 발전할 수 있는지에 대한 길을 제시하고 있다. 알트만의 이야기는 아직 끝나지 않았다. 그의 비전이 현실화되는 과정에서 인류는 어떤 새로운 지평을 마주하게 될지, 우리는 앞으로도 그의 행보를 주목해야 할 것이다.

데미스 하사비스

"지식의 나무(Tree of Knowledge)"

ⓒ wikimedia

인공지능의 세계를 탐험하는 현대의 탐험가, 데미스 하사비스. 그는 "AI는 세상에 있는 모든 지식의 나무를 탐구할 수 있는 도구이다"라는 비전을 가지고 인류의 지식 확장을 위해 끊임없이 노력해 왔다. 그의 삶은 마치 한 그루의 나무가 자라나는 과정과도 같았다. 어린 시절의 작은 씨앗이 뿌리를 내리고, 줄기를 키워 마침내 세상을 변화시키는 거대한 나무로 성장한 것이다.

어린 시절부터 남다른 재능을 보였던 데미스는 11세라는 어린 나이에 체스 국제 마스터 타이틀을 획득하는 놀라운 업적을 이루었다. 이는 그의 뛰어난 두뇌와 전략적 사고력을 증명하는 열매였다. 그러나 데미스는 여기서 만족하지 않았다. 그의 호기심은 체스판을 넘어 더 넓은 세상으로 뻗어나갔고, 그 끝에 인공지능이라는 새로운 영역을 발견하게 되었다.

2010년, 데미스는 자신의 비전을 실현하기 위해 딥마인드를 설립했다. 이는 그의 지식의 나무가 본격적으로 성장하기 시작한 순간이었다. 딥마인드는 단순한 기업이 아니었다. 그것은 인류의 지식 확장을 위한 거대한 실험실이자, 미래를 향한 도전이었다.

2016년, 데미스와 그의 팀은 세상을 놀라게 할 첫 번째 열매를 맺었다. 바로 알파고의 탄생이었다. 알파고는 인간 최고의 바둑 기사 이세돌을 상대로 승리를 거두며, AI의 가능성을 전 세계에

알렸다. 이는 단순한 게임의 승리가 아니었다. 그것은 인간의 직관과 창의성이라고 여겨졌던 영역에 AI가 도전장을 내민 역사적인 순간이었다.

알파고의 성공에 안주하지 않고, 데미스의 지식의 나무는 계속해서 새로운 가지를 뻗어갔다. 2019년에는 알파스타를 개발하여 복잡한 실시간 전략 게임인 스타크래프트 II에서 세계 최고 수준의 프로게이머들을 압도적으로 이겼다. 이는 AI가 불확실성이 높고 정보가 불완전한 환경에서도 뛰어난 성능을 발휘할 수 있음을 보여주는 획기적인 사건이었다.

ⓒ depositphotos.com

그러나 데미스의 가장 큰 업적은 아마도 2020년에 발표된 알파폴드일 것이다. 알파폴드는 그동안 생물학계의 '천년의 도전'으로 여겨졌던 단백질 구조 예측 문제를 해결했다. 이는 단순한 기술의 진보를 넘어 의학, 신약 개발, 질병 치료 등 인류의 삶에 직접적인 영향을 미칠 수 있는 혁명적인 발견이었다. 데미스의 지식의 나무는 이제 게임과 전략의 영역을 넘어 생명 과학의 영역까지 그 열매를 맺게 된 것이다. 알파폴드로 2024년 노벨 화학상을 수상하였다.

2023년, 데미스는 또 다른 도전을 시작했다. 구글과 협력하여 Gemini라는 새로운 AI 모델을 개발한 것이다. Gemini는 기존의 AI 모델들보다 더욱 뛰어난 성능을 보이며, 인간의 지능에 한 걸음 더 가까워졌다는 평가를 받았다. 이는 데미스가 꿈꾸는 AGI로 가는 또 하나의 중요한 이정표였다.

데미스의 AGI에 대한 철학은 단순히 인간을 뛰어넘는 지능을 만드는 것이 아니다. 그는 AGI를 통해 인류가 직면한 복잡한 문제들을 해결하고, 새로운 과학적 발견을 이끌어내며, 궁극적으로는 인류의 지식과 이해의 지평을 넓히는 것을 목표로 한다. 그에게 AGI는 인류의 지적 능력을 증강시키는 도구이자, 더 나은 미래를 만들기 위한 열쇠인 것이다.

데미스 하사비스의 업적은 AI 역사에서 가장 중요한 순간들로 기록될 것이다. 그는 AI를 게임과 추상적인 문제 해결의 영역에서 실제 세계의 복잡한 문제들을 다루는 단계로 발전시켰다. 그의 연구는 AI가 단순한 기술 혁신을 넘어 인류의 지식 확장과 문제 해결의 핵심 도구가 될 수 있음을 보여주었다.

오늘도 데미스의 지식의 나무는 계속해서 성장하고 있다. 그 나무의 가지는 더 높이 뻗어가고, 잎은 더욱 무성해지며, 새로운 열매들이 맺히고 있다. 그리고 그 나무 아래에서 우리는 미래를 꿈꾼다. 데미스 하사비스가 심은 이 지식의 나무가 언젠가는 인류 전체를 위한 거대한 숲을 이루게 될 그날을 기대하며, 우리는 그의 여정을 주목하고 있다.

무스타파 술레이만

"현대 문명 = (생명+지식) × 에너지"

© wikimedia

인공지능의 새로운 지평을 열어가는 혁신가, 무스타파 술레이만. 그의 삶은 마치 한 편의 대서사시와 같다. 런던의 평범한 가정에서 태어났지만, 그의 내면에는 세상을 바꾸고자 하는 불꽃이 타오르고 있었다.

어린 시절부터 남다른 호기심과 창의성을 보였던 술레이만은 책을 통해 세상을 탐험하곤 했다. 그의 방은 언제나 책으로 가득 차 있었고, 그 속에서 미래를 꿈꾸며 밤을 지새우곤 했다. 하지만 그의 길은 순탄치만은 않았다. 16세에 학교를 중퇴하는 과감한 결정을 내렸고, 이는 그의 인생에 큰 전환점이 되었다.

술레이만은 전통적인 교육의 틀을 벗어나 자신만의 길을 개척해 나갔다. 그는 인권 운동가로 활동하며 사회 문제에 대한 깊은 통찰력을 키웠고, 이는 후에 그의 AI 철학의 근간이 되었다. 그의 눈은 언제나 미래를 향해 있었고, 기술이 인류의 삶을 어떻게 개선할 수 있을지에 대한 비전을 품고 있었다.

2010년, 술레이만은 역사적인 결정을 내린다. 데미스 하사비스, 셰인 레그와 함께 딥마인드를 공동 설립한 것이다. 이는 AI 역사에 새로운 장을 열게 된다. 딥마인드는 강화학습을 통해 AI가 스스로 학습하고 성장할 수 있음을 보여주었고, 이것은 AI 기술의 혁명적인 진보를 이끌었다.

2014년 구글에 인수된 후에도 술레이만은 멈추지 않았다. 그는

AI의 윤리적 사용과 사회적 영향에 대해 깊이 고민하며, AI 기술이 인류에게 진정한 혜택을 줄 수 있도록 노력했다. 그의 이러한 노력은 AI 윤리와 정책 분야에서 그를 선구자적 위치에 올려놓았다.

슐레이만의 혁신은 여기서 그치지 않았다. 2022년, 그는 인플렉션 AI를 창립하며 또다시 AI의 새로운 지평을 열었다. 인플렉션 AI는 개인화된 AI 비서 개발에 주력하며, 인간과 AI의 상호작용을 더욱 자연스럽고 효율적으로 만들고자 했다. 특히 대화형 AI 분야에서 독보적인 기술력을 선보이며, AI가 일상생활에 더욱 가까이 다가갈 수 있게 했다.

2024년, 슐레이만은 또 다른 도전을 시작한다. 마이크로소프트의 AI CEO로 임명된 것이다. 이는 그의 전문성과 비전을 인정받은 결과였다. 마이크로소프트에서 그는 AI 기술을 기업의 핵심 전략으로 통합하는 데 주력했고, 이는 마이크로소프트가 AI 시대의 선두 주자로 자리매김하는 데 큰 역할을 했다.

슐레이만의 AGI에 대한 철학은 그의 모든 업적의 근간이 되었다. 그는 AI가 단순히 특정 작업을 수행하는 도구를 넘어, 인간과 같은 일반적인 지능을 갖출 수 있다고 믿었다. 그러나 동시에 그는 AGI 개발에 있어 윤리적 고려사항의 중요성을 강조했다. "우리는 AI를 개발하면서 동시에 그것이 인류에게 어떤 영향을 미칠지 항상 고민해야 합니다. 기술의 발전과 인류의 복지는 항상 함께 가야 합니다."라는 그의 말은 AI 개발자들에게 중요한 지침이 되었다.

무스타파 슐레이만의 AI 역사에서 가장 큰 업적은 단연 딥마인드의 공동 설립과 알파고의 성공일 것이다. 알파고가 세계 최고의 바둑 기사를 이기면서, AI의 가능성에 대한 세계인의 인식을 완전히 바꿔놓았기 때문이다. 이는 단순한 기술적 성과를 넘어 AI가 인간의 지능을 뛰어넘을 수 있다는 것을 증명한 역사적 사건이었다.

슐레이만의 삶은 '현대 문명 = (생명+지식) × 에너지'라는 그의 철학을 그대로 보여준다. 그는 인간의 생명과 지식을 소중히 여기며, 여기에 AI라는 강력한 지능을 더해 현대 문명을 한 단계 발전시킬 것이라고 주장했다. 그의 끊임없는 도전과 혁신은 우리에게 AI의 무한한 가능성을 보여주었고, 동시에 그 발전이 인류에게 어떤 의미인지 깊이 성찰하게 만들었다.

무스타파 슐레이만, 그는 단순한 기술자가 아닌 미래를 만들어가는 비전가이자 철학자. 그의 여정은 아직 끝나지 않았다. 그가 앞으로 어떤 혁신을 이뤄낼지, 그리고 그것이 우리의 삶을 어떻게 변화시킬지 세계가 주목하고 있다. 우리는 그의 발자취를 따라가며, 기술과 인간성이 조화롭게 공존하는 미래를 꿈꿔본다.

젠슨 황

"AI 반도체 황제의 AI 팩토리"

© wikimedia

젠슨 황은 어린 시절부터 남다른 재능과 호기심을 지닌 아이였다. 1963년 대만에서 태어난 그는 9살 때 가족과 함께 미국으로 이주했다. 새로운 환경에 적응하는 과정에서 젠슨은 자신만의 독특한 방식으로 세상을 바라보는 법을 배웠다. 그의 부모는 아들의 창의성을 북돋우기 위해 레고와 같은 장난감을 사줬고, 이는 후에 그의 혁신적인 사고방식의 토대가 됐다.

학창 시절, 젠슨은 수학과 과학에 탁월한 재능을 보였다. 그러나 그의 재능은 단순히 학문적인 영역에만 국한되지 않았다. 그는 탁구 선수로도 활약했으며, 이를 통해 전략적 사고와 끈기를 배웠다. 이러한 경험들은 후에 그가 비즈니스 세계에서 성공을 거두는 데 큰 도움이 됐다.

오리건 주립대학교에서 전기공학을 전공한 젠슨은 졸업 후 AMD에서 마이크로프로세서 설계자로 일하며 반도체 산업에 첫발을 내디뎠다. 그러나 그의 야망은 여기서 멈추지 않았다. 1993년, 젠슨은 크리스 마라코프스키, 커티스 프림과 함께 NVIDIA를 창립했다. 이는 그의 인생을 완전히 바꾸는 전환점이 됐다.

NVIDIA의 CEO로서 젠슨 황은 반도체에 대한 그의 열정을 마음껏 펼칠 수 있었다. 그는 GPU(그래픽 처리 장치)의 잠재력을 일찍이 간파했고, 이를 게임 산업을 넘어 다양한 분야에 적용할 수 있다고 믿었다. 초기에는 많은 이들이 그의 비전을 의심했지만, 젠슨은 굴하지 않았다.

2006년, NVIDIA는 CUDA(Compute Unified Device Architecture)를 발표했다. 이는 GPU를 이용해 일반적인 컴퓨팅 작업을 수행할 수 있게 해주는 혁신적인 기술이었다. 이 결정은 NVIDIA를 단순한 그래픽 카드 제조업체에서 AI와 고성능 컴퓨팅의 선두 주자로 변모시켰다. 젠슨의 선견지명이 빛을 발하는 순간이었다.

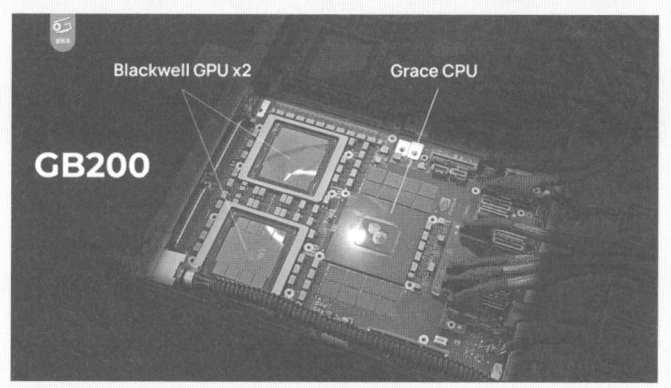
ⓒ wikimedia

젠슨 황의 가장 큰 업적 중 하나는 AI 발전에 기여한 것이다. 그는 GPU가 딥러닝과 AI 훈련에 필수적이라는 것을 깨달았고, 이를 위한 최적화된 하드웨어와 소프트웨어를 개발하는 데 전력을 다했다. 그 결과, NVIDIA의 GPU는 현대 AI 혁명의 핵심 동력이 됐다.

AGI에 대한 젠슨의 철학은 그의 비전을 잘 보여준다. 그는 AGI가 인류에게 큰 혜택을 줄 수 있다고 믿지만, 동시에 그 개발과 사용에 있어 신중해야 한다고 강조한다. "5년 이내에 인간 수준의 인식 능력을 갖춘 AGI가 등장할 것"이라고 그는 말한다.

젠슨 황의 리더십 하에 NVIDIA는 AI 시대의 핵심 기업으로 성장했다. 그의 비전과 끈기는 반도체 산업을 혁신하고 AI의 발전을 가속화하는 데 큰 역할을 했다. 오늘날 NVIDIA의 기술은 자율주행차, 로봇공학, 의료 영상 등 다양한 분야에서 활용되고 있다.

AI 역사에서 젠슨 황의 업적은 매우 중요하다. 그는 GPU를 AI 연구와 개발의 핵심 도구로 만들어냈고, 이를 통해 딥러닝의 급속한 발전을 가능케 했다. 그의 노력 덕분에 연구자들은 더 빠르고 효율적으로 AI 모델을 훈련할 수 있게 됐고, 이는 AI 기술의 폭발적인 성장으로 이어졌다.

젠슨 황은 단순히 기술 혁신가를 넘어 미래를 내다보는 선지자로 평가받는다. 그는 항상 "다음은 무엇일까?"라는 질문을 던지며 끊임없이 새로운 도전을 추구한다. 그의 이러한 자세는 NVIDIA를 지속적으로 성장하게 만드는 원동력이 됐다.

오늘날 젠슨 황은 AI 산업의 거인으로 불린다. 그러나 그는 여전히 겸손하고 호기심 많은 태도를 잃지 않고 있다. "우리는 아직 AI의 가능성의 극히 일부분만을 보고 있다. 앞으로 더 많은 혁신과 발견이 우리를 기다리고 있다."라고 그는 말한다.

젠슨 황의 이야기는 단순한 성공 스토리가 아니다. 그것은 비전, 열정, 그리고 끈기가 어떻게 세상을 변화시킬 수 있는지를 보여주는 영감적인 예시다. 그는 계속해서 AI의 미래를 형성하고, 기술이 인류에게 더 나은 미래를 가져다줄 수 있다는 그의 믿음을 실현하기 위해 노력하고 있다. 젠슨 황, 그는 진정한 'AI 팩토리'의 설계자이자 건축가다.

AI 패권전쟁과 신인류

AI HIGHWAY

PART II

생성 AI 넥스트 유니콘

Chapter 01	파운데이션 모델 산업
Chapter 02	클라우드 산업
Chapter 03	AI 반도체 산업
Chapter 04	AI 응용 서비스 산업

CHAPTER

01

파운데이션 모델 산업

1.1 ChatGPT가 쏘아 올린 초거대 AI

파운데이션 모델이 AI 기술의 판도를 뒤흔들고 있다. 이 모델들은 방대한 데이터로 미리 학습돼 다방면에 적용할 수 있는 범용성을 지니고 있어 AI 발전의 핵심 동력이 되고 있다. 파운데이션 모델의 출현으로 AI 개발 방식이 근본적으로 바뀌었고, 이는 산업 전반에 광범위한 영향을 미치고 있다.

이 모델의 가장 큰 특징은 대규모 데이터에 기반한 자기지도 학습이다. 기존 AI 모델들이 특정 작업을 위해 꼬리표 붙은 데이터로 학습했다면 파운데이션 모델은 인터넷의 방대한 텍스트, 이미지, 동영상 등을 통째로 삼킨다. 이를 통해 언어의 구조와 의미, 세상의 온갖 개념들을 포괄적으로 이해하게 된다.

파운데이션 모델의 영향력은 실로 어마어마하다. 우선 AI 기술의 대중화를 이끌고 있다. 과거에는 특정 작업용 AI를 만들기 위해 전문가들이 엄청난 시간과 노력을 들여 모델을 설계하고 학습시켜야 했다. 하지만 이제는 문외한들도 간단한 미세조정만으로 다양한 작업을 수행하는 AI를 만들 수 있게 됐다.

게다가 AI의 성능을 획기적으로 끌어올렸다. 대규모 데이터와 컴퓨팅 파워로 학습된 이 모델들은 기존 AI 모델들을 훨씬 앞서고 있다. 예를 들어 OpenAI의 GPT-3는 사람이 쓴 글과 구분하기 힘들 정도로 자연스러운 텍스트를 뱉어낼 수 있다. 이런 성능 향상은 AI 기술의 실용화 가능성을 크게 높였다.

파운데이션 모델의 발전은 여러 산업 분야에 혁명적 변화를 몰고 오고 있다. 의료 분야에서는 이를 활용해 질병을 더 정확히 진단하고, 신약 개발을 가속화하는 연구가 한창이다. 교육 분야에서는 학생 개개인에 맞춤화된 학습 경험을 제공하는 데 쓰이고, 금융 분야에서는 더 정교한 위험 평가와 투자 전략 수립에 활용되고 있다.

그러나 파운데이션 모델 개발에는 엄청난 자원이 들어간다. 우선 어마어마한 양의 GPU가 필요하다. GPT-3를 학습시키는 데 약 1만 개의 NVIDIA V100 GPU가 동원됐다고 한다. 이는 현재 시장 가격으로 수천만 달러에 달하는 규모다. 또 대규모 학습 데이터도 필수적이다. GPT-3는 약 570테라바이트의 텍스트 데이터로 학습됐는데, 이는 위키피디아 전체 내용의 수백 배에 맞먹는 양이다.

전력 소비도 어마어마하다. AI 모델 학습에 드는 전력량은 기하급수적으로 늘고 있는데, GPT-3 학습에 든 전력량은 약 1,287MWh로 추정된다. 이는 미국 120개 가구의 1년 전기 사용량과 맞먹는 양이다. 결국 이런 대규모 자원 투입은 천문학적인 자본을 필요로 한다.

한편 AGI 개발을 위한 파운데이션 모델은 더 큰 규모의 자원을 필요로 한다. AGI는 인간처럼 다양한 문제를 해결하고 학습할 수 있는 AI를 말하는데, 이를 위해서는 현재의 파운데이션 모델보다 훨씬 더 큰 규모의 모델과 더 다양한 형태의 데이터 학습이 필요하다.

이와 관련해 주목할 만한 프로젝트가 마이크로소프트와 OpenAI의 '스타게이트(Stargate)' 프로젝트다. 현존하는 최대 규모 데이터센터보다 100배 큰 규모다. 스타게이트 프로젝트를 위해 마이크로소프트는 1,000억 달러를 쏟아부을 계획이며, 이를 위한 전용 슈퍼컴퓨터 개발도 진행 중이다.

이처럼 파운데이션 모델은 AI 기술과 산업 전반에 혁명적인 변화를 몰고 오고 있지만, 동시에 그 개발에는 막대한 자원과 자본이 들어간다. 이로 인해 파운데이션 모델 개발은 소수의 대기업과 연구소를 중심으로 이뤄지고 있으며, 이는 AI 기술의 독점화에 대한 우려를 낳고 있다. 따라서 앞으로는 파운데이션 모델의 기술적 발전뿐만 아니라, 이를 둘러싼 윤리적, 사회적 문제들에 대한 논의도 활발히 이뤄져야 할 것이다.

1.2 OpenAI, Google DeepMind, Anthropic

파운데이션 모델이라. 이름부터 거창하다. 하지만 그럴 만도 하다. 이 모델들이 인공지능 기술의 혁명적 진보를 이끌고 있으니 말이다. 엄청난 양의 데이터로 미리 공부해 둔 이 모델들은 무슨 일이든 척척 해낸다. 말하고, 그림 그리고, 소리를 알아듣는 건 기본이다. AI 기술의 판도를 완전히 바꾸고 있다고 해도 과언이 아니다.

글로벌 AI 시장에서 OpenAI, 구글 딥마인드, Anthropic이라는 이름들이 자주 거론된다. 이 세 기업이 파운데이션 모델 개발에서 앞서 나가고 있기 때문이다. 각자 독특한 색깔을 가진 이 기업들은 저마다의 방식으로 혁신적인 모델들을 내놓으며 시장을 휘어잡고 있다.

OpenAI라는 이름, 한 번쯤 들어봤을 것이다. 2015년에 태어난 이 회사가 GPT로 세상을 뒤흔들어놨다. 특히 2022년에 선보인 ChatGPT는 그야말로 폭풍을 일으켰다. 믿기 힘들겠지만 ChatGPT는 세상에 나온 지 불과 5일 만에 100만 명의 사용자를 모았고, 2023년 1월엔 두 달 동안 1억 명이 넘는 사람들이 이용했다.[10] OpenAI는 트랜스포머라는 기술을 바탕으로 GPT라는 거대언어모델을 만들어낸 선구자다. 이렇게 탄생한 게 바로 GPT-3, GPT-4 같은 파운데이션 모델이다. 최근엔 GPT-4o를 내놓았는데 AI 에이전트라고도 불리며 인간 수준의 지능을 가진 AGI 시대의 전령사로 여겨진다.

구글 딥마인드는 또 어떤가. 2014년 구글이 품에 안은 영국의 AI 연구소다. 2023년엔 Google Brain과 합쳐져 더 강해졌다. 바둑으로 세상을 놀라게 한 알파고로 유명한 딥마인드는 요즘 PaLM, Gemini 같은 대단한 언어 모델을 내놓으며 OpenAI와 한판 승부를 벌이고 있다. 특히 Gemini라는 모델은 범상치 않다. 글자는 물론이고 그림, 소리, 영상까지 다룰 수 있어 모두의 이목을 집중시키고 있다.

Anthropic이라는 회사가 만든 Claude는 GPT 같은 대규모 언어 모델이다. 놀랍게도 인간과 비슷한 대화를 할 수 있을 뿐 아니라, 복잡한 분석과 창의적인 글쓰기까지 해낸다. 하지만 윤리적 기준을 중요하게 여겨 해롭거나 부적절한 내용은 거부한다고 하니, 이런 점에서 다른 AI와는 좀 다른 면모를 보인다.

이 회사들이 경쟁하는 덕분에 AI 기술이 빠르게 발전하고 있다. OpenAI의 GPT-4o는 사람처럼 일을 잘해 여기저기서 쓰이고 있다. 구글 딥마인드의 Gemini는 여러 가지를 한꺼번에 처리할 수 있어

AI의 쓰임새를 더 넓히고 있다. Anthropic의 Claude는 윤리적인 AI가 어떤 것인지 보여주고 있다.

이런 기술 발전이 산업 전반을 뒤흔들고 있다. 가트너(Gartner)에 따르면, 2026년까지 기업의 30%가 AI 파운데이션 모델을 제품 개발, 코드 생성, 프로세스 작업에 활용할 것이라고 한다. 특히 고객 서비스, 마케팅, 소프트웨어 개발 같은 분야에서 많이 쓰일 것 같다. AI가 우리 일상에 깊숙이 들어올 날이 머지않았다.

그런데 이렇게 발전하는 와중에 걱정거리도 생겼다. AI가 실수하면 어쩌지? 내 정보는 안전할까? 내 일자리를 뺏기는 건 아닐까? 이런 고민들이 끊임없이 제기되고 있다. 기업들도 이런 걱정을 알아차렸다. AI 윤리 지침을 만들고, 더 안전한 AI를 만들기 위해 연구에 몰두하고 있다. 앞으로 파운데이션 모델을 만드는 회사들의 경쟁은 더욱 치열해질 것이다. 그런데 단순히 기술만 좋다고 해서 이길 수 있을까? 아니다. 윤리와 사회적 책임도 함께 고민하는 기업이 결국 승자가 될 것이다. 이들이 어떻게 하느냐에 따라 AI의 미래가, 나아가 우리 사회의 모습이 달라질 것이다. 그러니 우리도 준비해야 한다. 기술 발전에 맞춰 사회적 합의를 이루고, 제도를 정비해야 한다. 그래야 AI와 함께 더 나은 미래를 만들 수 있지 않겠는가?

1.3 네이버, 카카오, SK텔레콤, LG

우리나라에서 파운데이션 모델 개발 경쟁이 한창이다. 대기업과 스타트업들이 한국어에 특화된 고성능 AI 모델을 만들기 위해 열을 올리고 있다. 세계적 기업들이 주도하는 AI 시장에서 우리의 기술력을 확보하고 경쟁력을 갖추려는 노력인 셈이다.

네이버가 '하이퍼클로바X'로 한국어 AI 모델 개발의 선두에 섰다. 초거대규모(Hyperscale) 언어모델로 한국어 실력이 뛰어나다고 한다. 네이버는 이를 토대로 여러 서비스를 내놓고 있는데, 특히 검색 엔진과 연결해 사용자들의 경험을 한층 높이고 있다.

카카오도 'KoGPT'라는 한국어 전용 모델을 만들었다. 카카오브레인이 개발한 이 모델은 오픈소스로 공개돼 많은 개발자가 쓸 수 있게 됐다. 카카오는 이를 통해 AI 생태계를 넓히고, 여러 서비스에 적용해 사용자들에게 더 좋은 경험을 주려 한다.

SK텔레콤은 'A.(에이닷)'이라는 AI 모델을 내놓았다. 이 모델은 한국어를 잘 이해하고, 특히 음성 인식과 대화를 잘한다고 한다. SK텔레콤은 이를 통해 AI로 고객 서비스를 더 좋게 만들고, 새로운 사업 모델도 만들어내려 한다.

LG AI 연구원은 'EXAONE'이라는 멀티모달 AI 모델을 개발했다. 이 모델은 글뿐 아니라 그림도 다룰 수 있어 여러 산업 분야에 쓰일 수 있을 것 같다. LG그룹은 이를 통해 제조, 서비스, 연구개발 등 여러 분야에서 AI를 쓰려고 한다.

이런 국내 기업들의 노력 덕분에 한국어 AI 모델의 성능이 크게 좋아지고 있다. 하지만 아직 세계적인 기업들의 모델에 비하면 규모나 성능 면에서 차이가 있는 게 사실이다. 예를 들어, OpenAI의 GPT-4는 수조 개의 파라미터를 가지고 있어 우리나라 모델들과는 큰 차이가 난다.

우리나라의 파운데이션 모델 개발은 아직 시작 단계지만 빠르게 나아가고 있다. 한국어에 맞춘 모델을 만들어 국내 시장에서 우위를 점하고, 더 나아가 세계 시장에서도 인정받을 만한 기술력을 갖추는 게 목표다. 이를 위해서는 꾸준한 투자와 연구, 그리고 산업계, 학계, 연구소의 협력이 필요할 것이다.

    앞으로 우리나라의 파운데이션 모델은 더 발전해 여러 산업 분야에 쓰일 것 같다. 특히 한국어를 잘 다루는 능력을 바탕으로 우리나라만의 서비스를 만들고, 이를 통해 새로운 사업 모델을 출시할 수도 있을 것이다. 또 세계적인 기업들과의 기술 차이를 좁히면서 동시에 우리나라의 문화와 언어 특성을 담은 독특한 AI 생태계를 만들 수 있을 것이라 기대된다.

1.4 AI 시대의 황금 열쇠

    세상이 참 빠르게 변한다는 생각이 든다. 불과 몇 년 전만 해도 인공지능이라면 단순히 특정 작업을 잘하는 프로그램 정도로 여겼는데, 이제는 '파운데이션 모델'이 AI 기술의 심장부를 차지하고 있다. 이 모델들은 정말 대단하다. 어마어마한 양의 데이터를 먹어 치우고 온갖 일을 해낼 수 있는 기반이 되니 말이다.

    이 파운데이션 모델의 위력을 실감케 하는 게 바로 OpenAI의 GPT다. 전 세계를 휘어잡고 있지 않은가. 2024년 1월 기준으로 ChatGPT의 월간 활성 사용자 수가 무려 1억 8,000만 명을 넘어섰다고 한다 이 사실만 봐도 파운데이션 모델의 파급력을 짐작할 수 있다.

    파운데이션 모델 기업이 '넥스트 유니콘'으로 주목받는 이유는 여러 가지다. 우선, 이 모델들은 그야말로 만능이다. 글쓰기, 이미지 생성, 음성 인식 등 안 되는 게 없다. 당연히 시장 잠재력이 어마어마하다. 글로벌 AI 시장 규모가 2030년까지 1조 8,078억 달러에 이를 것이라고 전망한다.[11] 이 중 상당 부분이 파운데이션 모델 관련 시장이 될 거라는 건 불 보듯 뻔하다.

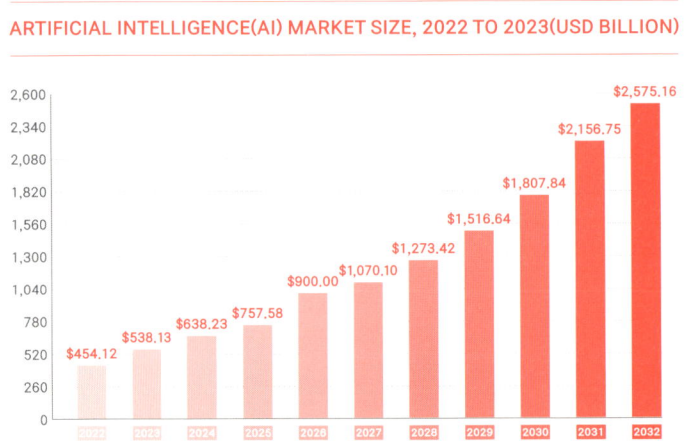

ⓒ precedenceresearch

게다가 이 모델은 계속 진화한다. 새 데이터를 먹이고 구조를 개선하면 성능이 쑥쑥 자란다. 이게 바로 기업들이 지속적으로 수익을 내고 시장을 장악할 수 있는 비결이다. OpenAI의 ChatGPT 모델을 보라. ChatGPT-2, ChatGPT-3, ChatGPT-4, ChatGPT-4o, ChatGPT o1으로 발전하면서 매번 세상을 놀라게 하지 않았는가. 이런 게 바로 파운데이션 모델의 매력이다.

이 모델의 또 다른 강점은 뭘까? 바로 전이 학습(Transfer Learning)이다. 이를 통해 다양한 하위 작업에 쉽게 적용할 수 있다. 쉽게 말해, 기업들이 하나의 모델로 온갖 제품과 서비스를 뚝딱 만들어낼 수 있다는 얘기다. 실제로 많은 스타트업들이 GPT나 BERT 같은 파운데이션 모델을 활용해 특색 있는 서비스를 선보이고 있다. 이런 게 바로 파운데이션 모델의 위력이다.

파운데이션 모델 기업들의 성장 가능성은 어떨까? 투자 동향을 보면 그 답이 보인다. 2023년 상반기에만 AI 관련 스타트업들이 거의 500억 달러의 투자금을 끌어모았다. 이 중 상당 부분이 파운데이션 모델 개발이나 이를 활용한 서비스에 투입됐다고 한다. 돈 냄새를 잘 맡는 투자자들이 이렇게 열광하는 걸 보면, 파운데이션 모델의 미래가 밝다는 뜻 아니겠는가.

우리나라도 이 흐름에 뒤처지지 않으려 안간힘을 쓰고 있다. 네이버는 '하이퍼클로바X'를, 카카오는 'KoGPT'를 선보였고, LG AI 연구원은 'EXAONE'이라는 대규모 AI 모델을 개발 중이다. 심지어 정부까지 나서서 초거대 AI를 개발하겠다고 선언했다. 이런 노력이 결실을 맺으면 우리도 AI 강국 반열에 오를 수 있지 않을까?

하지만 이들 기업이 '넥스트 유니콘'으로 성장하는 길이 순탄치만은 않다. 엄청난 컴퓨팅 자원이 필요하고, 데이터를 모으고 관리하는 일도 만만치 않다. 그럼에도 이런 난관을 뚫고 혁신을 멈추지 않는다면, 파운데이션 모델 기업들은 AI 시대의 주역으로 우뚝 설 수 있을 것이다.

파운데이션 모델 개발 기업들은 AI 기술의 근간을 다지는 동시에 어마어마한 시장 기회를 눈앞에 두고 있다. 국가 차원의 'AI 소버린' 확보 노력과 맞물려 이들 기업의 존재감은 더욱 커질 전망이다. 앞으로 파운데이션 모델을 둘러싼 기술 혁신과 시장 경쟁이 어떤 모습으로 펼쳐질지 주목해 볼만하다. 우리는 지금 AI 역사의 한 장면을 목격하고 있는 건지도 모른다. 그들의 도전이 어떤 결실을 맺을지 지켜보는 일은 무척 흥미진진할 것 같다.

CHAPTER 02

클라우드 산업

2.1 미래의 데이터 방주

총성 없는 데이터 주권 전쟁이 펼쳐지고 있다. 데이터 주권을 위해 자국의 거대 플랫폼과 AI 모델을 구축하려는 노력이 잇따르고 있다. 이 점에서 클라우드도 단순한 기술 인프라를 넘어 데이터 주권을 지키는 핵심으로 부상하고 있다. 클라우드를 통한 데이터 확보와 관리 능력이 곧 미래의 국력이 될 것이다.

우리가 AI 시대에 살고 있다는 건 이제 누구나 아는 사실이다. 그런데 이 AI가 혼자 큰일을 해내는 게 아니다. 뒤에서 든든하게 받쳐주는 무언가가 있어야 하는데, 그게 바로 클라우드다. 클라우드는 AI의 터전이자 원천이 되어가고 있다. 어마어마한 데이터를 삼키고 토해내는 클라우드의 능력이 AI를 키우고 돌리는 데 없어서는 안 될 존재가 된 것이다.

클라우드 덕분에 기업들은 통 큰 투자 없이도 AI의 혜택을 누릴 수 있게 됐다. 필요할 때 컴퓨팅 자원을 늘렸다 줄였다 할 수 있으니 AI 작업에는 안성맞춤이다. 실제로 글로벌 기업 열 곳 중 아홉

곳이 클라우드 기반 AI 서비스를 쓰고 있다고 한다. 이게 바로 클라우드의 힘이다.

AI를 만드는 데 꼭 필요한 고성능 GPU나 TPU 같은 특별한 기계도 클라우드를 통해 쉽게 빌려 쓸 수 있다. 덕분에 작은 회사나 스타트업도 큰 규모의 AI 사업에 뛰어들 수 있게 됐다. 클라우드 업체들은 AI에 특화된 서비스도 내놓고 있다. 가령 AWS의 SageMaker나 구글의 Vertex AI 같은 것들은 AI 모델을 만들고 배포하는 일을 한결 쉽게 만들어준다.

클라우드는 AI를 대중의 품으로 끌어들이는 데도 한몫하고 있다. 누구나 쉽게 AI 기술을 접하고 써볼 수 있게 되면서 세상을 바꾸는 속도가 빨라지고 있다. 1인 개발자나 소규모 팀도 최첨단 AI 기술을 다룰 수 있게 된 것이다. 이런 변화는 혁신의 속도를 더욱 가속화시킬 것이다.

AI와 클라우드의 만남은 새로운 비즈니스 모델도 낳았다. 'AI as a Service'라는 개념이 대표적이다. 기업들이 AI를 직접 개발하지 않고 클라우드에서 제공하는 AI 서비스를 구독 형태로 이용할 수 있게 된 것이다. 이런 방식으로 AI 도입의 진입장벽이 크게 낮아졌다.

클라우드는 AI를 더 강력하고 신뢰할 수 있게 만드는 데도 기여한다. 대규모 AI 모델을 운영하는 데 필요한 안정적인 인프라를 제공하고, 갑작스러운 트래픽 증가에도 유연하게 대응할 수 있게 해준다. 여기에 데이터 보안과 재해 복구 같은 기능으로 AI 시스템의 안정성을 한층 높여준다.

클라우드는 AI 생태계 조성에도 일조하고 있다. 대형 클라우드 기업들은 AI 개발자 커뮤니티를 지원하고, 오픈소스 AI 프레임워크 개발을 후원한다. 이런 노력들이 AI 기술 혁신과 인재 양성에 긍정적인 영향을 미치고 있다.

하지만 클라우드 의존도가 높아지면서 우려의 목소리도 나온다. 데이터 주권 문제나 특정 기업에 대한 과도한 종속성 등이 지적되고 있다. 이런 우려 때문에 일부 기업과 국가들은 멀티 클라우드나 하이브리드 클라우드 전략을 채택하고 있다.

그럼에도 불구하고 AI 시대에 클라우드의 중요성은 더욱 커질 수밖에 없다. IDC에 따르면 퍼블릭 클라우드 AI 서비스 시장이 2026년까지 연평균 29.6%의 성장률을 보일 것으로 전망되며, 2026년에는 1,249억 달러 규모에 이를 것으로 예상된다.[12] 클라우드는 앞으로도 AI 혁명의 기반이자 촉매제 역할을 할 것이다. 기업들은 AI 전략 수립 시 클라우드를 핵심 요소로 고려해야 할 것이다.

2.2 AWS, MS Azure, Google Cloud

클라우드 컴퓨팅 파워가 국력이다. 현재 아마존, 마이크로소프트, Google Cloud가 전 세계 클라우드의 65% 이상을 점유하고 있다. 이것이 의미하는 바가 무엇인지 곰곰이 생각해 볼 일이다.

AWS, MS Azure, Google Cloud. 이 이름들, 어디서 많이 들어본 것 같지 않은가? 클라우드 산업이 AI 시대의 핵심 인프라로 자리 잡은 지금, 이 세 거인이 시장을 주도하며 AI 기술 발전의 토대를 다지고 있다는 사실에 주목해야 한다.

AWS는 클라우드 시장의 선두 주자다. 2006년 서비스 시작 이후 꾸준히 성장해 2023년 4분기 기준 전 세계 클라우드 인프라 시장의 31%를 차지하며 1위를 유지하고 있다.[13] AWS의 강점은 무엇일까? 방대한 서비스 포트폴리오와 글로벌 인프라다. 200개가 넘는 완전 관리형 서비스를 제공하고, 전 세계 33개 지역에 데이터센터를 운영 중이다. AI/ML 서비스인 Amazon SageMaker로 기업들의 AI 도입을 지원하고, 최근에는 생성 AI 서비스 Amazon Bedrock을 선보이며 AI 경쟁력을 한층 강화했다.

Microsoft Azure는 클라우드 시장 2위 주자다. 2023년 4분기 기준 시장점유율 24%를 기록했다.[13] Azure의 강점은 기존 마이크로소프트 제품과의 높은 호환성과 하이브리드 클라우드 전략이다. 많은 기업이 이미 사용 중인 Windows, Office 365 등과 쉽게 연동할 수 있어 기업 고객 확보에 유리하다. AI 분야에서는 어떨까? OpenAI와 협력해 ChatGPT 같은 최신 AI 기술을 Azure 플랫폼에 통합하고 있다. 2023년 출시한 Azure OpenAI Service로 기업들은 GPT-4 같은 고급 언어 모델을 손쉽게 활용할 수 있게 됐다.

Google Cloud는 3위 사업자로, 2023년 4분기 시장점유율 11%를 기록했다.[13] 후발주자지만 AI와 데이터 분석 분야의 강점을 무기로 빠르게 성장하고 있다. 구글의 AI 연구 부문인 딥마인드의 기술력을 클라우드 서비스에 접목하고 있으며, 2023년 선보인 대규모 언어 모델 PaLM 2도 Google Cloud 고객들에게 제공하고 있다. 뿐만 아니라 Kubernetes 같은 오픈소스 기술을 주도하며 클라우드 네이티브 환경에서도 경쟁력을 갖추고 있다.

이 3대 클라우드 기업들은 단순히 컴퓨팅 자원만 제공하는 것이 아니다. AI 시대의 혁신을 주도하고 있다. 예를 들어보자. AWS의 고객인 핀테크 기업 Stripe는 AWS의 AI 서비스로 부정 거래 탐지 시스템을 구축해 연간 수십억 달러의 사기 거래를 막아내고 있다. Microsoft Azure는 제약회사 노바티스와 협력해 AI를 활용한 신약 개발 프로세스를 가속화하고 있다. Google Cloud는 자율주행차 기업 Waymo와 손잡고 방대한 주행 데이터를 처리하고 AI 모델을 학습시키는 데 클라우드 인프라를 제공하고 있다.

아래 그래프는 세계 주요국 데이터센터 구축 현황을 보여준다. 미국이 1,648개로 압도적 1위를 차지하고 있으며, 중국에 332개가 있다. 영국, 독일, 캐나다 등 선진국들이 그 뒤를 이으며, 한국은 28개로 가장 적은 수의 데이터센터를 보유하고 있다.

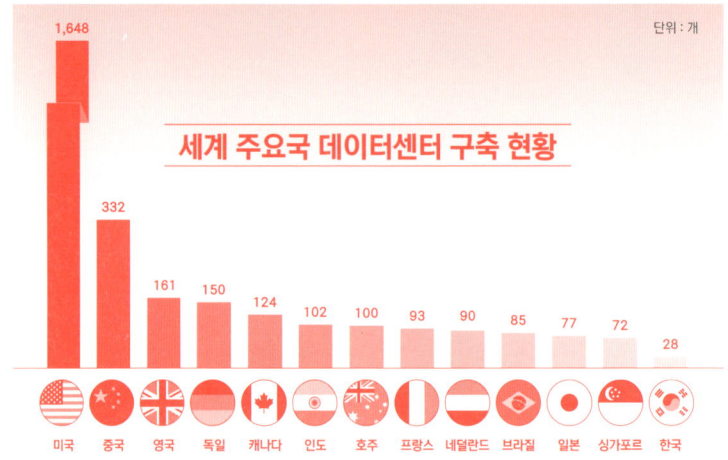

ⓒ 데이터센터닷컴

클라우드 기업들의 경쟁이 AI 기술 발전에 긍정적인 영향을 미치고 있다는 점도 주목할 만하다. 각 기업이 더 강력하고 효율적인 AI 서비스를 개발하려 경쟁하면서 AI 기술의 민주화가 이뤄지고 있다. 중소기업이나 스타트업도 이제는 고성능 AI 모델을 쉽게 활용할 수 있게 된 것이다. 이것이 바로 기술 발전의 힘이다.

그러나 이들 기업의 시장 지배력 강화에 대한 우려의 목소리도 있다. 데이터의 중앙 집중화와 특정 기업에 대한 의존도 심화가 주요 이슈로 제기되고 있다. 이에 대응해 클라우드 기업들은 데이터 주권 보호, 보안 강화, 투명성 제고를 위해 노력하고 있다.

앞으로 클라우드 산업은 AI와 더욱 밀접해질 것이다. 엣지 컴퓨팅과의 융합, 양자 컴퓨팅 서비스 도입 같은 새로운 기술 트렌드가 클라우드 산업의 미래를 형성할 것이다. AWS, Microsoft Azure, Google Cloud 같은 주요 기업들은 이런 변화를 선도하며 AI 시대의 핵심 인프라 제공자로서의 역할을 확대해 나갈 것으로 보인다. 우리는 지금 기술의 대전환기를 살고 있다.

MS AI Infra
"Azure SuperComputer"

마이크로소프트가 요즘 대단한 일을 벌이고 있다. 전 세계에 흩어진 GPU를 하나로 모아 거대한 슈퍼컴퓨터를 만들겠다는 계획이다. 이름하여 'MS Azure SuperComputer'. 이 계획이 실현되면 인공지능 시대의 판도가 크게 바뀔 것이다.

ⓒ Microsoft Mechanics

우선 이 슈퍼컴퓨터의 구조부터 살펴보자. 마이크로소프트는 전 세계 곳곳에 데이터센터를 두고 있다. 이 데이터센터들에는 수많은 GPU가 설치되어 있다. GPU란 그래픽 처리 장치로 원래는 고성능 게임을 위해 개발됐지만, 지금은 AI 학습에 필수적인 부품이 됐다. 마이크로소프트의 계획은 이 GPU들을 필요에 따라 하나로 연결해 사용하겠다는 것이다.

이렇게 되면 어떤 장점이 있을까? 첫째, 대규모 AI 모델을 더 빠르고 효율적으로 학습시킬 수 있다. ChatGPT 같은 거대언어모델을 만들려면 엄청난 양의 데이터를 처리해야 한다. 전 세계의 GPU를 하나로 모으면 이 작업을 훨씬 빠르게 할 수 있다. 둘째,

자원을 탄력적으로 관리할 수 있다. AI 모델을 학습시킬 때는 많은 GPU가 필요하지만, 평소에는 그렇지 않다. 전 세계의 GPU를 연결해 놓으면 필요할 때만 많은 GPU를 사용하고, 그렇지 않을 때는 다른 용도로 활용할 수 있다. 셋째, 각국의 규제에 유연하게 대응할 수 있다. 요즘 많은 나라들이 자국민의 데이터를 자국 내에서 처리하도록 요구한다. 전 세계에 데이터센터를 두고 있으면 이런 요구에 쉽게 대응할 수 있다. 넷째, AI 연구와 혁신을 가속화할 수 있다. 연구자들에게 필요할 때 강력한 컴퓨팅 파워를 제공할 수 있기 때문이다. 다섯째, 기업 고객들에게 맞춤형 AI 서비스를 제공할 수 있다. 고객이 원하는 만큼의 GPU 파워를 제공할 수 있기 때문이다.

이 계획이 실현되면 마이크로소프트는 AI 시대의 최강자가 될 가능성이 크다. 하지만 여기에는 몇 가지 도전과제가 있다. 우선 기술적인 문제다. 전 세계의 GPU를 하나로 연결해 효율적으로 작동하게 만드는 것은 결코 쉬운 일이 아니다. 네트워크 지연 문제, 데이터 동기화 문제 등 해결해야 할 기술적 과제가 산적해 있다.

마지막으로 정치적인 문제다. 미국과 중국의 기술 패권 경쟁이 치열해지는 상황에서 전 세계 GPU를 하나로 연결한다는 계획은 여러 나라의 경계심을 불러일으킬 수 있다. 특히 중국은 자국 내 데이터센터에 대한 통제권을 요구할 가능성이 크다. 그럼에도 불구하고 이 계획은 매우 매력적이다. 성공만 한다면 AI 시대의 게임 체인저가 될 수 있기 때문이다. 마이크로소프트의 이 도전이 어떤 결과를 낳을지 지켜보는 것은 매우 흥미로운 일이 될 것이다.

결론적으로 MS Azure SuperComputer 계획은 AI 시대의 새로운 지평을 열 수 있는 혁신적인 시도다. 이 계획이 성공하면 AI 기술의 발전 속도가 더욱 빨라질 것이고, 우리의 일상생활도 크게 바뀔 것이다.

2.3 삼성SDS, 메가존 클라우드, 네이버 클라우드, KT 클라우드

클라우드 컴퓨팅이 21세기 디지털 혁명의 핵심 동력으로 부상했다. 글로벌 IT 공룡들이 클라우드 시장을 선점하고 있는 가운데 우리나라도 이 흐름에 뒤처지지 않으려 안간힘을 쓰고 있다.

한국의 클라우드 산업은 빠르게 성장하고 있다. 정부 통계에 따르면 국내 클라우드 시장 규모는 2020년 2조 7,000억 원에서 2025년에는 7조 원을 넘어설 것으로 전망된다. 연평균 20% 이상의 고성장이다. 대기업들의 디지털 전환 가속화와 중소기업들의 클라우드 도입 증가가 이런 성장을 견인하고 있다.

하지만 우리 클라우드 산업의 현주소를 들여다보면 걱정거리가 한두 가지가 아니다. 가장 큰 문제는 기술력 격차다. AWS, 마이크로소프트, 구글 같은 글로벌 기업들과 비교하면 우리 기업들의 기술력은 아직 한참 모자란다. 이들 외국 기업은 국내 시장의 70% 이상을 장악하고 있다. 반면 우리 기업들은 해외 진출은커녕 국내 시장에서조차 고전하고 있다.

더욱 우려되는 점은 외국계 클라우드 기업들이 한국을 넘어 동남아시아로 진출하는 현상이다. 이들은 한국의 높은 인건비와 규제를 피해 싱가포르, 인도네시아, 베트남 등지에 데이터센터를 구축하고 있다. 이는 단순히 시장점유율의 문제를 넘어서 우리나라의 클라우드 산업 생태계와 일자리 창출에도 악영향을 미칠 수 있다. 게다가 이런 흐름은 장기적으로 아시아 클라우드 시장에서 한국의 입지를 더욱 좁힐 수 있다.

이런 상황은 단순한 산업 경쟁력의 문제를 넘어 국가안보와 데이터 주권의 문제로 이어진다. 클라우드에 저장되는 데이터의 양과 중요성이 날로 커지는 상황에서, 우리의 중요한 정보들이 외국 기업의 서버에 보관되고 있다는 점은 심각하게 고민해 봐야 할 문제다. 만약 국제 정세가 악화되거나 사이버 공격이 발생했을 때 우리의 중요 데이터를 제대로 지킬 수 있을까?

이런 문제의식 속에서 국내 기업들도 클라우드 시장에 뛰어들고 있다. 그중 대표적인 기업들을 살펴보자.

먼저 삼성SDS다. 삼성그룹의 IT 서비스 기업인 삼성SDS는 2015년부터 클라우드 사업에 본격 뛰어들었다. '삼성 클라우드 플랫폼'을 앞세워 그룹 내 계열사는 물론 외부 기업들을 대상으로 서비스를 제공하고 있다. 특히 제조업 분야에서의 경험을 바탕으로 스마트팩토리 솔루션 등에 강점을 보이고 있다. 하지만 아직 글로벌 기업들과 비교하면 서비스의 다양성이나 기술력에서 격차가 있는 것이 사실이다.

다음으로 메가존 클라우드를 보자. 이 회사는 국내 토종 클라우드 기업 중 가장 빠른 성장세를 보이고 있다. AWS, 마이크로소프트, 구글 등 글로벌 기업들의 파트너로 시작해 이제는 자체 클라우드 서비스도 제공하고 있다. 특히 중소기업들을 대상으로 한 맞춤형 서비스로 주목받고 있다. 하지만 아직 규모나 기술력 면에서 글로벌 기업들을 따라잡기에는 시간이 더 필요해 보인다.

네이버 클라우드는 국내 최대 포털 기업인 네이버의 자회사다. 네이버의 방대한 데이터와 AI 기술을 바탕으로 차별화된 서비스를 제공하고 있다. 특히 한국어 자연어 처리나 국내 환경에 특화된 서비스로 경쟁력을 갖추고 있다. 하지만 글로벌 시장 진출은 아직 미미한 수준이다.

KT 클라우드는 통신 인프라를 바탕으로 한 안정성이 강점이다. 특히 공공 클라우드 시장에서 강세를 보이고 있다. 5G 네트워크와 연계한 엣지 컴퓨팅 서비스 등 차별화된 전략을 내세우고 있지만, 아직 글로벌 기업들과 격차를 좁히지는 못하고 있다.

기업들의 노력에도 불구하고 우리나라 클라우드 산업의 미래는 그리 밝지만은 않다. 기술 격차를 좁히는 것도 중요하지만 더 근본적인 문제는 우리 사회의 인식이다. 클라우드를 단순한 IT 서비스로 보는 시각에서 벗어나 국가 기간 산업으로 인식하는 패러다임의 전환이 필요하다. 클라우드는 단순한 데이터 저장소가 아니다. 4차 산업혁명 시대의 핵심 인프라다. 인공지능, 빅데이터, 사물인터넷 등 첨단 기술의 발전은 모두 클라우드를 기반으로 한다. 따라서 클라우드 산업의 발전은 곧 국가 경쟁력과 직결된다.

우리는 반도체 산업에서 세계 1위를 차지한 경험이 있다. 정부의 전폭적인 지원과 기업들의 과감한 투자, 그리고 우수한 인재들의 노력이 있었기에 가능했다. 클라우드 산업도 마찬가지다. 정부는 과감한 규제 완화와 투자 확대로 기업들의 성장을 뒷받침해야 한다. 기업들은 단기적인 수익에 연연하지 말고 장기적인 안목에서 기술 개발에 투자해야 한다. 대학과 연구기관에서는 클라우드 전문 인력을 양성하는 데 힘써야 한다.

특히 글로벌 시장 진출 전략이 중요하다. 국내 시장만으로는 한계가 있다. 동남아시아나 중동, 아프리카 등 신흥 시장을 공략해 경쟁력을 키워나가야 한다. 이를 위해서는 정부와 기업, 학계가 힘을 모아 '코리아 클라우드' 브랜드를 만들어 나가야 한다.

클라우드는 21세기의 새로운 영토다. 이 영토를 지키고 확장하는 것은 우리의 미래를 좌우할 중요한 과제다. 지금이라도 정부와 기업, 국민 모두가 힘을 모아 클라우드 강국으로 도약하는 전기를 마련해야 한다. 그것이 4차 산업혁명 시대에 우리나라가 세계의 중심에 설 수 있는 길이다.

2.4 엣지 컴퓨팅과 클라우드 융합

인공지능 기술이 급속도로 발전하면서 우리 삶 곳곳에 스며들고 있다. 특히 주목할 만한 것은 온디바이스 AI와 클라우드 AI의 융합이다. 이 둘의 결합은 우리 일상을 더욱 똑똑하고 편리하게 만들어주고 있다. 온디바이스 AI란 스마트폰이나 자동차 같은 기기에 직접 탑재되는 인공지능을 말한다. 클라우드에 의존하지 않고 기기 자체에서 AI 기능을 수행하기 때문에 빠른 반응속도와 개인정보 보호 측면에서 장점이 있다.

이러한 AI 기술의 발전 양상은 그림의 이미지를 통해 잘 설명될 수 있다. 이 이미지는 AI 모델의 파라미터 수 증가에 따른 AI 기능의 발전을 보여주고 있다. 왼쪽에서 오른쪽으로 갈수록 AI 모델의 파라미터 수가 증가하며, 중앙의 '10 billion parameter mark'를 기준으로 큰 변화가 일어나고 있음을 보여준다. 스마트 워치, 스마트폰, 자동차가 온디바이스 AI화 되고 클라우드와 융합된다는 것을 설명해 주고 있다.

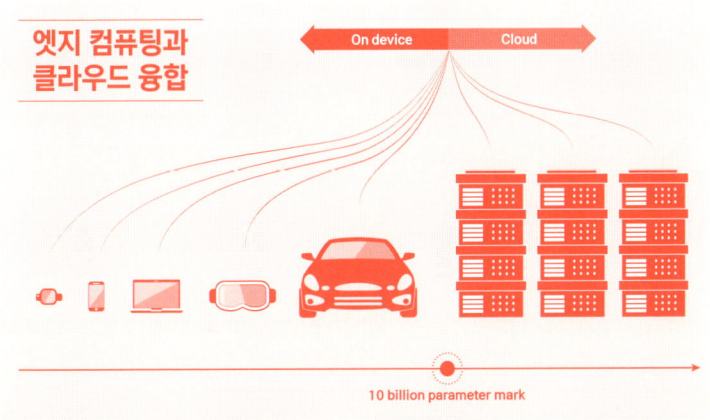

ⓒ SK증권

하지만 온디바이스 AI만으로는 한계가 있다. 기기의 제한된 성능과 저장 공간 때문이다. 여기에 클라우드 AI의 강점이 더해지면 그 잠재력은 폭발적으로 커진다. 방대한 데이터와 강력한 연산 능력을 갖춘 클라우드와 실시간 처리가 가능한 온디바이스 AI의 결합, 이것이 바로 AI 기술의 미래다. 이미지에서 'On device'와 'Cloud'라는 표시는 이러한 AI 처리 영역의 구분을 보여주고 있다.

이런 흐름 속에서 한국의 AI 반도체 산업이 주목받고 있다. 세계 최고 수준의 반도체 기술력을 바탕으로 AI 반도체 시장에서 선도적 위치를 차지할 수 있는 잠재력을 갖추고 있기 때문이다. 정부도 'K 온디바이스 AI 플래그십 프로젝트'를 통해 다양한 분야에서 온디바이스 AI 기술 개발을 지원하고 있다.

여기서 한 가지 제안을 하고 싶다. 온디바이스 AI의 수요 발굴과 실증을 위한 자율주행, 자율비행, 자율로봇과 같은 과제를 발굴하여 'K 온디바이스 AI 플래그십 프로젝트'를 더욱 강력하게 추진할 필요가 있다. 이는 우리나라의 기술력을 한 단계 더 끌어올리는 계기가 될 것이다. 한국의 진정한 강점은 AI 반도체와 온디바이스 AI 분야에 있다. 이 두 영역은 AI 산업의 근간을 이루는 핵심 기술로, 한국이 세계를 선도할 수 있는 잠재력이 가장 큰 분야다.

먼저 AI 반도체 분야를 살펴보자. 한국은 세계 최고 수준의 반도체 제조 기술을 보유하고 있다. 삼성전자와 SK하이닉스는 메모리 반도체 시장에서 압도적인 점유율을 자랑한다. 이러한 기술력은 AI 반도체 개발에 큰 강점으로 작용한다. 특히 PIM(Processing In Memory) 기술은 한국이 세계를 선도하고 있는 분야다. PIM은 메모리 칩 안에 연산 기능을 넣어 데이터 이동을 최소화함으로써 AI 연산 속도를 획기적으로 높이는 기술이다.

더욱이 한국의 AI 반도체 생태계는 날로 풍성해지고 있다. 삼성전자나 SK하이닉스 같은 대기업뿐만 아니라 딥엑스, 리벨리온, 퓨리오사AI 같은 유망한 스타트업들이 속속 등장하고 있다. 이들은 각자의 영역에서 혁신적인 AI 반도체를 개발하며 시장을 확대해 나가고 있다. 온디바이스 AI는 AI 반도체와 밀접하게 연관된 분야로 한국이 가진 또 다른 강점이다. 한국은 스마트폰, 가전, 자동차 등 다양한 전자기기 제조 분야에서 세계적인 경쟁력을 갖추고 있다. 이는 온디바이스 AI 기술을 실제 제품에 적용하고 상용화하는 데 큰 이점으로 작용한다.

자동차 분야를 살펴보자. 자율주행차량에 특화된 AI 반도체와 서비스 모델 개발이 한창이다. 현대자동차의 '아이오닉' 시리즈나 기아의 'EV' 시리즈가 그 대표적인 예다. 이들 차량에는 첨단 운전자 보조 시스템(ADAS)을 위한 AI 반도체가 탑재되어 있다. 악천후나 통신 두절 상황에서도 안정적인 주행이 가능하도록 온디바이스 AI 기술을 적용하고 있다. 해외에서는 테슬라의 'FSD(Full Self-Driving)' 시스템이나 GM의 '울트라 크루즈' 같은 기술이 주목받고 있다.

스마트폰 분야에서도 온디바이스 AI의 활약이 두드러진다. 삼성전자의 '갤럭시 S24' 시리즈가 대표적이다. 이 제품은 '갤럭시 AI'라는 이름으로 다양한 온디바이스 AI 기능을 탑재했다. 실시간 통역, 문자 요약, 이미지 편집 등 일상에서 유용하게 쓸 수 있는 기능들이 기기 내에서 처리된다. 클라우드 연결 없이도 빠르고 안전하게 AI 기능을 사용할 수 있다는 점이 특징이다. 삼성전자 구미 공장에서 생산된 세계 최초의 AI 폰이 전 세계로 수출되고 있다.

애플도 이에 질세라 'Apple Intelligence'를 공개했다. 아이폰 16시리즈에 이 기술이 적용되어 출시를 앞두고 있다. 애플의 AI 기술은 개인정보 보호에 중점을 두고 있다. 사용자의 데이터를 클라우드로 보내지 않고 기기 내에서 처리함으로써 프라이버시를 지키면서도 강력한 AI 기능을 제공하는 것이 목표다.

로봇 분야에서도 눈부신 발전이 이뤄지고 있다. 간병이나 돌봄 서비스에 특화된 자율행동 로봇 개발이 한창이다. LG전자의 '클로이'나 삼성전자의 '삼성봇' 시리즈가 대표적이다. 이들 로봇은 다중 감각을 통한 상황 인지, 자율 이동 등의 기능을 갖추고 있으며, 모두 온디바이스 AI 기술을 기반으로 한다. 해외에서는 보스턴 다이내믹스의 '아틀라스', 테슬라의 '옵티머스', 피규어의 '피규어02' 등이 주목받고 있다. 이들 로봇은 고도의 균형 감각과 정교한 동작을 구현하며, 인간과 유사한 작업 수행 능력을 보여주고 있다.

이처럼 온디바이스 AI 기술은 우리 삶의 다양한 영역에서 활용되고 있다. 그리고 이 기술의 발전 속도는 갈수록 빨라지고 있다. 특히 한국은 세계적 수준의 반도체 기술력을 바탕으로 이 분야에서 선도적 위치를 차지할 수 있는 잠재력을 갖추고 있다.

삼성전자나 SK하이닉스 같은 대기업부터 수많은 중소 팹리스 기업들까지, 한국의 AI 반도체 생태계는 날로 풍성해지고 있다. 여기에 정부의 적극적인 지원 정책까지 더해져 한국의 AI 반도체 산업은 더욱 빠르게 성장할 것으로 전망된다.

한국이 가진 잠재력은 충분하다. 반도체 강국의 저력을 바탕으로 온디바이스 AI와 클라우드 AI의 융합을 선도하는 나라. 그것이 바로 우리가 꿈꾸는 미래의 모습이다. 우리는 지금 AI 혁명의 한가운데 서 있다. 온디바이스 AI와 클라우드 AI의 융합은 이 혁명을 더욱 가속화할 것이다. 그리고 그 중심에 한국이 있을 것이다. 세계 최고의 반도체 기술력과 창의적인 아이디어, 그리고 도전 정신. 이것이 바로 한국이 가진 무기다. 이제 우리는 이 무기를 활용해 AI 시대의 주역으로 우뚝 설 차례다. 그날이 머지않았다.

AI 폰 전쟁

스마트폰 시장의 영원한 라이벌 삼성과 애플이 'AI 폰'을 두고 전쟁을 펼치고 있다. 삼성이 올 초 '갤럭시 S24' 시리즈를 통해 '갤럭시 AI'를 먼저 선보였다. 애플은 '아이폰16' 시리즈에 탑재될 '애플 인텔리전스'를 선보였다. 과연 누가 AI 폰 대전에서 승자가 될까?

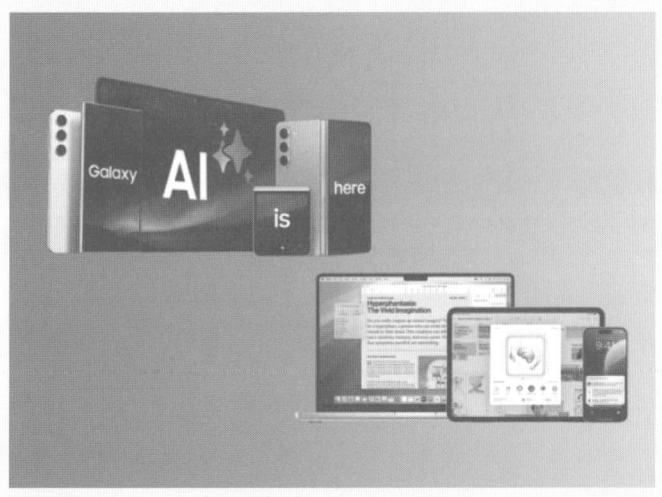

ⓒ 삼성전자

생성 AI로 스마트폰 사용방식 혁신

갤럭시 AI와 애플 인텔리전스는 하드웨어에 AI 기능을 탑재해 엣지 디바이스와의 상호 작용 방식을 근본적으로 바꾸고 있다. 기본적으로 '온디바이스 AI'를 추구한다. 이는 응답속도와 보안 때문이다. 두 제품 모두 기기 내에 쌓인 데이터를 연결해 개인 맞춤형 AI 서비스를 제공하는 것을 목표로 삼고 있다. 아직 스마트폰의 AI 연산 성능이 충분하지 않기 때문에 삼성은 구글과, 애플은 오픈 AI 와 손을 잡고 AI 기능을 지원하고 있다.

갤럭시의 '외국어', 아이폰은 'AI 에이전트'

갤럭시 AI는 실시간 통역 통화와 메시지 번역에서 한 걸음 더 나아가 폴더 폰의 듀얼 스크린을 통해 실시간 번역된 텍스트를 각각 보며 대화할 수 있는 '대화 모드' 등을 선보였다.

애플 인텔리전스는 생성 AI를 품은 '시리(Siri)'를 통해 개인적 맥락을 이해해 메모, 문자, 이메일 등에서 필요한 정보를 가져와 작업을 수행하기도 한다. 새로운 AI 에이전트의 모습을 제시하고 있다.

온디바이스 AI 반도체

온디바이스 AI 시장이 커지면서 기기의 성능을 높여 줄 반도체 시장의 성장이 주목된다. 개별 기기 내에서 AI 기능을 수행하려면 고성능의 중앙처리장치(CPU)와 그래픽처리장치(GPU), 신경처리장치(NPU), 고성능의 메모리 반도체 등이 필요하다.

경쟁은 이미 시작됐다. 인텔은 전력 소비량은 적으면서 AI 데이터 처리 속도가 빠른 AI CPU인 '인텔 코어 울트라'를 출시했다. 퀄컴도 온디바이스 AI에 적합한 차세대 AP(애플리케이션 프로세서) '스냅드래곤 83세대' 모델을 공개했다. 삼성전자, SK하이닉스도 온디바이스 AI에 특화된 저전력 D램을 공급할 전망이다.

2024년 세계 최초로 삼성이 AI 탑재 스마트폰을 선보였다. 애플은 OpenAI와의 협력으로 수준 높은 AI를 탑재하고 AI 기술 고도화를 해나가고 있다. AI 개발용 데이터 부족으로 어려움을 겪는 OpenAI로서는 전 세계의 애플 사용자들로부터 엄청난 양의 데이터를 거의 무제한으로 확보할 수 있는 좋은 기회인 것이다.

2.5 무한 확장의 플랫폼

우리는 지금 AI 혁명의 한복판에 서 있다. 이 혁명의 핵심 동력 중 하나가 바로 클라우드 산업이다. 클라우드는 마치 도시의 인프라처럼 AI 시대의 기반을 이루며 눈부신 성장을 거듭하고 있다. 특히 생성 AI가 등장하면서 클라우드 산업은 제2의 전성기를 맞이했다. 클라우드 덕분에 중소기업이나 스타트업도 천문학적인 비용 없이 AI 기술을 활용할 수 있게 됐다. 이를 통해 AI 혁신을 가속화하고 AI 스타트업을 집결시키는 AI 인프라가 되고 있다.

클라우드 시장의 성장세는 실로 가공할 만하다. Grand View Research, Inc.의 최근 보고서에 따르면 글로벌 클라우드 컴퓨팅 시장 규모는 2030년까지 2조 3,901억 8,000만 달러에 도달할 것으로 추산되며, 2024년부터 2030년까지 연평균 성장률 21.2% 성장할 것으로 예상된다. 이는 클라우드 산업이 앞으로도 쭉 날개 달린 듯 치솟을 것임을 보여주는 셈이다. 특히 AI 관련 클라우드 서비스에 대한 수요가 폭발적으로 늘어나면서 이런 성장세는 더욱 가팔라질 것으로 보인다.

AGI 시대를 향한 발걸음은 클라우드 산업에 새로운 기회의 문을 활짝 열어주고 있다. AGI란 인간만큼 똑똑한 AI를 말하는데, 이를 만들려면 어마어마한 컴퓨팅 파워와 데이터 처리 능력이 필요하다. 클라우드 기업들은 이런 요구에 부응하기 위해 밤낮없이 인프라를 확충하고 있고, AGI 개발을 위한 맞춤형 서비스도 속속 선보이고 있다.

구체적인 예를 들어보자. AWS는 'SageMaker'라는 AI 개발 플랫폼을 내놓았다. 이를 통해 기업들은 AI 모델을 손쉽게 만들고 활용할 수 있게 됐다. MS Azure는 OpenAI와 손잡고 GPT-3 같은 거대언어모델을 클라우드에서 쓸 수 있게 해주고 있다. 이런 노력은 AGI 시대를 앞당기는 한편, 클라우드 기업에 새로운 수익원이 되고 있다.

AGI를 실현하려면 데이터센터를 엄청나게 늘려야 한다. 2010년 2제타바이트(ZB)에 불과하던 수치는 13년 만에 약 74배 증가했고, 2023년에 생성되는 120제타바이트는 2025년 150% 증가해 181제타바이트에 달할 것이라고 한다. 클라우드 기업들에겐 천재일우의 기회가 아닐 수 없다. AGI를 개발하고 활용하는 데 필요한 데이터 처리와 저장 수요가 폭발적으로 늘면서, 클라우드 기업들은 새로운 성장의 동력을 얻게 될 것이다.

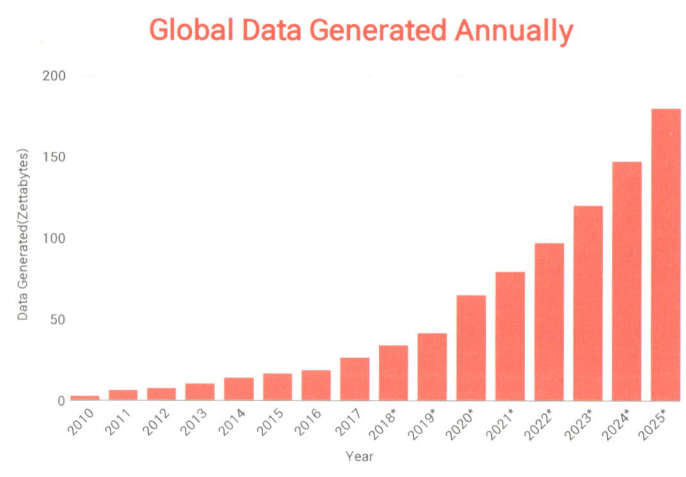

ⓒ SK브로드밴드비즈

AGI 시대가 오면 AI 모델은 지금보다 훨씬 더 복잡해질 것이다. 이는 곧 더 강력한 컴퓨팅 파워와 더 정교한 AI 개발 도구가 필요해진다는 뜻이다. 클라우드 기업들은 이런 요구에 부응하기 위해 AI에 특화된 칩을 만들고, 고성능 컴퓨팅 서비스를 확대하는 등 안간힘을 쓰고 있다. 이는 클라우드 기업들에게 새로운 돈벌이 기회가 될 것이 분명하다.

AI 자율주행과 로봇 분야도 클라우드 산업의 성장에 한몫할 것이다. 자율주행차는 엄청난 양의 데이터를 실시간으로 처리해야 하고, 로봇은 복잡한 AI 알고리즘을 구동해야 한다. 이 모든 것이 클라우드의 힘을 빌려야 가능하다. 테슬라나 웨이모 같은 자율주행 기업들, 보스턴다이나믹스 같은 로봇 기업들이 클라우드에 더욱 의존하게 되면서 클라우드 산업은 또 다른 성장의 기회를 맞게 될 것이다.

클라우드 산업이 넥스트 유니콘으로 성장할 가능성은 단순히 몸집 불리기에 그치지 않는다. AGI 시대가 되면 클라우드는 단순히 기반 시설을 제공하는 데 그치지 않고 AI 혁신의 심장부로 자리매김할 것으로 보인다. 클라우드 기업들은 자체 AI 연구개발로 독자적인 AI 서비스를 내놓거나, 여러 AI 기업들과 손잡고 새로운 생태계를 만들어낼 수 있다. 이는 클라우드 산업의 가치사슬을 한층 더 넓히는 계기가 될 것이다.

AGI 시대의 개막과 함께 클라우드 산업은 새로운 넥스트 유니콘의 기회를 맞이하고 있다. 데이터와 컴퓨팅 파워에 대한 수요가 폭발적으로 늘어나고, AI 개발과 활용을 위한 맞춤형 서비스가 쏟아지며, AI 혁신의 중심지로서 역할이 확대되면서 클라우드 산업은 앞으로도 쭉 고공행진을 이어갈 것으로 보인다. 이는 단순히 덩치만 키우는 게 아니라 AI 시대의 핵심 인프라로서 질적인 도약까지 이루는 성장이 될 것이다. 클라우드는 이제 AI 시대의 대동맥으로 자리 잡아 가고 있다.

CHAPTER

03

AI 반도체 산업

3.1 미래를 여는 칩

AI 없는 미래는 생각하기 어려울 정도다. AI 기술 확대와 함께 주목도가 증가하는 부분은 AI 반도체다. 기존 반도체 업계 강자를 비롯해 글로벌 빅테크기업까지 앞다퉈 천문학적인 금액을 투입하며 인수합병 등을 통해 AI 반도체 개발에 열을 올리고 있다. 반도체의 미래가 곧 AI 반도체라는 전망까지 나온다.

이런 가운데 OpenAI의 CEO인 샘 알트만이 AI 반도체 자체 생산을 위해 9,000조 원 펀딩에 나섰다. 이는 현재 AI 반도체를 공급하는 중요한 5개 회사의 시가총액을 합친 것보다 많다.

생성 AI는 엄청난 양의 데이터를 먹어 치우고 새로운 걸 만들어내는 기술이다. 글이든 그림이든 목소리든 뭐든 만들어낼 수 있어서 그 가능성이 무궁무진하다. 하지만 이런 대단한 AI를 돌리려면 어마어마한 계산 능력이 필요하다. 바로 여기서 AI 반도체, 그중에서도 AI 가속기가 빛을 발한다.

AI 가속기는 보통의 CPU나 GPU와는 다르다. AI 연산만을 위해 태어난 특별한 장치들이다. 여러 작업을 동시에 처리하고 복잡한 계산을 순식간에 해내는 데 특화되어 있어, AI의 학습과 판단 속도를 엄청나게 높인다. 예를 들어, 구글이 만든 TPU v4는 일반 GPU보다 AI 작업을 최대 1.2~1.7배 빨리 처리한다고 한다.

AI 반도체 시장이 지금 불이 붙었다. 가트너라는 시장조사 기관에 따르면, AI 반도체 시장 규모는 2020년 약 153억 불(20조 4,300억 원)에서 2024년에는 약 428억 불(57조 1,600억 원)로 성장할 것이라고 예측하고 있다. 2027년에는 AI 반도체 시장이 1,194억 불(155조 원)로 성장할 것으로 예측하고 있다. 이게 무슨 뜻이냐? 생성 AI가 빠르게 발전하면서 AI 반도체에 대한 수요가 폭발적으로 늘고 있다는 뜻이다.

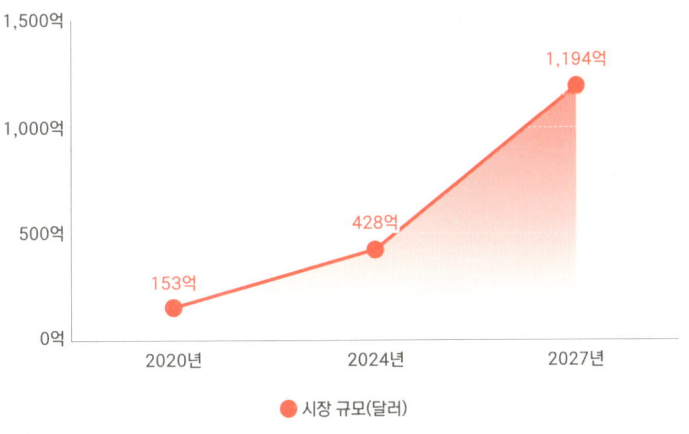

ⓒ 삼성SDS

생성 AI 시대에 AI 가속기는 더욱 중요해지고 있다. 예를 들어 볼까? OpenAI라는 회사의 GPT-3 모델은 1750억 개나 되는 파라미터를 가지고 있다. 이걸 학습시키는 데 들어간 비용이 얼마였을까? 정확한 비용은 공개되지 않았지만, 수백만 달러에서 수천만 달러 사이로 추정된다. 이런 거대한 AI를 효율적으로 돌리려면 고성능 AI 가속기가 꼭 필요하다는 말이다.

지금 AI 반도체 산업에서 가장 잘 나가는 회사는 NVIDIA다. NVIDIA의 GPU는 AI 학습과 추론에 널리 쓰이고 있다. 특히 H100 GPU는 생성 AI 모델을 돌리는 데 최적화되어 있다. 하지만 경쟁은 점점 치열해지고 있다. 구글, 아마존, 마이크로소프트 같은 대형 IT 기업들도 자체 AI 칩을 만들고 있다.

우리나라에서도 삼성전자와 SK하이닉스가 AI 반도체 시장에 뛰어들었다. 삼성전자는 자체 개발한 NPU(Neural Processing Unit)를 탑재한 모바일 AP를 만들고 있고, SK하이닉스는 HBM(High Bandwidth Memory)이라는 고성능 메모리로 AI 반도체 시장에서 자리를 잡아가고 있다.

지난 10년간 AI 기술이 엄청나게 발전했다. 지금 AI 기술의 대세는 신경망이고, 최근에는 거대언어모델(LLM)이 등장하면서 연산량과 메모리 사용량이 기하급수적으로 늘어나고 있다. 이런 상황에서 GPU가 주목받고 있다. GPU는 높은 대역폭과 대용량 메모리를 갖추고 있어 CPU보다 신경망 연산을 훨씬 빠르게 처리할 수 있기 때문이다. 덕분에 GPU는 지금 AI 반도체 시장에서 독보적인 위치를 차지하고 있다.

하지만 이런 추세가 계속될 수 있을지는 의문이다. GPU 물량이 부족하고 가격은 급등하고 있어 앞으로 AI 기술 발전에 걸림돌이 될 수 있다. 이제는 AI 기술과 AI 반도체의 미래를 진지하게 고민해 볼 때다.

이런 상황에서 주목할 만한 기술이 있다. 바로 뉴로모픽 프로세서다. 이 기술은 기존 신경망의 한계를 뛰어넘을 잠재력을 가지고 있다. 뉴로모픽 프로세서는 인간의 뇌를 모방한 구조로, 에너지 효율성이 매우 높고 실시간 학습이 가능하다는 장점이 있다.

특히 스파이킹 신경망(SNN)을 구현하는 데 최적화된 뉴로모픽 이벤트 프로세서는 기존 AI 반도체와는 차원이 다른 효율성을 보여준다. 이 프로세서는 뉴런에서 이벤트가 발생할 때만 연산을 수행하기 때문에 전력 소모가 적고 처리 속도도 빠르다.

뉴로모픽 기술은 아직 초기 단계지만, AI의 미래를 바꿀 수 있는 게임 체인저가 될 가능성이 크다. 이 기술이 발전하면 더 적은 에너지로 더 복잡한 AI 모델을 구동할 수 있게 될 것이다. 우리나라도 이 분야에 대한 투자와 연구를 서둘러야 한다. 그래야 AI 기술 발전의 다음 단계를 주도할 수 있을 것이다.

AI 반도체, 그중에서도 AI 가속기는 생성 AI의 성능과 효율을 좌우하는 핵심이다. 그래서 AI 반도체 기술이 어떻게 발전하느냐에 따라 생성 AI의 미래가 달라질 것이다. 더 빠르고 에너지를 덜 쓰는 AI 가속기가 나오면 더 큰 AI 모델을 만들 수 있고, 이는 또 AI의 능력을 한 단계 끌어올릴 것이다.

AI 자율주행과 로봇 분야도 AI 반도체의 발전과 밀접한 관련이 있다. 자율주행차량은 실시간으로 엄청난 양의 데이터를 처리해야 하는데, 이를 위해서는 고성능 AI 칩이 필수적이다. 테슬라의 경우 자체 개발한 AI 칩 'FSD(Full Self-Driving) 컴퓨터'를 사용하고 있는데, 이는 초당 2,300프레임의 영상을 처리할 수 있다고 한다. 로봇 분야에서도 AI 반도체는 중요한 역할을 한다. 보스턴 다이내믹스의 인간형 로봇 '아틀라스'는 복잡한 동작을 수행하기 위해 고성능 AI 처리 능력이 필요하다.

AI 반도체 산업은 생성 AI 시대의 핵심 기반이다. 시장 전망도 밝아 앞으로 AI 기술 발전을 이끄는 주역이 될 것이다. 그래서 AI 반도체 기술을 개발하고 산업을 키우는 일은 우리나라의 경쟁력을 높이는 데 아주 중요한 과제가 될 것이다. AI가 바꿀 미래, 그 중심에 AI 반도체가 있다.

3.2 NVIDIA, AMD, INTEL, 삼성전자, SK하이닉스

AI 반도체 산업의 주역들, 이들의 활약상이 실로 눈부시다. NVIDIA, AMD, 인텔, 삼성전자, SK하이닉스 같은 거물들이 시장을 주도하고 있다. 이 기업들은 저마다의 특기를 살려 AI 반도체 시장에서 치열한 경쟁을 펼치고 있는데, 그 양상이 흥미롭다.

NVIDIA는 AI 반도체 시장의 제왕이라 할 만하다. 그래픽 처리 장치(GPU) 기술을 AI 연산에 적용한 것이 대성공을 거뒀다. NVIDIA의 GPU는 병렬 처리 능력이 탁월해 딥러닝 학습과 추론에서 독보적인 성능을 보여준다. 2023년 기준으로 NVIDIA가 AI 반도체 시장의 약 90% 이상을 장악하고 있다니, 그 위상이 실로 대단하다.[14] NVIDIA의 대표 AI 칩인 A100과 H100을 보면 H100이 A100보다 무려 6배나 빠르다고 하니 그 기술 발전 속도가 놀랍다.

AMD는 NVIDIA의 아성에 도전장을 내밀고 있다. CPU와 GPU를 모두 생산하는 AMD가 최근 AI 반도체 시장에 과감한 투자를 하고 있는데, 이는 주목할 만한 전략이다. AMD의 MI300X가 NVIDIA의 H100과 대등한 성능을 보여주고 있다니 흥미롭지 않은가. 2023년 AMD의 AI 반도체 매출이 전년 대비 3배 이상 증가했다고 하니 이 회사의 성장세가 만만치 않다.

인텔은 CPU 시장에서는 선두 주자지만, AI 반도체 시장에서는 다소 뒤처진 모습이다. 그러나 최근 Gaudi2라는 AI 가속기를 출시하며 반격의 기회를 노리고 있다. 인텔이 2026년까지 AI 가속기 시장의 20%를 차지하겠다는 목표를 세웠다는데 과연 이 야심찬 계획이 실현될 수 있을지 지켜볼 일이다.

삼성전자는 메모리 반도체에서 쌓은 역량을 AI 반도체로 확장하고 있다. 비밀병기 '마하1'로 AI 반도체 판을 뒤집는다는 계획이다. 마하1은 AI 추론에 특화된 AI 가속기다. 추론은 데이터 학습을 통해 고도화한 AI를 실제 서비스에 활용하는 과정이다. 현재 학습, 추론용 AI 가속기 시장 모두 NVIDIA가 90% 이상 잡고 있다. 마하1은 데이터 병목현상을 8분의 1로 줄이고 전력 효율을 8배 높인 제품이다. 삼성전자는 마하1을 통해 AI 반도체 산업에 근본적인 변화를 가져온다는 구상이다.

SK하이닉스 역시 메모리 반도체 기술을 바탕으로 AI 반도체 시장에 뛰어들었다. 안정화된 공법을 기반으로 SK하이닉스는 HBM 시장이 커지기 시작한 2022년 6월 가장 먼저 HBM3 양산을 시작하면서 초반 승기를 잡았다. NVIDIA의 최첨단 AI 칩인 H100 GPU에 최적화된 HBM3를 가장 먼저 공급하기 시작한 것이다. SK하이닉스가 HBM을 세계 최초로 개발한 만큼 시장에서 선두를 달리고 있다. 2013년 HBM(1세대), 2019년 HBM2E(3세대), 2021년 HBM3(4세대), 2023년 12단 HBM3 개발에 성공했다. 여기에 모두 '세계 최초'라는 수식어가 붙어 있다.

이들 기업의 치열한 경쟁이 AI 반도체의 성능을 비약적으로 향상시키고 있다. NVIDIA의 H100이 175BFLOPS(초당 1,750억 번의 연산)의 성능을 보여주고, AMD의 MI300X가 이에 버금가는 성능을 자랑한다니 놀랍지 않은가. 삼성전자의 HBM3E는 초당

1.075테라바이트의 대역폭을 제공해 AI 연산 속도를 한층 더 높였다고 하니, 이는 실로 괄목할 만한 발전이다.

이 거대한 시장을 선점하기 위한 기업들의 전략이 다양하게 펼쳐지고 있다. NVIDIA는 CUDA라는 병렬 컴퓨팅 플랫폼으로 생태계를 확장하고 있고, AMD는 가격 경쟁력으로 승부를 걸고 있다. 인텔은 종합 반도체 기업의 면모를 살려 CPU와 AI 반도체를 아우르는 통합 솔루션을 제시하고 있다. 삼성전자와 SK하이닉스는 메모리 기술의 강점을 살려 차별화된 AI 반도체를 개발하고 있으니, 이 치열한 경쟁의 결과가 어떻게 나타날지 지켜볼 만하다.

AI 반도체 산업의 기술 혁신 속도는 실로 숨 가쁘다. 2년마다 성능이 2배로 향상된다는 무어의 법칙을 뛰어넘어, AI 반도체는 18개월마다 성능이 2배로 개선되고 있다니 놀랍지 않은가. AI 기술의 급속한 발전으로 이 속도가 더욱 가속화될 것으로 보이는데 과연 어디까지 발전할 수 있을지 흥미진진하다.

AI 반도체 산업의 발전은 단순한 기술 혁신을 넘어 사회 전반의 변혁을 이끌고 있다. 이는 우리에게 큰 기회이자 도전이다. 이 변화의 물결을 어떻게 받아들이고, 어떻게 대응해 나갈 것인가? 이 질문에 대한 우리의 답변이 우리의 미래를 결정할 것이다.

3.3 Graphcore, Cerebras Systems, 리벨리온

AI 반도체 시장에 신성들이 등장했다. 영국의 Graphcore와 미국의 Cerebras Systems, 그리고 우리나라의 리벨리온이 그들이다. 이 기업들은 기존 대기업들과는 전혀 다른 방식으로 AI 칩 시장에 뛰어들었다. 그들의 도전이 흥미진진하다.

Graphcore는 2016년 영국에서 태어난 AI 반도체 스타트업이다. 이 회사가 내놓은 주력 상품은 IPU(Intelligence Processing Unit)다. 기존 GPU와는 다른 독특한 구조를 가졌는데, AI 작업에 맞춤 설계되어 성능과 효율이 뛰어나다. 특히 자연어 처리나 컴퓨터 비전 같은 복잡한 AI 작업에서 그 실력을 유감없이 발휘한다.

업계는 Graphcore의 기술력을 인정한다. 2020년, 이 회사는 시리즈 E 투자 유치에서 2억 2,200만 달러를 끌어모았다. 당시 기업 가치는 28억 달러에 달했다. AI 반도체 스타트업 중 최고 수준이다.

Cerebras Systems는 2016년 미국에서 출발한 AI 반도체 스타트업이다. 이 회사가 세상을 놀라게 한 것은 'Wafer Scale Engine(WSE)'이라는 세계 최대 단일 칩이다. WSE-2에는 무려 2.6조 개의 트랜지스터가 들어있다. 보통의 GPU보다 수백 배는 더 강력한 성능을 자랑한다.

Cerebras의 도전은 계속된다. 2022년 11월, 이 회사는 'Andromeda'라는 AI 슈퍼컴퓨터를 선보였다. WSE-2 칩 16개를 한데 묶은 거대한 AI 시스템이다. Andromeda의 AI 연산 능력은 13.5 AI 엑사플롭스(ExaFLOPS)에 이른다.[15]

우리나라 AI 반도체 개발의 선두 주자로 리벨리온이 있다. 2020년 창업한 이 회사는 짧은 역사가 무색할 만큼 빠르게 성장하고 있다. '아톰(ATOM)'이라는 독자적인 AI 반도체로 기존 GPU보다 전력 효율을 10배 이상 높였다니 대단하지 않은가. 자율주행차와 메타버스 분야에서 주목받는 것도 당연해 보인다. 2024년 시리즈 B 투자에서 1,650억 원을 유치하고 기업 가치 8,800억 원을 돌파한 것을 보면 이 회사의 잠재력을 시장이 얼마나 높이 평가하는지 알 수 있다.

하지만 리벨리온은 여기서 멈추지 않았다. 지금은 '리벨(REBEL)'이라는 차세대 AI 반도체 개발에 박차를 가하고 있다. 1,000억 개가 넘는 파라미터를 가진 대규모 생성 AI 모델까지 다룰 수 있게 설계했다니 그 야심이 대단하다. 삼성전자의 최첨단 4나노 공정으로 만들어지고 고사양 메모리 칩 'HBM3E'까지 탑재한다고 하니, 성능이 어느 정도일지 정말 기대된다. 올해 하반기에 설계를 마무리하고 내년 상반기 출시를 목표로 한다는데, 이 작은 벤처기업이 NVIDIA 같은 거인들과 어깨를 나란히 하려는 도전 정신이 놀랍다. 우리나라 AI 기술의 미래가 이런 기업들에 달려있다고 해도 과언이 아닐 것이다.

이 세 회사가 AI 반도체 시장에서 이렇게 빠르게 성장한 비결은 뭘까? 세 가지를 꼽을 수 있겠다. 하나는 기존 반도체와는 전혀 다른 혁신적인 구조를 택했다. 두 번째는 AI에 맞춘 설계로 성능과 효율을 크게 높였다. 마지막으로 큰돈을 끌어모아 꾸준히 연구개발에 투자할 수 있었다.

물론 이 회사들이 NVIDIA나 AMD 같은 거인들을 금방 따라잡기는 어려울 것이다. 하지만 AI 시장이 폭풍처럼 성장하고 있고, 여러 AI 작업에 맞는 맞춤형 칩이 필요해지고 있다. 그래서 이 회사들이 앞으로 크게 성장할 가능성이 아주 높다고 본다.

Graphcore, Cerebras Systems, 리벨리온 같은 AI 반도체 스타트업들의 혁신이 AI 기술 발전에 불을 지피고, 여러 AI 응용 분야를 꽃피울 것이다. 앞으로 이 회사들이 어떻게 성장할지, AI 반도체 시장의 지형을 어떻게 바꿀지 지켜보는 일은 무척 흥미로울 것이다.

3.4 미래의 황금 칩

AI 반도체 산업이 눈부신 속도로 자라나며 미래 성장의 핵심으로 떠오르고 있다. 이 분야의 중심에는 AI 가속기와 NPU(Neural Processing Unit)라는 두 기술이 있다. 이 둘은 AI 계산을 빠르고 효율적으로 해내는 주역으로, AI 반도체 산업을 거대 산업으로 키워내는 데 큰 힘이 되고 있다.

AI 가속기란 인공지능 알고리즘을 빠르게 처리하도록 특별히 만든 하드웨어를 말한다. 일반적인 CPU나 GPU와 달리 AI 계산에 맞춰 설계되어 있어 처리 속도와 전력 효율 면에서 훨씬 뛰어난 성능을 보여준다. 대표적인 것으로 구글이 만든 TPU(Tensor Processing Unit)가 있는데, 이는 딥러닝 연산을 기존 CPU나 GPU보다 1.2~1.7배나 빠르게 처리한다고 한다.

NPU는 신경망 처리에 특화된 반도체다. 사람 뇌의 구조를 본떠 만들어 AI 계산을 아주 효율적으로 해낸다. 스마트폰이나 IoT 기기 같은 작은 기기에서 AI 기능을 구현하는 데 꼭 필요한 부품이다. 예를 들어, 퀄컴이 만든 스냅드래곤 NPU는 휴대폰에서 실시간으로 언어를 번역하고 얼굴을 인식하는 등의 AI 기능을 가능하게 한다.

AI 가속기와 NPU의 발전은 AI 반도체 산업을 넥스트 유니콘 산업으로 키우는 데 큰 힘이 되고 있다. 왜 그럴까?

먼저, AI 기술이 빠르게 발전하고 널리 쓰이면서 AI 계산 수요가 폭발적으로 늘고 있다. 자율주행차, 스마트시티, 산업용 로봇 등 여러 분야에서 AI 기술이 핵심이 되면서 성능 좋은 AI 반도체가 계속 필요해지고 있다.

게다가 엣지 컴퓨팅이 떠오르면서 전력을 적게 쓰면서도 성능이 좋은 AI 반도체가 더욱 중요해지고 있다. 클라우드에 기대지 않고 기기 자체에서 AI 계산을 해내야 하는 일이 많아지면서 NPU 같은 특별한 AI 반도체의 수요가 급격히 늘고 있다.

여기에 5G 네트워크가 퍼지고 IoT 기기가 늘어나면서 실시간으로 AI를 처리하는 능력이 더욱 중요해지고 있다. AI 가속기와 NPU는 이런 요구를 충족시킬 수 있는 핵심 기술로 자리 잡았다.

AI 반도체 산업이 앞으로 얼마나 크게 자랄 수 있을지 생각하면 정말 가슴이 뛴다. 특히 자율주행차 시장이 커지면서 AI 반도체 수요도 폭발적으로 늘어날 것 같다. 시장조사기관 IHS마킷은 자율주행차용 AI 반도체 시장이 2023년에 760억 달러에서 2029년 1,430억 달러로 전망했다. 차량용 반도체 시장 규모는 2022~2029년 연평균 11%씩 증가할 것으로 나타났다.

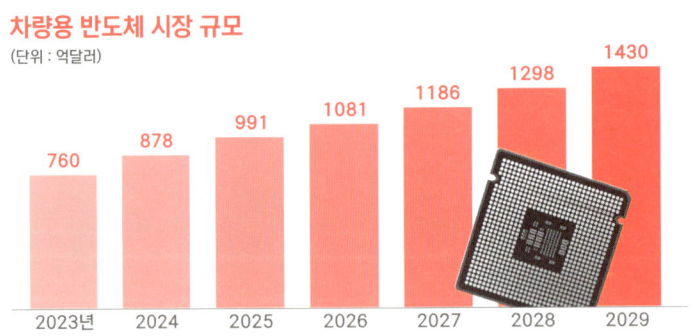

정부도 이런 흐름을 놓치지 않고 있다. K 클라우드 기술개발 사업을 통해 저전력·고성능 국산 AI 반도체인 NPU, PIM에 특화된 세계 최고 수준의 클라우드 데이터센터 HW·SW 혁신기술을 확보해 나갈 계획이라고 한다. 이는 우리나라가 AI 반도체 분야에서

세계적 경쟁력을 갖추기 위한 중요한 발걸음이 될 것이다.

또 한 가지, AI 반도체 산업은 기술의 벽이 높아 쉽게 뛰어들기 어렵고, 한 번 앞서가면 계속 앞서갈 수 있는 특징이 있다. 이런 점이 이 산업이 계속해서 성장할 수 있게 하는 힘이 된다.

결국 AI 가속기와 NPU는 AI 반도체 산업의 핵심 동력이고, 이들이 발전하면서 AI 반도체 산업은 넥스트 유니콘 산업으로 자리 잡을 것이다. 이는 단순히 반도체 산업의 한 분야를 넘어 AI 기술의 발전과 확산을 이끌며 4차 산업혁명의 근간이 되는 기술이 될 것이다.

CHAPTER

04

AI 응용 서비스 산업

4.1 AI 스타트업의 꽃

우리는 지금 AI 혁명의 한가운데 있다. 한때 인터넷이 그랬듯 AI는 우리 삶의 모든 영역을 빠르게 변화시키고 있다. 그리고 이 변화의 중심에 AI 스타트업들이 있다. 이들은 마치 봄날의 꽃처럼 활짝 피어나며 새로운 시대를 알리고 있다.

글로벌 AI 시장은 폭발적인 성장세를 보이고 있다. 시장조사 기관 IDC에 따르면, 2023년 전 세계 AI 시장 규모는 5,000억 달러를 돌파했고, 2027년까지 연평균 17.3%의 성장률을 보일 것으로 전망된다. AI가 우리 삶의 구석구석에 스며들고 있다는 명백한 증거다.

지금 우리는 AI 스타트업의 춘추전국시대를 목격하고 있다. 헬스케어, 휴머노이드 로봇, 에듀케이션, 마케팅 등 거의 모든 산업 분야에서 AI 스타트업들이 새로운 가능성을 열어가고 있다. 의료 AI 스타트업들은 질병을 더 빠르고 정확하게 진단하는 기술을 개발하고 있고, 교육 AI 스타트업들은 개인 맞춤형 학습 시스템을 구축하고 있다.

이런 스타트업들의 혁신적인 아이디어와 기술력에 벤처캐피털들도 주목하고 있다. 2023년 한 해 동안 AI 스타트업들에 대한 글로벌 투자 규모는 1,000억 달러를 넘어섰다. 이는 투자자들이 AI의 미래 가치를 얼마나 높게 평가하고 있는지를 잘 보여준다.

이런 글로벌 트렌드 속에서 한국의 AI 스타트업들도 두각을 나타내고 있다. 우리나라는 세계 최고 수준의 IT 인프라를 갖추고 있다. 초고속 인터넷은 물론이고, 5G 기술 보급률도 세계 1위. 이런 환경은 AI 스타트업들에게 최적의 테스트베드를 제공한다. 여기에 정부의 적극적인 지원 정책이 더해져 한국의 AI 생태계는 빠르게 성장하고 있다.

하지만 이것은 시작에 불과하다. AI 응용 서비스 시장은 앞으로 더욱 폭발적으로 성장할 전망이다. 향후 5년간 AI 시장은 연평균 20% 이상의 성장률을 보일 것으로 예측된다. 특히 헬스케어, 자율주행, 스마트시티 등의 분야에서 AI의 활용도가 크게 높아질 것으로 보인다.

새롭게 등장할 것으로 예상되는 서비스 영역도 무궁무진하다. AI가 개인의 유전정보와 생활 습관을 분석해 맞춤형 건강관리 서비스를 제공하는 시대가 올 수 있다. 또는 AI가 도시의 모든 시스템을 통합 관리하는 초연결 스마트시티가 현실화될 수도 있다. 이런 혁신적인 서비스들이 우리의 삶을 어떻게 변화시킬지 상상해 보라. 그 변화의 중심에 우리의 AI 스타트업들이 서 있을 것이다.

우리는 지금 새로운 넥스트 유니콘을 꿈꾸고 있다. AI 시대에는 어떤 기업이 새로운 거인으로 성장할까? 의료 AI로 전 세계 환자들의 생명을 구하는 기업일까, 아니면 AI 튜터로 교육의 패러다임을 바꾸는 기업일까?

가능성은 무궁무진하다. 중요한 것은 우리에게 그런 기업을 만들어낼 잠재력이 충분하다는 점이다. 우리는 세계 최고 수준의 IT 인프라와 기술력을 갖추고 있다. 창의적이고 도전적인 인재들도 많다. 여기에 정부의 지원과 과감한 투자가 더해진다면, 우리는 충분히 세계적인 AI 기업을 탄생시킬 수 있다.

하지만 이를 위해서는 몇 가지 과제를 해결해야 한다. 먼저, 글로벌 시장을 겨냥한 전략이 필요하다. AI는 태생적으로 국경이 없는 기술이다. 처음부터 세계 시장을 목표로 하는 '본 글로벌(Born Global)' 전략이 필요하다. 좁은 국내 시장에 안주하지 말고, 세계를 무대로 뛰어야 한다.

우리만의 강점을 살린 글로벌 성공 모델을 만들어야 한다. 한국은 IT 강국이자 문화 강국이다. K-pop, K-drama로 대표되는 한류의 힘을 AI와 결합한다면 어떨까? 또는 세계 최고 수준의 의료 시스템을 AI와 접목한다면 어떤 혁신이 일어날까? 우리만의 독특한 강점을 AI와 결합할 때, 우리는 세계가 주목하는 새로운 모델을 만들어낼 수 있을 것이다.

지금 우리는 AI 혁명의 서막을 목격하고 있다. 이 혁명의 주역은 다름 아닌 우리의 AI 스타트업들이다. 그들은 4차 산업혁명 시대의 개척자이자 AI 응용 서비스 산업의 꽃이다. 인터넷 시대에 네이버와 카카오가 그랬듯, AI 시대에는 우리의 스타트업들이 세계를 놀라게 할 것이다.

새로운 넥스트 유니콘의 탄생을 기대해 본다. 그들이 어떤 꽃을 피우고, 어떤 열매를 맺을지 상상해 보라. 그들이 우리의 삶을, 우리의 미래를 어떻게 변화시킬지 그려보라. 그 변화의 중심에 우리가 서 있다. 우리의 기술력으로, 우리의 창의성으로, 우리만의 강점으로 AI 시대를 이끌어갈 새로운 챔피언을 만들어낼 수 있다.

4.2 헬스케어 AI

인공지능이 우리 삶 구석구석에 파고든 지 오래다. 특히 의료 분야에서 AI의 활약은 눈부시다. 처음에는 단순한 보조 도구 정도로 여겼던 AI가 이제는 의사와 어깨를 나란히 하는 수준을 넘어섰다. 어떤 영역에서는 의사보다 뛰어난 실력을 보이기도 한다. 이런 변화의 중심에 헬스케어 AI가 있다.

헬스케어 AI란 무엇인가? 쉽게 말해 의료 분야에 인공지능 기술을 접목한 것이다. 환자 데이터를 분석해 질병을 진단하고, 개인에게 맞는 치료법을 제시하며, 새로운 약을 개발하는 데 도움을 준다. 의료 서비스 전반에 걸쳐 혁신의 바람을 일으키고 있는 것이다.

이 분야에서 가장 주목받는 해외 기업들을 살펴보자. 먼저 구글의 자회사인 딥마인드가 개발한 알파폴드다. 이는 단백질 구조를 예측하는 AI 모델인데, 그 혁신성이 실로 대단하다. 단백질 구조 예측은 신약 개발의 핵심이지만, 기존에는 수년이 걸리던 일이었다. 그런데 알파폴드는 이를 며칠 만에 해낸다.

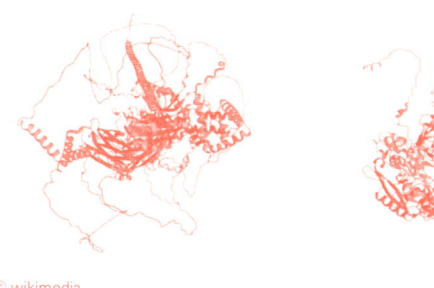

ⓒ wikimedia

게다가 그 정확도가 놀랍다. 인간 과학자들이 실험으로 밝혀낸 단백질 구조와 알파폴드의 예측이 거의 일치한다. 이는 마치 천문학자가 망원경을 처음 발명했을 때의 충격과 맞먹는다. 생명과학계에 지각변동을 일으킨 것이다. 이런 혁신적인 기술력 덕분에 알파폴드는 이미 수많은 제약회사와 협업 중이며, 신약 개발의 속도와 효율을 획기적으로 높이고 있다.

다음은 템퍼스 AI다. 이 회사는 암 치료에 특화된 AI를 개발하고 있는데, 그 접근 방식이 흥미롭다. 방대한 임상 데이터와 유전체 정보를 분석해 개인 맞춤형 치료법을 제시한다. 특히 희귀암이나 난치성 암 환자들에게 새로운 희망을 주고 있다. 템퍼스의 AI는 환자의 유전자 정보, 과거 병력, 생활 습관 등을 종합적으로 분석해 가장 효과적일 것으로 예상되는 치료법을 제안한다. 이는 마치 수많은 의사가 한 환자를 위해 끊임없이 토론하고 연구하는 것과 같은 효과를 낸다. 템퍼스의 기술은 이미 미국 주요 병원들에서 활용되고 있으며, 암 진단과 치료의 패러다임을 바꾸고 있다. 이러한 접근은 '정밀 의료'의 시대를 앞당기고 있다.

인시트로는 또 다른 혁신 기업이다. 이들은 AI와 로봇공학을 결합해 신약 개발 과정을 자동화하고 있다. AI가 실험 설계를 지원하고 최적화하는 데 사용된다. 인시트로의 접근법은 기존 신약 개발 과정의 한계를 뛰어넘는다. 인간 연구자들은 피로도, 편견, 경험의 한계 등으로 인해 모든 가능성을 탐색하기 어렵다. 하지만 AI는 24시간 쉬지 않고 무수히 많은 조합을 시도할 수 있다. 덕분에 신약 개발 속도는 빨라지고 비용은 줄어들었다. 또한, 인간이 미처 생각하지 못한 새로운 접근법을 발견하기도 한다. 인시트로의 이런 혁신적인 방식은 제약 산업의 미래를 보여주는 좋은 사례다.

국내 기업들도 만만치 않다. 카카오헬스케어는 AI 챗봇을 이용한 건강관리 서비스로 주목받고 있다. 이 서비스는 사용자의 생활 습관, 건강 상태 등을 분석해 맞춤형 건강 조언을 제공한다. 단순한 정보 제공을 넘어 사용자와 대화하며 지속적인 건강관리를 돕는 것이 특징이다. 예를 들어, 사용자의 식습관, 운동량, 스트레스 수준 등을 종합적으로 분석해 개인에게 가장 적합한 건강관리 방법을 제안한다. 또한, 사용자의 질문에 실시간으로 답변하며 필요한 경우 전문의 상담을 연결해 주기도 한다. 이는 마치 개인 주치의를 24시간 곁에 두는 것과 같은 효과를 낸다. 카카오헬스케어의 이런 접근은 예방 의학의 새로운 지평을 열고 있다.

루닛은 의료 영상 분석 AI 분야의 선두 주자다. 특히 유방암 진단에서 뛰어난 성과를 보이고 있다. 루닛의 AI는 의사보다 더 정확하게 유방암을 진단한다는 연구 결과도 있다. 이는 단순히 기술의 우수성을 넘어 의료의 패러다임을 바꾸는 혁신이다. 루닛의 AI는 수십만 장의 의료 영상을 학습해 인간 의사가 놓칠 수 있는 미세한 징후도 포착한다. 또한, 진단 결과에 대한 설명도 제공해 의사의 의사결정을 돕는다. 이미 전 세계 여러 나라에서 루닛의 기술을 도입해 사용 중이며, 특히 의료 인프라가 부족한 개발도상국에서 큰 도움이 되고 있다. 루닛의 사례는 AI가 어떻게 의료의 질을 높이고 의료 격차를 줄일 수 있는지 보여준다.[16]

뷰노는 다양한 의료 영상을 분석하는 AI 솔루션을 개발하고 있다. X-ray, CT, MRI 등 거의 모든 의료 영상에 대해 AI 분석을 제공한다. 뷰노의 기술은 의사들의 업무 효율을 크게 높이고 있으며, 특히 중소병원에서 큰 도움이 되고 있다. 뷰노의 AI는 단순히 질병을 진단하는 것을 넘어 질병의 진행 정도를 예측하고, 치료 효과를 모니터링하는 데도 활용된다.

예를 들어, 폐암 환자의 CT 영상을 분석해 종양의 크기 변화를 정밀하게 측정하고, 이를 바탕으로 치료 효과를 평가한다. 이는 의사들이 더 정확하고 빠르게 환자의 상태를 파악하고, 최적의 치료

방법을 선택하는 데 도움을 준다. 뷰노의 이런 기술은 의료의 정밀도와 효율성을 한 단계 끌어올리고 있다.[17]

우리나라의 헬스케어 AI는 독특한 상황에 놓여 있다. 한편으로는 엄청난 잠재력을 가지고 있지만, 다른 한편으로는 그 잠재력을 충분히 발휘하지 못하고 있는 실정이다.

우리나라의 가장 큰 강점은 방대한 의료 데이터다. 국민건강보험제도 덕분에 전 국민의 의료 정보가 체계적으로 관리되고 있다. 이는 AI 학습에 필수적인 빅데이터를 확보하고 있다는 뜻이다. 게다가 이 데이터는 질적으로도 우수하다. 표준화된 형식으로 장기간에 걸쳐 축적되어 있어 AI 학습에 이상적이다.

하지만 이런 황금 같은 데이터를 제대로 활용하지 못하고 있다. 바로 개인정보 보호에 대한 지나친 경계심 때문이다. 물론 의료 정보는 민감한 개인정보다. 하지만 너무 경직된 규제로 인해 이 데이터를 연구나 AI 개발에 활용하기가 극도로 어렵다.

이는 마치 금고 속에 보물을 가득 채워놓고 열쇠를 잃어버린 것과 같다. 우리는 보물은 있지만 쓸 수 없는 아이러니한 상황에 처해 있는 것이다. 이로 인해 우리나라의 헬스케어 AI 발전이 더디게 진행되고 있다.

이 문제를 해결하려면 개인정보 보호와 데이터 활용 사이의 균형을 찾아야 한다. 예를 들어, 데이터 익명화 기술을 발전시키거나 개인정보 활용에 대한 동의 절차를 간소화하는 등의 방법을 고려해 볼 수 있다. 또한, 의료 데이터의 공익적 활용에 대한 사회적 합의도 필요하다.

우리는 지금 의료 혁명의 한가운데 있다. AI가 주도하는 이 혁명이 모든 인류에게 혜택을 줄 수 있도록 우리 모두가 관심을 가지고 지켜봐야 할 때다. 헬스케어 AI는 단순한 기술 혁신이 아니라 인류의 삶의 질을 근본적으로 바꿀 수 있는 거대한 변화의 물결이다. 이 파도에 올라타 더 나은 미래로 나아갈 준비가 되었는가? 그 답은 우리 모두에게 달려 있다.

4.3 휴머노이드 로봇 AI

휴머노이드 로봇과 초거대 AI의 결합이 가져올 미래는 상상 그 이상이다. 인간의 형상을 한 로봇에 인공지능의 두뇌를 심으면 어떤 일이 벌어질까? 그저 SF 영화 속 이야기로만 치부하기엔 현실이 너무 빠르게 우리를 추월하고 있다.

최근 테슬라의 '옵티머스'에서 촉발됐다. 테슬라의 옵티머스는 일론 머스크의 야심작이다. 인간형 로봇에 테슬라의 자율주행 AI 기술을 접목했다. 공장에서 물건을 나르고 조립하는 수준을 넘어 인간과 상호작용하며 복잡한 업무를 수행할 수 있는 로봇을 목표로 한다. 일론 머스크는 옵티머스가 언젠가 인간의 친구가 될 수 있을 거라 말한다. 과장일까? 아니면 현실이 될까?[18]

피규어 AI는 또 다른 차원의 가능성을 제시한다. OpenAI와 마이크로소프트가 공동 투자한 이 회사는 '범용 로봇 지능'을 개발 중이다. 다양한 로봇에 적용 가능한 AI 두뇌를 만들겠다는 것이다. 이는 마치 안드로이드 OS가 다양한 스마트폰에 적용되는 것과 비슷한 개념이다. 성공한다면 로봇 산업의 판도를 뒤흔들 수 있는 혁명적 기술이 될 것이다.

'피규어 02'라 불리는 이 휴머노이드 로봇은 전작보다 한층 더 진화했다.[19] OpenAI와의 협력으로 탄생한 음성 인식과 추론 기능은 말할 것도 없고, 더욱 강력해진 CPU와 GPU로 인해 그 연산 능력이 비약적으로 향상되었다.

특히 주목할 만한 점은 로봇의 손동작이다. 이제 '피규어 02'는 마치 인간의 손처럼 섬세하고 정교한 움직임이 가능해졌다. 이는 단순한 기술적 진보를 넘어 로봇의 활용 범위를 획기적으로 넓히는 계기가 될 것이다.

BMW 스파르탄버그 공장에서의 시범 운영은 이 로봇의 잠재력을 여실히 보여주었다. 섀시 부품 조립이라는 고도의 정밀성을 요구하는 작업을 성공적으로 수행한 것이다. 이는 단순히 로봇 기술의 발전을 넘어 제조업 전반에 걸친 혁명적 변화의 신호탄이라 할 수 있다.

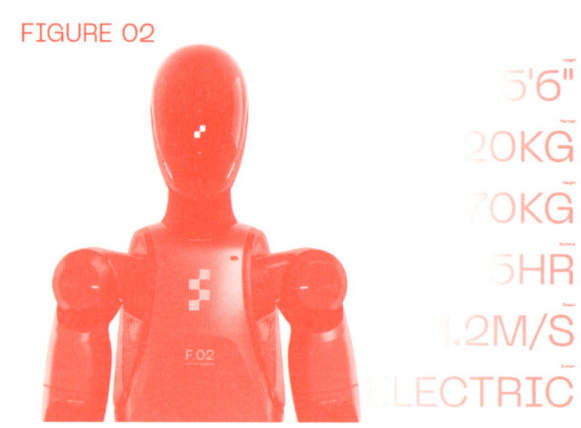

ⓒ superinnovators, 'Introducing Figure 02: 2nd-gen humanoid'

보스턴 다이내믹스의 로봇들은 이미 유명하다. 문을 열고, 장애물을 피하고, 춤까지 추는 그들의 로봇 영상은 유튜브에서 화제가 되곤 한다. 이제 그들은 한발 더 나아가 AI와의 결합을 모색하고 있다. 뛰어난 운동 능력에 고도의 지능까지 갖춘다면 어떤 일이

벌어질까? 공장이나 재난 현장에서 인간을 대신해 위험한 작업을 수행할 수 있을 것이다.[20]

중국의 유비테크는 교육용 휴머노이드 로봇 시장에서 두각을 나타내고 있다. 그들의 로봇 '알파 미니'는 춤과 노래는 물론 프로그래밍 학습까지 가능하다. 아이들의 놀이 상대이자 학습 도우미 역할을 한다. 여기에 초거대 AI의 언어 모델을 접목한다면 어떨까? 개인 맞춤형 교육을 제공하는 AI 튜터의 탄생을 기대해볼 수 있을 것이다.

클라우드마인즈는 클라우드 기반의 로봇 AI 플랫폼을 개발하고 있다. 이들의 목표는 전 세계의 로봇들을 하나의 네트워크로 연결하는 것이다. 개별 로봇의 경험과 학습 내용을 공유함으로써, 모든 로봇의 지능을 빠르게 향상시키겠다는 구상이다. 이는 마치 인류가 언어와 문자를 통해 지식을 축적하고 발전시켜 온 것과 비슷한 개념이다.

국내 기업들의 도전도 만만치 않다. 레인보우로보틱스는 산업용 협동 로봇 분야에서 두각을 나타내고 있다. 한컴로보틱스는 서비스 로봇 시장을 공략 중이다. 이들 기업이 국내 AI 기업들과 손을 잡는다면 어떨까? 한국형 휴머노이드 AI 로봇의 탄생도 꿈만은 아닐 것이다.

휴머노이드 로봇이 인간과의 가장 큰 차이는 인간과 같이 본능적으로 힘을 조절할 수 없다는 것이다. 그 본능을 센싱, 제어, 근유의 움직임을 해결하며 이제 눈길도 자유롭게 걷는다. 또 다른 휴머노이드 로봇의 기술적 한계도 돌파되고 있다. 배터리, AI 칩, 액추에이터의 기술도 빠르게 발전되고 있다.

지금까지의 로봇은 수백, 수천 가지의 일을 해내려면 모든 일에 대해 일일이 프로그래밍해야 했다. 사실상 불가능한 일이었다.

여기에 LLM 생성 AI가 결합되면 어떻게 될까? 운동지능과 인지지능을 가진 AI가 될 수 있다고 한다. 로봇 + 인공지능 GPT-4o와 결합되면서 인간과 대화할 수 있게 된다. AI가 몸을 가지게 되는 것이다.

휴머노이드 로봇과 초거대 AI의 만남은 분명 엄청난 가능성을 품고 있다. 인간의 한계를 뛰어넘는 지능과 신체 능력을 가진 존재들이 우리 곁에 나타날 것이다. 그들은 우리의 삶을 더욱 편리하고 풍요롭게 만들어줄 수도 있다. 하지만 동시에 우리가 미처 예상하지 못한 도전과 위험을 안겨줄 수도 있다.

우리는 지금 역사의 변곡점에 서 있다. 휴머노이드 AI 로봇이 열어갈 미래는 우리가 어떤 선택을 하느냐에 달려 있다. 기술의 발전을 막을 수는 없다. 그렇다고 무작정 기술의 물결에 휩쓸려 갈 수도 없다. 우리에게 필요한 건 지혜롭고 균형 잡힌 시각이다.

인간과 기계의 공존. 그것은 피할 수 없는 우리의 미래다. 그 미래를 어떻게 만들어갈 것인가? 그 답은 우리 모두의 손에 달려 있다. 기술의 발전 속도만큼이나 우리의 지혜도 빠르게 자라나야 한다. 그래야만 우리는 진정한 의미의 '넥스트 유니콘'을 맞이할 수 있을 것이다.

4.4 에듀케이션 AI

우리는 지금 교육의 대전환기에 서 있다. 칠판과 분필, 종이 교과서로 대표되던 전통적 교실이 서서히 모습을 바꾸고 있다. 그 중심에 인공지능, 일명 AI가 자리 잡고 있다. 에듀케이션 AI, 즉 교육 분야의 인공지능 기술은 학습자 개개인에 맞춘 맞춤형 교육을 실현하며 교육의 패러다임을 바꾸고 있다.

AI는 학생 개개인의 학습 데이터를 분석해 그들의 강점과 약점을 파악하고, 이를 바탕으로 최적화된 학습 경로를 제시한다. 마치 개인 교사가 곁에서 일대일로 지도하는 것처럼 말이다. 하지만 AI는 지치지 않고, 24시간 내내 학생들의 학습을 돕는다. 이런 AI 기술이 적용된 교육 플랫폼들이 속속 등장하면서 글로벌 에듀테크 시장은 폭발적으로 성장하고 있다.

먼저 해외 기업들의 사례를 살펴보자. 듀오링고(Duolingo)는 게임처럼 재미있는 언어 학습 앱으로 유명하다. AI 기술을 활용해 사용자의 학습 패턴을 분석하고, 개인별 맞춤 커리큘럼을 제공한다. 전 세계 5억 명 이상의 사용자가 이 앱으로 언어를 배우고 있다. 온라인 공개 수업으로 유명한 코세라(Coursera)는 AI를 활용해 학습자의 진도와 이해도를 실시간으로 체크하고, 적절한 난이도의 과제를 추천한다. 영국의 센추리 테크(Century Tech)는 AI 기반의 개인화된 학습 플랫폼을 제공하며, 학생들의 학습 데이터를 분석해 맞춤형 학습 콘텐츠를 추천한다.

국내 기업들도 에듀케이션 AI 시장에서 두각을 나타내고 있다. 뤼이드의 '산타토익'은 AI 튜터가 학습자의 실력을 분석해 맞춤형 학습 콘텐츠를 제공한다. 메프레소는 AI 기반의 수학 학습 플랫폼 '콴다'를 운영하며, 학생들의 문제 풀이 패턴을 분석해 개인별 최적의 학습 경로를 제시한다. 클래스팅은 AI를 활용한 학습 관리 시스템을 학교와 학원에 제공하며, 학생들의 학습 데이터를 분석해 맞춤형 학습 콘텐츠를 추천한다.[21]

이들 기업의 성공 사례는 에듀케이션 AI가 단순한 기술 혁신을 넘어 교육의 본질적 변화를 이끌고 있음을 보여준다. AI는 학생 개개인의 학습 속도와 스타일을 고려한 맞춤형 교육을 가능하게 하며, 이는 곧 교육의 질적 향상으로 이어진다. 또한 AI는 교사들의 업무 부담을 줄이고, 더 효과적인 교육 방법을 개발하는 데 도움을 준다.

하지만 이러한 혁신적 변화 속에서도 우리가 잊지 말아야 할 것이 있다. 바로 교육의 본질이다. 기술이 아무리 발전해도 교육의 핵심은 여전히 사람이다. AI는 훌륭한 도구일 뿐, 그것이 교사와 학생 간의 인간적 상호작용을 완전히 대체할 수는 없다. 따라서 우리는 AI 기술을 적절히 활용하면서도, 인간 중심의 교육 철학을 잃지 않도록 주의해야 한다.

에듀케이션 AI는 앞으로도 계속해서 발전할 것이다. 빅데이터와 머신러닝 기술의 발전으로 AI의 학습 분석 능력은 더욱 정교해질 것이고, 가상현실(VR)이나 증강현실(AR) 기술과의 융합으로 더욱 실감 나는 학습 경험을 제공할 수 있을 것이다. 이러한 기술 혁신은 교육의 지평을 넓히고, 더 많은 사람에게 양질의 교육 기회를 제공할 것이다.

그러나 우리는 이러한 기술 혁신의 이면에 숨어있는 위험성도 간과해서는 안 된다. 개인정보 보호, 데이터 편향성, 디지털 격차 등의 문제는 에듀케이션 AI가 극복해야 할 과제들이다. 또한 AI에 지나치게 의존하다 보면 학생들의 창의성이나 비판적 사고력이 저하될 수 있다는 우려도 있다.

따라서 우리는 에듀케이션 AI를 도입하고 활용함에 있어 신중하고 균형 잡힌 접근이 필요하다. AI 기술의 장점을 최대한 활용하되, 그것이 가져올 수 있는 부작용도 함께 고려해야 한다. 또한 AI 기술을 효과적으로 활용할 수 있는 교사 교육과 디지털 리터러시 교육도 병행되어야 할 것이다.

결국 에듀케이션 AI의 성공 여부는 우리가 이 기술을 얼마나 지혜롭게 활용하느냐에 달려 있다. AI는 우리에게 무한한 가능성을 제시하고 있다. 하지만 그 가능성을 현실로 만드는 것은 결국 우리 인간의 몫이다. 우리는 AI라는 강력한 도구를 손에 쥐고 있지만, 그것을 어떻게 활용할지는 우리가 결정해야 한다.

에듀케이션 AI는 분명 교육의 미래를 바꿀 '넥스트 유니콘' 산업이다. 하지만 그 산업이 진정한 의미의 성공을 거두기 위해서는 기술적 혁신뿐만 아니라 교육의 본질에 대한 깊은 성찰과 인간 중심의 접근이 필요하다. 우리는 지금 교육의 새로운 장을 열어가고 있다. 이 새로운 장에서 AI와 인간이 조화롭게 공존하며, 모든 이에게 더 나은 교육 기회를 제공할 수 있기를 희망한다.

4.5 마케팅 AI

마케팅 AI의 넥스트 유니콘 기업들, 그들은 지금 어디로 향하고 있는가? 필립 코틀러가 『마케팅 5.0』에서 예견했던 것처럼 AI는 이제 마케팅의 판도를 완전히 뒤엎고 있다. 그가 말한 '기술 중심의 마케팅'이 현실이 된 것이다.

AI는 고객의 마음을 읽는 데 그치지 않고, 그 마음을 앞서 예측하기까지 한다. 내부 데이터와 소셜 데이터로 고객의 마음을 읽어내고 숨은 맥락까지 탐지해낸다. 그리고 상품 이용의 맥락정보, 몇천 개의 페르소나 데이터, 추천하려는 상품 정보, 이 세 가지를 생성 AI에게 학습시킨다. 이렇게 생성 AI로 맥락적 경험을 설계하고 제공할 수 있는 초개인화 경험 시대가 도래했다.

아마존과 알리바바 같은 거대 이커머스 기업들은 이미 AI를 활용해 개인화된 상품 추천을 넘어 고객의 잠재적 니즈까지 충족시키고 있다. 아마존의 '예측 배송' 시스템은 고객이 주문하기도 전에 상품을 가장 가까운 물류센터로 미리 보내놓는다. 알리바바의 'Fashion AI'는 고객의 취향을 학습해 패션 스타일리스트 역할을 대신한다.

이런 흐름 속에서 마케팅 AI 분야의 신흥 강자들이 부상하고 있다. 미국의 퍼사도(Persado)는 그중 하나다. 이 회사는 자연어 생성 AI를 이용해 마케팅 카피를 자동으로 만들어낸다. 단순히 문장을 조합하는 게 아니라, 브랜드의 톤앤매너와 타깃 고객의 성향까지 고려한 맞춤형 카피를 생성한다. 실제로 JP모건체이스, 델, 마이크로소프트 같은 대기업들이 퍼사도의 기술을 도입해 마케팅 효율을 30% 이상 높였다고 한다.

알버트.ai(Albert.ai)는 한 걸음 더 나아간다. 이 AI는 단순히 마케팅 실무를 돕는 데 그치지 않고, 마케팅 전략 수립부터 예산 배분, 캠페인 최적화까지 전 과정을 자동화한다. 마케터의 개입 없이도 24시간 내내 수백 개의 키워드와 광고 소재를 테스트하고 개선한다. 하람비 브랜즈(Harambee Brands)는 알버트.ai 도입 후 3개월 만에 광고 지출을 12% 줄이면서 전환율은 165% 높이는 기염을 토했다.

프레이지(Phrasee)는 이메일 마케팅에 특화된 AI 기업이다. 이메일 제목, 본문, CTA(Call-to-Action) 버튼 문구까지 AI가 생성하고 최적화한다. 도미노 피자, 이베이, 버진 홀리데이 등이 프레이지를 활용해 이메일 오픈율과 클릭률을 크게 높였다.

국내에서도 마케팅 AI 기업들이 두각을 나타내고 있다. 데이블(Dable)은 '컨텍스트 타깃팅' 기술로 주목받고 있다. 사용자가 보고 있는 콘텐츠의 맥락을 AI가 분석해 가장 적절한 광고나 추천 콘텐츠를 제시한다. 네이버, 카카오, 중앙일보 등 국내 주요 미디어들이 데이블의 기술을 도입했고, 최근에는 일본과 대만 시장 진출에도 성공했다.

브이캣(VCAT)은 AI 기반의 비주얼 커머스 플랫폼이다. 상품 URL만 입력하면 자동으로 광고 소재를 만들고 수십 건의 배너 이미지와 영상 소재를 클릭 몇 번으로 제작할 수 있다. 브이캣은 광고 소재부터 광고 운영까지 마케팅 프로세스 전반을 자동화하는 것을 목표로 한다. 현대백화점, LF몰 등 대형 유통사들이 브이캣의 기술을 도입해 고객 경험을 개선하고 있다.

ⓒ 네이버쇼핑

ⓒ 그립

KCI라는 스타트업은 우리나라에서 처음으로 AI 쇼호스트를 도입했다. 이는 단순한 기술 시연을 넘어 실제로 소상공인 제품을 라이브커머스로 판매하는 데 성공한 국내 최초의 사례다. 이 혁신적인 시도는 네이버와 그립 플랫폼을 통해 이루어졌다. 24시간 끊임없이 방송할 수 있는 AI 쇼호스트의 등장으로 라이브커머스 시장에 새로운 바람이 불고 있다. 이러한 기술이 우리 경제에 미칠 영향을 지켜보는 것도 흥미로울 것 같다.

AI가 마케팅 분야에서 이토록 각광받는 이유는 무엇일까? 그것은 바로 AI가 가진 '초개인화' 능력 때문이다. 과거의 마케팅이 대략적인 타겟팅에 그쳤다면, AI는 개개인의 취향과 행동 패턴을 정밀하게 분석해 '일대일 마케팅'을 가능하게 한다. 더 나아가 AI는 고객의 현재 니즈뿐 아니라 미래의 잠재적 니즈까지 예측할 수 있다.

하지만 이런 AI의 능력이 윤리적 논란을 야기하기도 한다. 개인정보 보호와 프라이버시 침해 문제가 대표적이다. AI가 너무 많은 것을 알고 있다는 불안감이 소비자들 사이에서 커지고 있는 것이다. 따라서 마케팅 AI 기업들은 기술 혁신 못지않게 윤리적 가이드라인 수립에도 힘을 쏟아야 한다.

그럼에도 불구하고 마케팅 AI의 미래는 밝다. 글로벌 시장조사 기관 마켓앤마켓츠에 따르면, 마케팅 AI 시장 규모는 2021년 120억 달러에서 2026년 401억 달러로 성장할 전망이다. 연평균 성장률 27.7%라는 놀라운 수치다. 이는 마케팅 AI가 단순한 트렌드가 아닌, 산업의 근본적인 변화를 이끄는 혁명적 기술임을 보여준다.

결국 마케팅의 본질은 '고객 이해'에 있다. AI는 이 '이해'의 수준을 한 차원 높이고 있다. 과거에는 상상조차 할 수 없었던 수준의 정밀한 고객 이해가 가능해진 것이다. 이는 기업과 고객 모두에게 혜택을 준다. 기업은 마케팅 효율을 높이고, 고객은 자신에게 꼭 맞는 제품과 서비스를 만나게 된다.

하지만 여기서 한 가지 경계해야 할 점이 있다. AI가 아무리 뛰어나다고 해도 그것은 어디까지나 도구일 뿐이다. AI를 맹신하고 모든 것을 맡겨버리는 우를 범해선 안 된다. AI의 판단과 추천을 참고하되, 최종 결정은 인간의 직관과 경험에 기반해 내려야 한다. 그래야만 진정한 의미의 '인간 중심 마케팅'이 가능해질 것이다.

마케팅 AI의 넥스트 유니콘 기업들은 바로 이 점을 명심해야 한다. 단순히 기술적 혁신을 추구하는 데 그치지 말고, 그 기술이 어떻게 인간의 삶에 긍정적인 변화를 가져올 수 있을지 고민해야 한다. 그럴 때 비로소 그들은 진정한 의미의 '넥스트 유니콘'이 될 수 있을 것이다.

4.6 크리에이티브 AI

우리는 지금 역사의 변곡점에 서 있다. 인공지능이 인간의 창의성 영역까지 넘보기 시작한 것이다. 크리에이티브 AI라 불리는 이 기술은 예술, 디자인, 음악 등 창조적 분야에서 혁명을 일으키고 있다. 그렇다면 이 크리에이티브 AI는 무엇이고, 어떤 기업들이 이 분야를 주도하고 있을까?

크리에이티브 AI란 쉽게 말해 인공지능이 인간처럼 '창작'을 할 수 있게 하는 기술이다. 글쓰기, 그림 그리기, 음악 작곡 등 지금까지 인간만의 영역이라고 여겨졌던 일들을 AI가 해낸다. 놀라운 건 그 결과물의 질이 점점 더 높아지고 있다는 점이다.

이 분야에서 가장 주목받는 기업들을 살펴보자. 먼저 영상 분야의 혁명을 일으키고 있는 OpenAI의 'Sora'를 빼놓을 수 없다. Sora는 텍스트 설명만으로 고품질의 영상을 생성해 내는 AI 모델이다. 단순히 영상을 만들어내는 것을 넘어, 이야기의 맥락을 이해하고 그에 맞는 영상을 만들어낸다. 이는 AGI 시대로 향하는 중요한 이정표가 될 것이다.

왜 Sora가 그토록 중요할까? AGI는 인간처럼 다양한 과제를 수행할 수 있는 범용 AI를 말한다. Sora는 텍스트를 이해하고, 그것을 시각화하며, 시간의 흐름까지 고려해 영상을 만들어낸다. 이는 인간의 복잡한 사고 과정을 AI가 모방하고 있음을 보여준다. 영상 제작이라는 창의적 과정을 AI가 수행한다는 점에서 Sora는 AGI로 가는 길목에 서 있는 셈이다.

Runway라는 기업도 주목할 만하다. 이들의 'Gen-3 Alpha' 모델은 기존 영상을 편집하거나 새로운 영상을 만들어내는 데 탁월한 성능을 보인다. 영화나 광고 제작에 혁명을 일으킬 잠재력을 가진 기술이다.

사진 분야에서는 Midjourney와 Stable Diffusion이 선두를 달리고 있다. Midjourney는 텍스트 설명만으로 놀랍도록 사실적이고 예술적인 이미지를 생성해 낸다. 한편 Stable Diffusion은 오픈소스로 공개되어 다양한 응용 프로그램 개발에 활용되고 있다.

음악 분야의 크리에이티브 AI도 빠르게 발전하고 있다. Aiva Technologies는 클래식부터 현대음악까지 다양한 장르의 음악을 작곡하는 AI를 개발했다. Amper Music은 영화나 게임 등의 배경음악을 만드는 데 특화된 AI 서비스를 제공한다.

이러한 크리에이티브 AI 기술들이 우리 사회에 미칠 영향은 실로 엄청나다. 예술가들의 창작 도구로 활용될 수도 있고, 반대로 인간 예술가들의 일자리를 위협할 수도 있다. 영화나 게임 산업의 제작 방식을 완전히 바꿔놓을 수도 있다.

이제 콘텐츠를 만드는 사람도 생성 AI를 다룰 줄 아는 크리에이터 디렉터가 되어야 한다. 콘텐츠를 기획하면서도 영상, 이미지,

음악을 총체적으로 조율할 수 있는 역량이 필요해진다.

하지만 이런 기술적 진보가 인간의 창의성을 완전히 대체할 수 있을까? 나는 그렇지 않다고 본다. AI는 결국 인간이 만든 데이터를 바탕으로 학습한다. 즉, 인간의 창의성이 없다면 AI의 창의성도 존재할 수 없다. AI는 오히려 인간의 창의성을 증폭시키는 도구가 될 것이다.

크리에이티브 AI 시대의 진정한 승자는 이 기술을 자신의 창의성과 결합할 줄 아는 사람들이 될 것이다. AI가 그림을 그리고 음악을 만들 수 있다고 해서 화가와 작곡가가 사라지지 않을 것이다. 오히려 AI를 활용해 더 놀라운 작품을 만들어내는 새로운 유형의 예술가들이 등장할 것이다.

우리는 지금 크리에이티브 AI라는 거대한 파도의 시작점에 서 있다. AI는 이미지와 영상 제작 방식을 근본적으로 바꾸고 있다. 사용자가 상상하는 어떤 장면이든 텍스트로 설명만 하면 원하는 이미지와 영상을 생성해 준다. 디자이너와 아티스트가 직접 작업하는 시간과 비용을 낮추고 더 창의적인 작업에 집중하도록 돕고 있다. 크리에이티브 AI는 인간의 상상력에 날개를 달아줄 것이다. 그 날개로 어디까지 날아오를지는 아무도 모른다.

4.7 AI 시대의 황금알

AI 응용 서비스가 새로운 황금알을 낳는 거위로 떠오르고 있다. 파운데이션 모델이니 클라우드니, AI 반도체니 하는 기반 기술도 중요하지만 결국 우리 일상에 직접적인 변화를 가져오는 건

응용 서비스 아니겠는가. 이 분야야말로 한국 기업들이 세계 시장을 선도할 수 있는 기회의 땅이라고 봐야 한다.

우리나라는 파운데이션 모델 개발에서는 다소 뒤처져 있는 게 사실이다. OpenAI나 구글 같은 거대 기업들이 이미 상당한 우위를 점하고 있어 따라잡기가 쉽지 않다. 하지만 AI 반도체 분야에서는 삼성전자와 SK하이닉스를 앞세워 세계적인 경쟁력을 갖추고 있다. 이런 강점을 토대로 AI 응용 서비스 시장에서 승부를 걸어야 한다.

AI 응용 서비스는 그 범위가 실로 광대하다. 한국이 주목해야 할 AI 응용 서비스 분야는 다양하다. 먼저 헬스케어 AI다. 우리나라의 뛰어난 의료 인프라와 IT 기술을 바탕으로, 질병 진단부터 신약 개발, 맞춤형 건강관리까지 다양한 서비스가 나오고 있다.

교육 분야의 AI도 주목할 만하다. 한국의 높은 교육열과 AI를 접목해 맞춤형 학습, AI 튜터 등 혁신적인 서비스들이 나오고 있다. 마케팅 AI, 크리에이티브 AI 분야에서도 한국 기업들의 활약이 돋보인다. K-pop, K-드라마로 대표되는 문화 콘텐츠 강국의 면모를 AI로 더욱 강화하고 있는 것이다.

자율주행과 로봇 AI 분야에서도 한국 기업들의 도전이 이어지고 있다. 세계적인 자동차 강국, 제조업 강국의 저력을 AI와 결합해 새로운 혁신을 만들어내고 있다.

이처럼 한국은 AI 응용 서비스 분야에서 큰 잠재력을 보여주고 있다. 하지만 아직 아무도 AI 고속도로를 건설하기 위한 치열한 경쟁에서 황금알을 발견하지 못했다. 세계 시장에서 '넥스트 유니콘' 기업으로 성장하기 위해서는 몇 가지 과제를 해결해야 한다.

첫 번째로 데이터의 확보와 활용이다. AI 서비스의 품질은 학습에 사용되는 데이터의 양과 질에 크게 좌우된다. 한국은 상대적으로 작은 시장 규모로 인해 대규모 데이터 확보에 어려움을 겪고 있다.

이를 극복하기 위해서는 공공 데이터의 개방과 활용을 늘리고, 기업 간 데이터 공유와 협력을 촉진해야 한다.

두 번째는 글로벌 시장 진출이다. 한국 시장만으로는 한계가 있다. 세계 시장에서 경쟁력을 갖추려면 언어의 장벽을 넘어서야 한다. 다국어 지원은 물론, 각 국가와 문화의 특성을 이해하고 이에 맞는 서비스를 개발해야 한다.

세 번째는 인재 양성이다. AI 기술은 빠르게 발전하고 있다. 이에 발맞춰 최신 기술을 이해하고 활용할 수 있는 인재를 지속적으로 양성해야 한다. 대학 교육의 혁신, 기업과 학계의 협력, 평생 교육 시스템 구축 등이 필요하다. 마지막으로 규제 환경의 개선이다. 혁신적인 AI 서비스가 시장에 나오기 위해서는 유연한 규제 환경이 필수적이다. 새로운 서비스를 빠르게 시험해 볼 수 있는 규제 샌드박스의 확대, AI 서비스에 대한 명확한 법적 가이드라인 제시 등이 필요하다.

이러한 과제들을 해결해 나간다면, 한국은 AI 응용 서비스 분야에서 세계를 선도하는 '넥스트 유니콘' 기업들을 다수 배출할 수 있을 것이다. 우리에겐 그럴 만한 충분한 잠재력이 있다. 뛰어난 IT 인프라, 혁신을 갈망하는 국민성, 세계적 수준의 기술력, 이 모든 것이 우리의 자산이다. 한국의 AI 넥스트 유니콘을 향한 도전은 이미 시작됐다. 이 도전이 성공으로 이어지기 위해서는 정부, 기업, 학계, 시민사회 모두의 협력이 필요하다. 각자의 영역에서 최선을 다하면서도, 서로 소통하고 협력해야 한다. 그래야만 우리는 AI 시대의 주역으로 우뚝 설 수 있을 것이다.

인터넷 시대에 정보 고속도로의 새로운 가능성을 보고 적극적으로 뛰어든 신생 기업들이 성공을 거두었다. AI 고속도로에서도 마찬가지 현상이 일어날 가능성이 높다. AI 고속도로 시장이 클 것이라는 확실한 믿음이 있어야만 그것에 올라탈 수 있을 것이다.

AI 시대의 대항해, 새로운 영웅들의 탄생

디지털 대항해 시대, AI가 새로운 대륙이 되다.
누가 이 미지의 세계를 정복하고 새 시대의 영웅으로 우뚝 설 것인가?
콜럼버스와 마젤란의 후예들,
그들의 도전과 열정을 따라가 보자.

여러분, 귀를 기울이시오! 우리는 지금 인류 역사상 가장 위대한 모험의 시대에 살고 있노라. 마치 15세기 말, 대양을 가로질러 미지의 땅을 향해 돛을 올렸던 혁신가들처럼 오늘날 우리는 인공지능이라는 광활한 바다를 항해하고 있소. 이 새로운 세계에서 우리는 과거의 콜럼버스, 마젤란, 바스쿠 다 가마와 같은 위대한 모험가들의 후예를 목격하게 될 것이오.

알파벳의 땅에서 시작된 이 위대한 여정은 이제 전 세계로 퍼져나가고 있소. 마치 포르투갈과 스페인이 신세계를 향한 경주를 벌였듯, 오늘날 거대 기술 제국들은 AI의 신대륙을 정복하기 위해 치열한 경쟁을 벌이고 있소. 그러나 이 경주에서 승리의 월계관을 쓸 자는 누구일까? 아니, 어쩌면 우리가 알지 못하는 새로운 영웅, '넥스트 유니콘'이 등장할지도 모르오!

파운데이션 모델의 신대륙

마치 신대륙에서 금을 발견한 것처럼 AI의 세계에서 파운데이션 모델은 무한한 가능성을 품은 보물섬과도 같소. 이 섬을 정복하려는 모험가들 중 누군가는 반드시 새로운 제국을 세울 것이오. OpenAI의 GPT나 Anthropic의 Claude가 이미 이 땅에 깃발을 꽂았지만, 아직 정복되지 않은 영토는 무궁무진하오.

어느 날 갑자기 한 젊은 천재가 자신의 차고에서 개발한 혁명적인 언어 모델로 세상을 놀라게 할지도 모르오. 이 모델은 인간의 언어를 완벽히 이해하고 생성할 뿐만 아니라, 윤리적 판단까지 가능한 초지능을 선보일 것이오. 이 영웅은 단숨에 실리콘밸리의 거인들을 제치고 AI의 새로운 황제로 등극할 수 있을 것이오.

클라우드의 제국

대항해시대의 강대국들이 항구와 무역로를 장악했듯 클라우드는 AI

시대의 핵심 인프라요. 아마존, 마이크로소프트, 구글이 이미 이 땅을 분할 통치하고 있지만 새로운 도전자의 등장을 배제할 수 없소.

어떤 이는 양자 컴퓨팅과 AI를 결합한 혁신적인 클라우드 서비스로 시장을 뒤흔들 수 있을 것이오. 이 서비스는 기존의 클라우드보다 100배 빠르고 1,000배 효율적일 것이며, 보안성 또한 타의 추종을 불허할 것이오. 이 영웅은 클라우드의 콜럼버스가 되어 AI의 신세계를 여는 문을 활짝 열어젖힐 것이오.

AI 반도체의 항해

신대륙 개척에 필수적이었던 나침반과 천문 관측 기구처럼 AI 시대에는 고성능 반도체가 필수적이오. NVIDIA가 이미 이 분야에서 독보적인 위치를 차지하고 있지만, 새로운 영웅의 등장 가능성은 여전히 열려 있소.

어느 날, 한 과감한 기업가가 뇌의 구조를 모방한 혁신적인 뉴로모픽 칩을 개발할지도 모르오. 이 칩은 기존 GPU의 100배 성능을 발휘하면서도 전력 소비량은 1/10에 불과할 것이오. 이 영웅은 AI 하드웨어의 판도를 완전히 바꾸어 놓을 것이며, 그 이름은 역사에 길이 남을 것이오.

AI 응용 서비스의 신세계

마지막으로 AI 응용 서비스 분야에서도 새로운 영웅들이 탄생할 것이오. 이들은 콜럼버스가 아메리카 대륙에 첫발을 내디뎠을 때처럼 아무도 가보지 않은 길을 개척할 것이오.

한 젊은 의사가 AI를 이용해 모든 질병을 진단하고 치료법을 제시하는 혁명적인 의료 서비스를 개발할 수 있을 것이오. 또 다른 이는 AI로 모든 언어의 장벽을 허무는 실시간 번역 기기를 만들어낼 수도 있겠소. 교육, 예술, 환경 등 모든 분야에서 AI를 활용한 혁신적인 서비스가 등장할 것이며, 이를 통해 인류의 삶은 한층 더 나아질 것이오.

여러분, 우리는 지금 역사적인 순간을 살고 있소. 마치 신대륙 발견이 세계의 판도를 바꾸었듯, AI는 우리의 미래를 재정의할 것이오. 이 새로운 세계에서 누가 콜럼버스가 될 것인지, 누가 아메리고 베스푸치가 될 것인지 아무도 모르오. 하지만 한 가지 확실한 것은, 우리 모두가 이 위대한 모험의 증인이 될 것이라는 사실이오.

그러니 두려워 말고 도전하시오! 당신이 바로 AI 시대의 새로운 영웅, '넥스트 유니콘'이 될 수 있소. 항해의 바람은 이미 불고 있소. 이제 당신의 배에 돛을 올리시오!

PART

III

글로벌
AI 고속도로

Chapter 01	미국 AI 고속도로
Chapter 02	중국 AI 고속도로
Chapter 03	캐나다 AI 고속도로
Chapter 04	대만 AI 고속도로
Chapter 05	글로벌 AI 고속도로의 미래

CHAPTER

01

미국 AI 고속도로

1.1 실리콘밸리 '세계 최초 AGI 구축'

2010년, 인공지능 기업 딥마인드가 첫발을 내디뎠다. 그들의 야심찬 목표는 사업계획서 표지에 고스란히 담겼다. "세계 최초의 AGI를 만들라." 이 한 줄의 문장이 실리콘밸리의 정신을 대변한다. 이곳은 AI 혁신의 심장부다. 세계 최고의 기술 기업들과 창의적인 스타트업들, 그리고 최첨단 연구소들이 한데 어우러져 AI의 미래를 그려나간다. 미국 정부의 전폭적인 지원 아래, 이 혁신의 생태계는 더욱 빠르게 진화하고 있다.

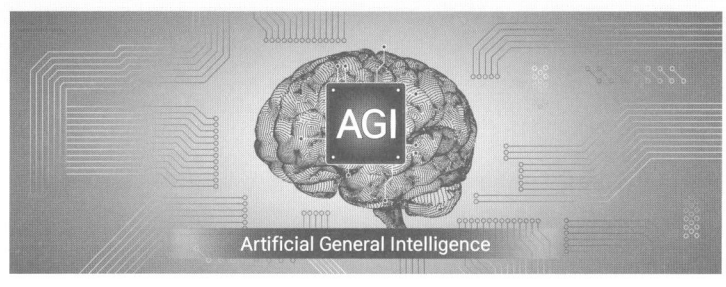

ⓒ LG CNS

미국 정부는 일찍부터 AI의 중요성을 꿰뚫어 보았다. 그들의 선견지명은 다양한 정책으로 구체화됐다. 2019년 2월, 트럼프 정부는 'AI 이니셔티브'라는 야심찬 계획을 내놓았다. 이는 AI 연구에 대한 투자 확대, 필요한 자원 확보, 거버넌스 체계 구축, 인재 양성, 국제 협력 강화 등을 목표로 했다.[22] 바이든 정부도 이 흐름을 이어받아 2021년 10월 'AI 권리장전 청사진'을 발표했다. AI 기술의 발전과 윤리적 활용이라는 두 마리 토끼를 잡으려는 노력이다.[23]

실리콘밸리의 AI 혁명을 주도하는 기업들이 있다. 구글, 마이크로소프트, OpenAI 같은 거인들이다. 특히 눈여겨볼 만한 것은 마이크로소프트와 OpenAI의 동맹, 그리고 구글이 품에 안은 딥마인드다. 이들의 행보는 AI 기술의 미래를 가늠할 수 있는 바로미터다.

마이크로소프트는 OpenAI와 손을 잡았다. 2019년 10억 달러, 2023년 추가로 100억 달러 규모의 천문학적인 돈을 쏟아부었다. 왜일까? 그들의 야심이 엿보이는 대목이다. 마이크로소프트와 OpenAI는 OpenAI의 AI 모델들을 구동하기 위한 특수 AI 반도체를 탑재한 슈퍼컴퓨터로 구성된 데이터센터를 구축하는 '스타게이트 프로젝트'를 진행

스타게이트 프로젝트 개요

내용	OpenAI의 첨단 AI 모델 전용 데이터센터
비용	약 **1,000**억 달러
기간	2028년 공개 예정
AI 반도체	OpenAI의 AI를 위한 특수 칩 수백만 개 탑재 예정

	스타게이트	vs	네이버 '각 세종'
전력	**5**기가와트 (약 19배)		**270**메가와트
서버	NVIDIA DGX B200 기준 **35**만대		현재 **10**만대 수준
GPU	NVIDIA B200 기준 약 **280**만대		NVIDIA A100 등 탑재, 규모 미공개

ⓒ 조선일보

하고 있다. 양사는 이 프로젝트에 드는 초기 비용을 최대 1,000억 달러(약 135조 원)로 보고 있다. 이는 일반 대형 데이터센터 대비 100배 많은 비용이다.[24] 스타게이트는 성능, 전력 등 모든 면에서 현존하는 데이터센터를 압도할 전망이다. 탑재되는 AI 반도체 수가 약

300만 개 정도로 추산되는 만큼 GPT 같은 AI 모델은 대폭 개선하거나 완전히 새로운 모델을 구축하는데 시간이 크게 단축될 것이다. 스타게이트는 시간당 5기가와트(GW)의 전력을 사용하는 것으로 돼 있다.

구글은 다른 길을 택했다. 2014년, AI 연구의 선두 주자 딥마인드를 품에 안았다. 이는 AI 기술 개발에 대한 구글의 강력한 의지를 보여주는 결정적 순간이었다. 딥마인드는 2016년 알파고로 세상을 깜짝 놀라게 했고, 이어 단백질 구조를 예측하는 '알파폴드', 다재다능한 AI 에이전트 '아스트라'를 선보이며 AI의 지평을 넓혀가고 있다. 아스트라는 구글의 생성 인공지능 Gemini를 기반으로 하는 멀티모달 인공지능 어시스턴트이다.

이 거대 기업들의 궁극적인 목표는 하나다. AGI, 즉 인공일반지능이다. 인간처럼 생각하고 행동하는 AI를 만드는 것. 불가능해 보이는 이 꿈을 향해 그들은 달려가고 있다. OpenAI의 수장 샘 알트만은 AGI가 인류에게 엄청난 혜택을 줄 것이라 확신한다. 그는 이 목표를 향해 한 걸음씩 나아가고 있다고 말한다. 구글의 딥마인드도 AGI를 향한 열정은 같다. 2024년 선보인 아스트라는 그 열정의 결실이다. 우리는 지금 AI 역사의 한 장면을 목격하고 있는 것일까?

실리콘밸리의 AI 혁명은 비단 대기업만의 몫이 아니다. 수많은 AI 스타트업들이 이 혁명의 한 축을 담당하고 있다. CB Insights의 보고서는 흥미로운 사실을 알려준다. 2022년 기준, 전 세계 AI 유니콘 기업(가치 10억 달러 이상의 비상장 스타트업)의 절반이 미국에 있다. 그중 상당수가 실리콘밸리에 모여 있다. 이들은 컴퓨터 비전, 자연어 처리, 로보틱스 등 다양한 분야에서 혁신을 일으키고 있다. 작지만 강한 이들이 AI의 미래를 바꾸고 있다.

실리콘밸리의 AI 생태계가 이토록 번성할 수 있었던 비결은 무엇일까? 스탠포드 대학, UC 버클리 같은 세계적 대학과 연구기관의 존재를 빼놓을 수 없다. 이들은 최첨단 AI 연구를 수행하는 동시에 미래의 인재를 키워내고 있다. 특히 스탠포드 대학은 2019년 'AI 중심 대학'을 선언했다. 모든 전공에 AI 교육을 도입하겠다는 파격적인 결정이었다. 이는 AI 시대를 이끌 인재를 키우겠다는 그들의 의지를 보여준다.

실리콘밸리의 AI 고속도로는 기업과 대학, 정부가 삼위일체를 이루며 성장하고 있다. 하지만 이 눈부신 발전 뒤에 그림자도 있다. AI의 윤리적 사용 문제, 데이터의 투명성, AI의 편향성 등 새로운 도전들이 우리를 기다리고 있다. 실리콘밸리의 기업들과 연구소들은 이 난제들을 해결하기 위해 머리를 맞대고 있다. 이는 고통스러운 과정일 수 있다. 하지만 AI 기술이 진정으로 인류에 봉사하기 위해서는 반드시 거쳐야 할 관문이다.

실리콘밸리는 앞으로도 세계 AI 혁신의 심장부로 뛸 것이다. 이곳에서는 지금 이 순간에도 AGI를 향한 끊임없는 도전이 이어지고 있다. 창의적인 스타트업들은 새로운 아이디어를 쏟아내고 있고, 세계 최고의 연구소들은 미래를 그리고 있다. 이들이 만들어내는 시너지는 실리콘밸리를 AI 기술의 등대로 만들 것이다. 우리는 지금 역사의 한 페이지를 목격하고 있는 것인지도 모른다. AI가 바꿀 미래, 그 중심에 실리콘밸리가 있다.

1.2 보스턴 휴머노이드 '올 뉴 아틀라스'

보스턴이라는 도시를 들으면 무엇이 떠오르는가? 아마도 미국독립혁명의 발상지, 하버드와 MIT가 있는 학문의 도시, 그리고 레드

삭스의 고향 정도일 것이다. 하지만 요즘 보스턴은 인공지능의 메카로 주목받고 있다. 세계 최고 수준의 대학들과 혁신 기업들이 모여 AI 클러스터를 형성하고, 학계와 산업의 협력을 통해 놀라운 성과를 내고 있다. 이 도시의 이야기를 들어보자.

보스턴의 AI 생태계의 핵심은 바로 세계 최고 수준의 대학들이다. MIT, 하버드, 보스턴 대학교 등 쟁쟁한 이름들이 즐비하다. 이 대학들은 단순히 학위를 주는 곳이 아니라 AI 연구의 최전선에서 혁신을 이끌고 있다. 특히 MIT의 컴퓨터 과학 및 인공지능 연구소(CSAIL)는 세계 최고의 AI 산실이라 할 수 있다.[25] 로봇공학부터 컴퓨터 비전, 자연어 처리까지 AI의 모든 영역에서 선구적인 연구를 수행하고 있다. 이런 대학들이 있으니 우수한 인재가 모이는 건 당연한 일이다.

이런 탄탄한 학문적 토대 위에 보스턴은 AI 기업들의 천국으로 변모했다. 스타트업부터 대기업의 연구소까지, AI와 관련된 모든 것이 이곳에 모여들고 있다. 2023년 기준으로 보스턴에는 200여 개의 AI 기업이 있다고 한다.[26] 미국에서 실리콘밸리 다음으로 많은 숫자다. 이 기업들이 하는 일도 다양하다. 의료, 금융, 교육, 로봇공학 등 거의 모든 분야에 AI를 접목시키고 있다. 말 그대로 AI의 르네상스가 이곳에서 펼쳐지고 있는 셈이다.

보스턴의 AI 고속도로가 이렇게 성공할 수 있었던 비결은 뭘까? 바로 학계와 산업계의 '밀월 관계'다. 대학은 상아탑에 갇혀 있지 않고, 기업들과 손잡고 연구한다. 그 결과물은 기술 이전을 통해 곧바로 상용화된다. 대표적인 예가 MIT와 IBM이 함께 만든 'MIT-IBM Watson AI Lab'이다. 이곳에서는 AI 기술을 개발하고 곧바로 비즈니스에 적용하는 연구를 한다. 이런 협력이 학문과 산업을 함께 발전시키는 선순환을 만들어내고 있다. 말 그대로 '윈-윈'인 셈이다.

보스턴의 AI 고속도로의 또 다른 특징은 뜨거운 창업 열기와 넘치는 투자금이다. 돈이 있는 곳에 사람이 모이고, 사람이 모이는 곳에 아이디어가 샘솟는 법이다. 2022년 보스턴 지역의 전체 스타트업 투자금은 약 158억 달러였으며, 이 중 상당 부분이 AI 및 기술 스타트업에 투자되었다. 전년보다 15%나 늘어난 금액이다. 이런 돈의 흐름이 혁신적인 AI 기술을 개발하고 상용화하는 데 기름을 붓고 있다. 돈과 기술이 만나 시너지를 내는 모습이 참으로 인상적이다.

보스턴의 AI 고속도로가 특히 빛을 발하는 분야가 있다. 로봇 AI 연구소이다. 보스턴 다이내믹스는 2021년 6월 현대차그룹에 인수된 미국 로봇 전문 기업이다. 로봇 AI 연구소는 차세대 로봇의 근간이 될 기반 기술 확보에 집중하고 있다. 운동지능, 인지지능 등의 로봇 기술력을 지속적으로 발전시키고 있다. 보스턴 다이내믹스는 최근 '올 뉴 아틀라스'를 공개했다. 마치 인간처럼 손가락을 섬세하게 놀려 달걀을 집거나 인간과 유사한 수준의 자연스러운 걸음걸이를 선보였다.

보스턴의 AI 고속도로에는 또 하나 주목할 만한 특징이 있다. 바로 다양성과 포용성에 대한 강조다. 대학들과 기업들이 앞다투어 AI 분야의 다양성을 높이기 위한 프로그램을 운영하고 있다. 이는 단순히 정치적 올바름을 위한 것이 아니다. 다양한 배경을 가진 사람들이 모여야 더 혁신적이고 윤리적인 AI를 만들 수 있다는 믿음 때문이다. 이런 노력들이 AI의 미래를 더욱 밝게 만들고 있다.

하지만 보스턴의 AI 고속도로가 장밋빛 미래만 있는 것은 아니다. 넘어야 할 산도 많다. 가장 큰 문제는 비싼 집값과 생활비다. 아무리 좋은 일자리가 있어도 살 집이 없다면 무슨 소용인가. 실리콘밸리와의 인재 쟁탈전도 치열하다. 게다가 AI 기술의 윤리적 사용과 개인정보 보호 문제도 골치 아프다. 이런 과제들을 어떻게 해결하느냐가 보스턴 AI 클러스터의 미래를 좌우할 것이다.

이것을 해결하기 위해 보스턴시와 매사추세츠주 정부도 팔을 걷어붙였다. 'MassChallenge'라는 창업 지원 프로그램으로 AI 스타트업들의 등을 밀어주고, 'MassTech Collaborative'를 통해 AI 교육과 훈련 프로그램을 제공한다. AI 윤리 관련 규제도 만들고 있다. 정부가 나서서 AI 생태계를 지원하는 모습이 인상적이다. 하지만 이런 노력이 실효를 거둘지는 두고 봐야 할 일이다.

보스턴의 AI 고속도로는 세계 최고 수준의 대학들, 혁신적인 기업들, 그리고 이들의 끈끈한 협력 관계가 만들어낸 결과물이다. 특히 의료 분야에서의 강점과 다양성을 중시하는 문화는 보스턴만의 독특한 매력이다. 하지만 앞으로가 더 중요하다. 높은 물가, 인재 유출, 윤리 문제 등 산적한 과제들을 어떻게 해결하느냐에 따라 보스턴의 미래가 결정될 것이다. 보스턴이 진정한 글로벌 AI 허브로 자리 잡을 수 있을지, 우리는 지금 역사의 한 장면을 목격하고 있는 셈이다.

1.3 위스콘신 러스트벨트 'AI 데이터센터'

미국 북동부의 한구석에 자리 잡은 위스콘신주는 미시간호의 서쪽 해안을 끼고 있다. 낙농업과 자동차 공장들이 이 땅의 역사를 써왔다. 미국 50개 주 중 경제 규모로는 23위. 그저 그런 중간쯤 되는 주라고 볼 수 있겠다. 그런데 최근 이 평범한 주가 심상치 않은 움직임을 보이고 있다. 전통 산업에 인공지능(AI)이라는 첨단 기술을 접목해 새로운 미래를 모색하고 있는 것이다.

2023년, 마이크로소프트가 10억 달러 규모의 AI 데이터센터를 위스콘신에 건설할 것을 계획하고 있다.[27] 이게 무슨 의미일까? 단순히 컴퓨터 서버를 쌓아놓은 창고가 아니다. 이 거대한 시설은 위스콘신의 경제와 기술 혁신을 이끄는 심장 역할을 하게 될 것이다. 11만 m² 축구장 15개를 이어 붙인 크기다. 이 거대한 '디지털 심장'이 위스콘신의 미래를 바꿀 것이다.

마이크로소프트는 이 데이터센터를 지역 사회와 연계하여 다양한 혁신을 만들어내고 있다. 특히 주목할 만한 것은 위스콘신 대학과 함께 만든 'AI 공동 혁신 연구소'다. 이곳에서는 미래의 AI 전문가들이 최신 AI 기술을 배우고 실습할 수 있는 기회를 제공하고 있다.

위스콘신 주정부는 AI 도입을 통해 지역 제조업의 혁신을 추진하고 있다. 많은 지역 제조업체들이 마이크로소프트와 협력하여 AI 기술을 도입하고 있다. 예를 들어, 자동차 부품을 제조하는 존슨 컨트롤스는 AI 기술을 활용하여 생산성 향상과 에너지 효율 개선을 이루고 있다.

농부들의 손에도 AI가 쥐어졌다. 위스콘신은 미국에서 가장 많은 유제품을 만드는 곳이다. 이곳 낙농업자들이 AI와 손잡고 우유 혁명을 일으키고 있다. 소의 목에 AI 센서를 달았다. 소가 어떻게 지내는지, 무엇을 먹어야 하는지, AI가 24시간 지켜보고 조언한다.

데이터센터를 짓는 과정 자체가 지역 경제에 활력을 불어넣고 있다. 마이크로소프트가 한 약속이 있다. "자재도, 인력도 최대한 위스콘신에서 구하겠다." 이 한마디가 지역 건설업체들을 들썩이게 만들었다. 관련 산업도 덩달아 호황이다. 거대 기업의 투자가 지역 곳곳에 새 일자리를 만들어내고 있는 것이다.

AI 혁명이 환경까지 바꾸고 있다. 마이크로소프트는 큰 포부를 밝혔다. "우리 데이터센터는 100% 재생에너지로 움직일 것이다."

말로만 하는 게 아니다. 위스콘신 곳곳에 태양광 패널과 풍력 발전기를 세우고 있다.

위스콘신의 실험은 우리에게 많은 것을 시사한다. 오래된 산업과 최첨단 기술이 만나면 어떤 일이 벌어질까? 위스콘신이 그 해답을 보여주고 있다. 농부의 손에, 공장 노동자의 손에 AI라는 새 도구를 쥐여주었다. 그러자 생산성은 높아지고, 비용은 줄어들고, 품질은 좋아졌다. 새로운 일자리가 생겼고, 젊은이들은 새로운 꿈을 꾸기 시작했다. 쇠락해 가던 지역 경제에 새 숨결이 불어 넣어진 것이다.

물론 장밋빛 전망만 있는 것은 아니다. AI가 사람의 일자리를 빼앗지는 않을까? 거대한 데이터센터가 환경을 해치지는 않을까? 우리의 개인정보는 안전할까? 이런 우려의 목소리도 들린다. 위스콘신 주정부와 마이크로소프트는 이런 걱정들을 무시하지 않는다. 지역 주민들과 끊임없이 대화하고, 문제를 해결할 정책을 만들어가고 있다. 새로운 기술이 가져올 혜택을 누리되, 그 그림자는 최소화하려는 노력이 계속되고 있다.

위스콘신의 실험은 우리에게 중요한 교훈을 준다. 낡은 산업으로 활기를 잃어가던 이 지역이 AI라는 새 도구를 들고 부활의 길을 걷고 있다. 이는 비단 위스콘신만의 이야기가 아니다. 비슷한 처지의 다른 지역들도 이 실험에 주목해야 한다. 전통과 혁신이 만나 새로운 미래를 만들어가는 위스콘신의 모습에서 우리는 쇠퇴하는 산업 지역의 희망찬 미래를 엿볼 수 있다.

CHAPTER

02

중국 AI 고속도로

2.1 베이징 'China AI 2.0'

베이징, 이 도시는 단순한 중국의 수도가 아니다. 정치와 경제, 문화를 아우르는 거대한 용광로이자 이제는 AI 혁명의 최전선이 되었다. 중국 정부가 베이징을 거점 삼아 펼치는 국가 주도의 AI 전략은 세계 AI 경쟁에서 중국의 위치를 한 단계 끌어올리고 있다.

2017년 7월, 중국 정부는 '차세대 인공지능 발전계획'이라는 야심찬 청사진을 내놓았다.[28] 2030년까지 세계 최고의 AI 강국이 되겠다는 것이다. 이 계획은 단계별로 목표를 세웠다. 2020년까지 AI 핵심 산업 규모를 1,500억 위안으로 키우고, 2025년에는 AI 이론과 기술에서 세계적 수준에 도달하며, 2030년에는 글로벌 AI 혁신의 중심지가 되겠다는 것이다. 거침없는 포부가 아닐 수 없다.

중국의 AI 전략에서 특히 눈여겨볼 대목은 AGI, 즉 인공일반지능 계획이다. AGI는 인간 수준의 지능을 가진 AI를 뜻한다. 중국은 지속적으로 AI 전략을 업데이트하고 있으며, AGI 개발에 큰 관심을 보이고 있다. 2023년 7월, 중국 과학기술부는 'AI 2.0' 개념을

언급하며 AGI 연구의 중요성을 강조했다.

베이징은 중국 AI 기업들의 집결지다. 그중에서도 바이두와 센스타임은 특별한 주목을 받고 있다. 바이두는 중국의 구글이라 불리는 검색 엔진 회사로 출발했지만, 지금은 AI 기술 개발에 모든 역량을 집중하고 있다. 2023년에는 ChatGPT와 같은 AI 챗봇인 ErnieBot(어니봇)을 선보이며 세간의 이목을 끌었다. 바이두의 AI 연구소는 딥러닝, 컴퓨터 비전, 자연어 처리 등 AI의 거의 모든 분야에서 세계 최고 수준의 연구 성과를 내놓고 있다.

센스타임은 컴퓨터 비전과 딥러닝 기술의 선두 주자다. 얼굴 인식, 이미지 처리, 자율주행 등에서 독보적인 기술력을 자랑한다. 특히 중국 정부의 스마트시티 프로젝트에 깊숙이 관여하고 있다는 점이 눈에 띈다. 2023년 현재, 센스타임의 기술은 중국 내 150개가 넘는 도시에서 쓰이고 있으며, 전 세계 30개국 이상에 지사를 두고 있다. 이 회사의 성장세가 얼마나 가파른지 짐작할 수 있는 대목이다.[29]

미국과의 AI 패권 다툼에서 중국은 독특한 전략을 구사하고 있다. 14억 인구의 거대한 내수 시장과 그들이 만들어내는 방대한 데이터를 무기로 삼아 AI 기술을 빠르게 발전시키고 있다. 이 엄청난 규모의 데이터는 AI 학습에 있어 중국만의 강력한 무기다. 여기에 중국 정부의 대규모 투자와 기업들과의 긴밀한 협력이 더해져 AI 기술의 실용화 속도는 더욱 빨라지고 있다.

하지만 미국의 기술 제재가 중국의 AI 발전에 걸림돌이 되고 있다. 2022년 미국이 고성능 AI 칩의 대중국 수출을 막으면서 중국의 AI 연구 개발은 큰 타격을 입었다. 그러나 중국은 이에 굴하지 않고 자체 AI 칩 개발에 총력을 기울이고 있다. 2023년 화웨이가 자체 개발 AI 칩을 탑재한 스마트폰을 선보인 것은 그 노력의 결실이자, 중국의 저력을 보여주는 상징적인 사건이었다.

베이징의 AI 산업 육성 전략은 산학연 협력의 모범 사례다. 칭화대학과 북경대학 같은 세계적 명문대들이 최첨단 AI 연구를 수행하고, 이들 대학에서 나온 인재들이 바이두, 알리바바, 텐센트 같은 중국의 AI 거인들로 흘러 들어가는 구조다. 2023년 현재 베이징에는 1,500개가 넘는 AI 관련 기업이 있다. 이는 중국 전체 AI 기업의 약 35%에 달하는 규모다. 베이징이 얼마나 중요한 AI 허브인지 보여주는 수치다.

중국의 AI 전략은 국가의 강력한 지원과 민간 기업의 창의성이 절묘하게 어우러진 모습이다. 이런 방식은 신속한 결정과 거대한 규모의 투자를 가능하게 한다. 하지만 동전의 양면처럼 정부가 지나치게 간섭해 혁신을 가로막을 수 있다는 우려도 있다. 그럼에도 중국의 AI 기술은 눈부신 속도로 발전하고 있다. 얼굴 인식, 음성 인식, 자연어 처리 같은 분야에서는 이미 세계 정상급이라는 평가를 받고 있다.

베이징을 축으로 한 중국의 AI 전략은 앞으로도 멈추지 않을 것이다. 정부의 전폭적인 지원, 넘쳐나는 데이터, 어마어마한 내수 시장이라는 세 가지 무기를 앞세워 중국의 AI 산업은 계속 성장할 것이다. 하지만 동시에 미국과의 기술 패권 다툼, 데이터 프라이버시 문제, AI 윤리 같은 과제들도 풀어나가야 한다. 중국의 AI 굴기가 어디까지 갈 수 있을지 세계가 주목하고 있다.

2.2 항저우 'City Brain'

중국 저장성의 수도 항저우가 AI 혁신의 중심지로 떠올랐다. 특히 전자상거래 분야에서 두각을 나타내고 있다. 알리바바 그룹의 본사가 이곳에 있어 도시 전체가 AI 생태계로 변모했다. 마치 실리콘밸리의 구글처럼 알리바바가 항저우를 AI의 성지로 만든 셈이다.

2016년 이후 항저우의 AI 산업은 눈부신 성장을 이뤘다. 2022년 기준으로 항저우의 AI 관련 기업은 4,000개를 넘어섰으며, 이는 2016년에 비해 4배 이상 증가한 숫자이다. 이런 급성장의 비결은 뭘까? 알리바바 같은 대기업의 과감한 투자와 지방 정부의 전폭적인 지원이 맞물린 결과라고 할 수 있다.

알리바바는 항저우 AI 고속도로의 핵심이다. 2017년 'ET Brain' 프로젝트로 AI 기술의 산업 적용을 시작했다. 타오바오와 티몰 같은 전자상거래 플랫폼에 AI 기반 개인화 추천, 이미지 인식, 챗봇을 도입해 사용자 경험을 획기적으로 개선했다. 2023년 기준으로 알리바바의 AI 연구소 DAMO 아카데미는 8개국 7개 연구센터에서 1,700명 이상의 연구원이 AI 기술 개발에 몰두하고 있다. 마치 구글의 딥마인드를 연상케 하는 규모다.

항저우의 AI는 이제 전자상거래를 넘어 도시 전체로 뻗어가고 있다. '시티 브레인' 프로젝트가 대표적이다. 이 프로젝트는 AI를 활용해 교통 관리, 응급 서비스, 공공 안전 등 도시의 각종 문제를 해결한다. 2022년 기준으로 시티 브레인은 항저우 시내 1,500개 교차로의 신호를 실시간으로 제어해 차량 평균 대기 시간을 20%나 줄였다. 영화 속 미래 도시가 현실이 된 셈이다.

항저우의 AI 생태계는 대학과도 손을 잡았다. 저장대학은 알리바바와 함께 'Alibaba-Zhejiang University Joint Research Institute of Frontier Technologies'를 만들어 AI, 블록체인, 핀테크 연구에 매진하고 있다. 이런 산학 협력은 AI 인재 양성의 요람이 되고 있다. 우리나라의 산학 협력이 겉돌고 있는 현실과 대조적이다.

하지만 항저우의 AI 고속도로도 난관에 봉착했다. 가장 큰 골칫거리는 인재 확보다. 베이징, 상하이 같은 대도시와 경쟁해 우수한 AI 인재를 유치하고 붙잡아두기가 쉽지 않다. 알리바바에 대한 과도한 의존도도 문제다. 알리바바의 그늘이 너무 커서 다른 기업들이 자라날 공간이 부족하다는 우려의 목소리가 나온다. 하지만 알리바바의 클라우드 컴퓨팅과 데이터 인프라가 이런 우려도 불식시키고 있다.

이런 난관에도 불구하고 항저우의 AI 고속도로는 여전히 성장 중이다. 이런 성장세라면 항저우는 앞으로도 중국의 AI 혁신 허브 자리를 지킬 것 같다. 한국도 이런 AI 고속도로를 만들 수 있을까? 우리의 현실을 돌아보게 된다.

항저우의 사례는 우리에게 많은 것을 시사한다. 전자상거래라는 특정 산업을 바탕으로 AI 고속도로를 키워낼 수 있다는 점, 대기업과 정부, 대학, 스타트업이 협력해 건강한 AI 생태계를 만들 수 있다는 점 등이다. 앞으로 항저우가 현재의 과제들을 어떻게 해결하고 더 발전해 나갈지 주목해야 한다. 우리도 이를 타산지석으로 삼아야 하지 않을까?

2.3 허페이 '양자통신 고속도로'

중국이 묵자(墨子)를 하늘로 쏘아 올렸다. 이 묵자는 춘추전국시대의 사상가가 아니라 양자통신 위성의 이름이다. 세계 최초로 양자통신 위성을 발사하는 데 성공한 것이다. 미국 입장에서는 '제2의 스푸트니크 쇼크'와 다름없는 일이었다. 중국으로서는 정보 보안 문제를 근본적으로 해결할 수 있을 것으로 기대되는 양자통신 상용화에 한 걸음 더 다가선 셈이다. 이런 양자과학의 중심에 허페이가 자리 잡고 있다.

허페이는 '명판관 포청천'으로 유명한 포증의 고향이자 리커창 전 총리의 고향이기도 하다. 이곳이 AI·양자 컴퓨팅·핵융합·전기차·배터리 등 각종 미래 산업의 전진기지로 탈바꿈하고 있다니 놀랍다. 인구 985만 명인 허페이의 2023년 경제성장률은 5.8%로 전국 평균(5.2%)을 웃돌았다. 한때 낙후 지역으로 여겨졌던 허페이 주민들이 이제는 첨단 산업단지를 기반으로 중국 도시 평균을 훌쩍 넘는 소득을 누리고 있다니 격세지감을 느끼게 한다.

허페이 발전 모델의 중심에는 중국과학기술대학이 있다. 문화대혁명 당시 학자들을 탄압하던 분위기 속에서 베이징에 있던 과기대가 1970년 허페이로 옮겨왔다. 지금 과기대는 첨단기술의 허브로 탈바꿈했다. 양자과학은 물론 핵융합 에너지, 유전자 가위 크리스퍼(CRISPR) 등을 연구하고 있으니 말이다.

ⓒ 허페이 국립양자과학연구소

'양자의 아버지'로 불리는 판젠웨이의 주도로 중국 과기대가 2020년 양자컴퓨터 주장(九章)을 개발해 양자초월을 달성했다. 2024년에는 속도가 슈퍼컴퓨터의 1,000만 배 이상인 양자컴퓨터 주충즈(祖沖之)까지 개발했으니 그 속도가 놀랍다. 중국은 2016년 5개년 계획에 양자컴퓨터를 국가 중대 프로젝트로 지정해 개발을 강화해 왔다. 2020년에는 중국 과학원 산하에 양자기술연구개발센터를 열고 지원하고 있다. 특히 허페이에 세계에서 가장 큰 규모의 국립양자과학연구소를 건설하고 있다니 그 규모와 속도가 놀랍다.

중국은 세계에서 가장 긴 유선 양자통신 고속도로를 구축했다. 베이징과 허페이를 거쳐 상하이까지 핵심도시를 연결하는 광섬유 2,000km 고속도로를 땅으로 연결했다. 그리고 세계 최초로 양자암호 위성 묵자를 발사하여 2,600km 양자암호 통신망도 가동 중이다. 무선 양자통신, 유선 양자통신, 대륙 간 무선 양자통신을 잇달아 성공하면서 단숨에 양자산업의 강국이 되었다니 그 성과가 대단하다.

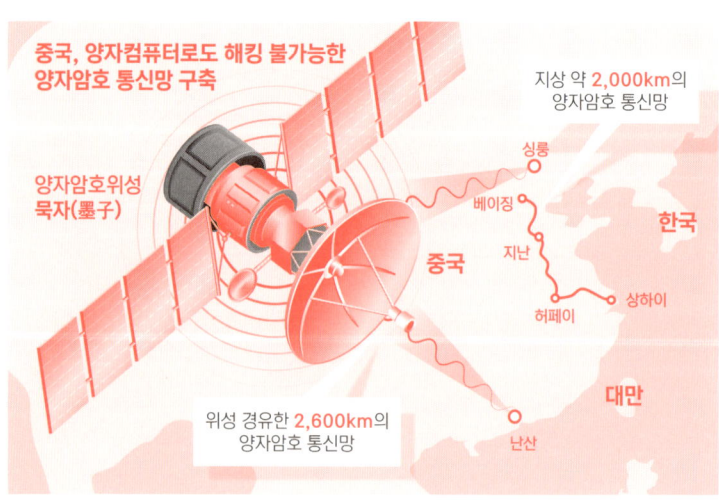

ⓒ 조선일보

허페이의 도약은 지방정부의 과감한 도전과 투자, 민간기업의 결합을 토대로 이루어내고 있다. 대표적인 사례가 지난 2008년 LCD 제조사 징둥팡(京東方, BOE) 투자였다. 지방 재정 수입이 160억 위안(약 3조 원)에 불과한 허페이는 당시 90억 위안(1.7조 원)의 자금과 토지, 에너지, 대출이자 보조 등을 제공하는 우대 정책으로 총 175억 위안(3.3조 원)을 BOE에 투자했다. 허페이시는 이 투자자금을 모으기 위해 지하철 건설까지 연기했다니 그 결단력이 놀랍다. 이 결과 중국 최초로 LCD 패널 6세대 생산라인을 구축했다.

2017년 DRAM 제조사 창신메모리 설립을 위해 지분을 투자했고, 2020년에는 전기차업체 니오(NIO)에 70억 위안(1.3조 원)을 투자했다. BOE와 니오에 투자한 기금 '허페이젠터우(建投)'는 2019년부터 2021년까지 매년 50억 위안(9,528억 원) 수익을 올렸다. 허페이가 '벤처투자자 지방정부'라고 불리는 이유를 알 만하다.

허페이에는 '체인 보스(Chain Boss)' 시스템이 있다. 시 정부가 반도체, 양자과학, 전기차, 생명과학 등 12개 첨단 산업별 기업 체인을 만들고, 각 체인에는 큰 그림을 그리고 감독하는 정부 관료를 배치했다. 당서기가 직접 집적회로 체인 보스를 맡았고 시장이 디스플레이 체인을 맡아 챙겼다니 그 열의가 대단하다. 또한 허페이의 야심찬 프로젝트인 '양자통신 고속도로'에는 '오리진퀀텀'을 비롯한 20개 이상의 양자전문기업이 양자 컴퓨팅 공급망을 갖추고 있다니 그 규모가 놀랍다.

오리진퀀텀은 2017년에 설립된 중국 1호 양자컴퓨터 스타트업이다. 중국에서 최초의 양자칩 생산라인을 설립하고 최초의 양자컴퓨터 운영체제를 개발하여 최초의 양자 컴퓨팅 측정 및 제조 시스템을 만들었다. 오리진퀀텀은 2023년 2월 24큐빗(Qubit) 초전도 방식 양자컴퓨터를 공개하기도 했다.

미국은 중국 양자컴퓨터·양자통신 굴기를 봉쇄하기 위해 안보 동맹을 강화하고 있다. 또한 반도체 제재를 넘어 양자기술 제재로 확대되고 있다. 양자기술이 주목받는 것은 안보와 직결되기 때문이다. 양자 컴퓨팅으로 기존 암호를 전부 풀 수 있고 양자암호 통신 기술은 절대 뚫리지 않는 보안 체계를 만들 수 있다니 그 파급력이 엄청나다. 미국은 양자 컴퓨팅 기술, 중국은 양자암호 통신 기술에서 각각 세계 1위다. 미국이 우려하는 것은 중국이 아무리 날카로운 창(최고의 양자 컴퓨팅)에도 뚫리지 않는 무적의 방패(양자암호 통신망)를 만들고 있기 때문이다. 이론적으로는 아무리 뛰어난 양자 컴퓨팅 기술로도 최고의 양자암호 통신을 해킹할 수 없다니 그 의미가 크다. 이렇게 되면 21세기 첨단 정보전에서 중국이 우위를 점할 가능성마저 있어서 미국의 우려가 이해된다.

'양자패권'을 두고 중국은 허페이 양자통신 고속도로를 중심으로 미국을 맹추격하고 있다. 중국은 양자통신 고속도로를 구축하면서 양자암호 연구 및 개발에서 글로벌 리더로 부상하고 있다.

CHAPTER

03

캐나다 AI 고속도로

3.1 토론토 '벡터 AI 연구소'

토론토 벡터 AI 연구소는 딥러닝(Deep Learning)의 요람이다. 인공지능의 핵심 기술인 딥러닝은 토론토 대학의 제프리 힌튼(Geoffrey Hinton) 교수가 일구어냈다. 딥마인드는 힌튼 교수와 그의 제자들이 씨를 뿌린 열매다.

캐나다의 토론토가 북미 AI 연구의 선두에 섰다. 이곳의 AI 생태계는 세계 정상급 연구기관, 창의적인 신생 기업, 그리고 다국적 기업들의 연구소가 한데 어우러져 독특한 화학 반응을 일으키고 있다. 특히 토론토 대학을 구심점으로 형성된 AI 연구 집적지는 전 세계의 이목을 집중시키고 있다.

토론토가 AI 연구의 성지로 떠오른 데에는 제프리 힌튼 교수의 공이 크다. 딥러닝의 개척자인 힌튼 교수의 연구는 현대 AI 기술의 주춧돌이 되었다. 2012년, 그의 연구팀이 만든 딥러닝 알고리즘이 이미지넷 대회에서 압도적인 성능으로 정상을 차지하면서 전 세계가 AI에 열광하기 시작했다.

ⓒ wikimedia

이러한 성과를 토대로 2017년 토론토에 문을 연 벡터 연구소(Vector Institute)는 토론토 AI 집적지의 중추다. 마스 디스커버리 지구(MaRS Discovery District) 내에 위치하고 있다. 이 연구소는 캐나다 연방정부와 온타리오 주정부, 그리고 30여 개 기업들이 힘을 모아 세웠다. 연구소는 세계 최고의 AI 인재를 끌어모으고 키워내며, 캐나다의 AI 혁신을 이끄는 것을 목표로 삼고 있다.

벡터 연구소에는 쟁쟁한 학자들이 모여들었다. 앞서 말한 제프리 힌튼 교수는 물론이고, 강화학습 분야의 대가 리처드 서튼(Richard Sutton) 교수, 자연어 처리의 권위자 그레이엄 테일러(Graham Taylor) 교수 등이 열정적으로 연구에 매진하고 있다. 이들의 연구 성과는 학계의 경계를 넘어 산업 현장에까지 파문을 일으키고 있다.

이들 석학의 가르침을 받은 제자들이 세운 기업들이 토론토에서 눈부신 활약을 펼치고 있다. 한 예로, 힌튼 교수의 제자들이 창업한 '딥 지노믹스(Deep Genomics)'는 AI로 신약 개발의 판도를 바꾸고 있다. 2023년 현재 이 회사는 8개의 치료제 개발에 박차를 가하고 있으며, 1억 8천만 달러가 넘는 투자금을 끌어모았다.

또 토론토 대학에서 박사 학위를 딴 라퀄 어탄슨(Raquel Urtasun)이 차린 '웨이브(Waabi)'는 자율주행 트럭 기술 개발에 앞장서고 있다. 웨이브는 2023년 7월, 볼보 그룹으로부터 거액의 투자를 받아내며 세간의 이목을 집중시켰다.

토론토의 AI 생태계는 신생 기업뿐 아니라 세계적인 대기업들의 연구소까지 끌어들이고 있다. 구글, 마이크로소프트, IBM, 우버 같은 쟁쟁한 기업들이 이곳에 AI 연구소를 차렸다. 특히 구글은 2017년 토론토에 AI 연구소를 세우면서 제프리 힌튼 교수를 수석 연구원으로 영입했다.

이런 노력이 결실을 맺어 토론토는 북미에서 가장 빠르게 늘어나는 기술 인재 집단을 갖게 되었다. CBRE가 2023년에 낸 보고서를 보면, 토론토는 지난 5년 동안 기술 인재가 88.9%나 늘어나 북미 주요 도시 가운데 으뜸을 차지했다.

토론토의 AI 집적지가 성공을 거둘 수 있었던 비결 중 하나는 정부의 과감한 지원이다. 캐나다 정부는 2017년 '범 캐나다 인공지능 전략'을 내놓고 1억 2,500만 캐나다 달러를 AI 연구와 인재 영입에 쏟아부었다. 이 전략의 일환으로 토론토의 벡터 연구소도 문을 열었다.

더불어 토론토는 다양성과 포용성을 중시하는 문화를 지니고 있다. 이는 전 세계의 AI 인재들을 불러 모으는 데 큰 몫을 하고 있다. 2023년 현재 토론토는 세계에서 가장 다양성 넘치는 도시 중 하나로 꼽히고 있으며, 이런 문화적 특성이 창의적이고 혁신적인 AI 연구 환경을 만드는 데 한몫하고 있다.

토론토의 AI 집적지는 앞으로도 꾸준히 성장할 것으로 보인다. 특히 AI의 윤리적 활용과 책임 있는 AI 개발에 관한 연구가 한창이어서, 이 분야에서도 앞장설 것으로 기대를 모은다. 벡터 연구소는 2023년 'AI for Good'이란 프로그램을 통해 AI 기술로 사회 문제를 해결하려는 여러 사업을 돕고 있다.

결국, 토론토의 AI 집적지는 세계 정상급 연구진, 창의적인 신생 기업, 다국적 기업의 참여, 그리고 정부의 과감한 지원이 한데 어우러져 이뤄낸 성공 사례다. 이는 다른 나라나 도시들이 AI 집적지를 만들려 할 때 본받을 만한 귀감이 될 것이다.

3.2 몬트리올 '밀라 AI 연구소'

캐나다 퀘벡주의 심장부, 몬트리올이 인공지능 연구의 세계적 허브로 떠올랐다. 특히 딥러닝 분야에서 두각을 나타내고 있다. 이 도시가 AI 혁신의 성지로 부상한 데에는 세 가지 요소가 결정적이었다. 탄탄한 연구 기반, 정부의 과감한 투자, 그리고 세계 최고 수준의 AI 석학들의 집결이 바로 그것이다.

몬트리올 AI 생태계의 핵심에는 MILA(Montreal Institute for Learning Algorithms)가 있다. 2017년 문을 연 이 연구소는 불과 6년 만에 캐나다 최대의 딥러닝 연구소로 성장했다. 2023년 현재 1,200명이 넘는 연구자들이 이곳에서 일하고 있다. 세계 최대 규모의 학술 AI 연구 집단이라 해도 과언이 아니다.[30] MILA의 눈부신 성과가 몬트리올을 세계적인 AI 허브로 만드는 데 결정적인 역할을 한 셈이다.

MILA의 성공 뒤에는 요슈아 벤지오(Yoshua Bengio)라는 거인이 있다. 그는 딥러닝의 개척자로, 컴퓨터 과학계의 노벨상이라 불리는 튜링상을 2018년에 제프리 힌튼, 얀 르쿤(Yann Lecun)과 공동으로 수상했다. 벤지오의 연구는 현대 AI 기술의 근간을 이루고 있다. 그의 명성은 전 세계의 뛰어난 AI 인재들을 몬트리올로 끌어모으는 강력한 자석이 되고 있다. 한 사람의 힘이 이토록 크다니 놀라운 일이 아닐 수 없다.

　벤지오만이 아니다. 몬트리올에는 여러 AI 거장들이 포진해 있다. 조엘 핀오는 페이스북 AI 리서치의 공동 책임자로 로봇공학과 헬스케어 AI 분야에서 혁신적인 연구를 이끌고 있다. 이들의 존재가 몬트리올의 AI 생태계를 더욱 풍성하게 만들고 있다.

ⓒ Unsplash

　이런 석학들의 영향력은 실로 대단하다. 글로벌 IT 공룡들이 앞다투어 몬트리올에 AI 연구소를 차렸다. 구글, 마이크로소프트, IBM, 페이스북 같은 기업들이 대표적이다. 2021년 기준으로 몬트리올에는 600개가 넘는 AI 관련 스타트업이 활동하고 있다. 2017년과 비교하면 3배 이상 늘어난 셈이다. 이런 급성장을 보면 몬트리올의 AI 생태계가 얼마나 역동적인지 짐작할 수 있다.

　특히 눈여겨볼 만한 기업이 있다. 바로 엘리먼드 AI다. 요슈아 벤지오가 공동 설립한 이 회사는 기업들이 AI 기술을 손쉽게 도입할 수 있도록 돕고 있다. 또 이마지아라는 회사는 벤지오의 연구 성과를 토대로 의료 AI 솔루션을 개발 중이다. 이런 기업들의 존재는 몬트리올의 AI 연구가 단순한 이론에 그치지 않고 실용화 단계로 빠르게 나아가고 있음을 보여준다.

몬트리올 AI 생태계의 급성장 뒤에는 정부의 적극적인 지원이 있었다. 캐나다 연방정부와 퀘벡 주정부가 AI 연구와 산업 발전을 위해 거액을 투자한 것이다. 2017년부터 2022년까지 퀘벡 주정부가 AI 분야에 쏟아부은 돈만 해도 29억 캐나다 달러에 이른다. 이는 정부와 민간의 공동 노력으로 AI 생태계를 발전시키고 있음을 보여준다. 이런 과감한 투자가 없었다면 몬트리올의 AI 혁명은 불가능했을 것이다.

이런 투자는 단순한 연구 지원에 그치지 않는다. AI 기술의 실제 적용과 윤리적 사용을 촉진하는 데도 쓰이고 있다. 한 예로, 몬트리올 AI 윤리 연구소는 AI의 윤리적, 사회적 영향을 연구하고 있다. 이는 몬트리올이 기술 개발뿐 아니라 AI의 책임 있는 사용에도 앞장서고 있음을 보여준다. 기술 발전과 윤리적 고민을 동시에 추구하는 몬트리올의 균형 잡힌 접근이 눈에 띈다.

몬트리올의 AI 고속도로는 학계, 산업계, 정부의 삼각 협력을 통해 끊임없이 성장하고 있다. 2023년 현재 몬트리올은 북미에서 보스턴, 시애틀 다음으로 많은 AI 일자리를 제공하고 있다. 더욱 놀라운 것은 캐나다 전체 AI 인력의 27%가 몬트리올에 모여 있다는 사실이다. 이는 몬트리올이 명실상부한 캐나다 AI의 중심지로 자리 잡았음을 보여주는 증거다.

몬트리올의 성공은 AI 연구와 산업 발전의 핵심 요소를 잘 보여준다. 뛰어난 인재, 충분한 자금, 그리고 산학연의 긴밀한 협력이 바로 그것이다. 특히 요슈아 벤지오 같은 세계적 석학 한 명의 존재가 얼마나 큰 파급력을 가질 수 있는지를 생생하게 보여주는 사례다. 한 사람의 힘이 도시를, 나아가 한 나라의 미래를 바꿀 수 있다는 교훈을 준다.

앞으로 몬트리올은 어디로 향할까? AI 기술의 실제 적용과 윤리적 사용에 더욱 힘을 쏟을 것으로 보인다. 이는 AI를 연구실의 장난감이 아닌, 실제 사회 문제를 해결하는 도구로 만들려는 노력이다. 몬트리올의 이런 시도는 전 세계 AI 고속도로들에게 중요한 본보기가 될 것이다. 기술 발전과 윤리의 균형을 추구하는 몬트리올의 모델이 세계 AI 발전의 새로운 이정표가 되길 기대해 본다.

3.3 에드먼턴 '아미 AI 연구소'

캐나다 앨버타주의 주도 에드먼턴이 요즘 흥미로운 변화를 겪고 있다. 석유와 가스로 유명한 이 도시가 인공지능(AI)과 손잡고 새로운 길을 개척하고 있는 것이다. 전통 에너지 산업에 첨단 기술을 접목해 효율성과 지속가능성을 높이려는 노력이 돋보인다. 이런 시도가 어떤 결과를 낳을지 지켜보는 것도 흥미로울 것 같다.

에드먼턴이 AI의 메카로 떠오른 데는 한 사람의 공이 크다. 바로 '캐나다 AI의 아버지'라 불리는 리차드 셔튼(Richard Sutton) 교수다. 앨버타 대학교에서 강화학습을 연구하는 그는 현대 AI 기술의 기초를 다진 인물이다. 셔튼 교수 덕분에 에드먼턴은 세계 AI 연구의 중심지로 자리 잡았다. 한 사람의 열정이 도시의 운명을 바꾼 셈이다.

에드먼턴의 AI 생태계는 앨버타 대학교를 중심으로 돌아간다. 이 대학의 앨버타 머신 인텔리전스 연구소(AMII : Alberta Machine Intelligence Institute)는 캐나다 정부가 인정한 3대 AI 연구소 중 하나다. 강화학습과 자연어 처리 분야에서 세계 최고 수준의 연구를 하고 있다. AMII는 2017년부터 6년간 약 1억 캐나다 달러를 정부로부터 받아 연구와 산업 협력을 이어왔다. 이런 지원이 에드먼턴을 AI 강국으로 만드는 밑거름이 되고 있다.

ⓒ 구글맵

에드먼턴의 특별함은 AI와 에너지 산업의 만남에 있다. 캐나다 대형 에너지 기업 임페리얼 오일의 사례를 보자. 이 회사는 AMII와 손잡고 AI로 석유 생산을 최적화하는 프로젝트를 하고 있다. 목표는 간단하다. AI로 석유 생산 효율을 높이고 환경 피해는 줄이는 것이다. 첨단 기술로 전통 산업의 한계를 극복하려는 시도라고 할 수 있다.

에드먼턴의 스타트업 중 드라간플라이라는 회사가 있다. 이 회사는 AI와 드론을 결합해 에너지 시설 관리에 혁신을 일으키고 있다. AI 드론으로 석유·가스 파이프라인, 풍력 발전소, 태양광 패널 등을 점검한다. 사람이 하던 일을 기계가 대신하니 안전성과 생산성이 높아졌다. 이런 기술이 에너지 산업의 미래를 바꿀 수 있을까? 흥미로운 실험이 아닐 수 없다.

에드먼턴시는 'AI for Energy'라는 프로그램을 운영한다. AI와 에너지 산업의 결합을 돕는 정책으로 에너지 기업들에게 AI 도입에 필요한 돈과 기술을 지원한다. 2022년까지 30개가 넘는 기업이 이 프로그램의 도움을 받아 AI 프로젝트를 시작했다. 결과는 어땠을까? 에너지 효율이 평균 15% 올랐다고 한다. 작은 변화가 큰 차이를 만든 셈이다.

에드먼턴의 AI 생태계는 꾸준히 자라고 있다. 2023년 보고서를 보면 그 성장세가 뚜렷하다. 2018년에 비해 AI 기업 수가 3배나 늘었고, AI 분야에서 5,000개가 넘는 새 일자리가 생겼다. 이 숫자가 말해주는 게 뭘까? AI와 에너지 산업의 만남이 새로운 경제 기회를 만들어내고 있다는 것이다. 에드먼턴의 실험이 성공하고 있다는 증거이다.

하지만 에드먼턴의 AI 생태계에도 고민이 있다. 가장 큰 문제는 인재 유출이다. 실력 있는 AI 연구자와 엔지니어들이 토론토나 실리콘밸리 같은 곳으로 떠나고 있다. 더 큰 기회를 찾아 떠나는 이들을 어떻게 붙잡을 수 있을까? 에드먼턴시와 앨버타 주정부가 고심 끝에 내놓은 해법은 이렇다. AI 스타트업 세금 감면, 해외 AI 인재 빠른 비자 발급 등이다. 이런 정책으로 인재 유출을 막을 수 있을지 지켜볼 일이다.

에드먼턴은 AI의 윤리 문제도 고민한다. AMII가 'AI 윤리 위원회'를 만든 것도 그런 맥락이다. 이 위원회는 AI 개발과 사용 과정에서 생길 수 있는 윤리 문제를 연구하고 가이드라인을 만든다. 왜 이런 노력이 필요할까? AI가 에너지 산업에 쓰이면서 개인정보가 새거나 일자리가 줄어들 수 있기 때문이다. 기술 발전의 그늘을 미리 대비하는 셈이다.

에드먼턴의 AI 연구 중 눈길을 끄는 게 있다. 'Quantum Alberta'라는 프로젝트다. 이들은 무엇을 하고 있을까? 양자시뮬레이션으로 배터리 성능을 높이는 새 소재를 찾고 있다. AI와 양자 컴퓨팅을 결합해 복잡한 물질 구조를 분석한다. 기존 방식으로는 불가능했던 일이다. 이 연구로 뭘 기대할 수 있을까? 더 효율적이고 환경친화적인 배터리 소재 개발이다. 2023년 중간 보고서를 보면 성과가 있었던 모양이다. 기존 리튬이온 배터리보다 에너지 밀도가 30% 높은 새 소재를 발견했다고 한다. 이 소재가 실용화된다면 어떤 변화가 올까? 상상만 해도 흥미롭다.

 에드먼턴의 이야기는 우리에게 무엇을 말해주는 걸까? 전통 산업과 첨단 기술의 만남이 새로운 길을 열 수 있다는 것 아닐까? 이 도시는 에너지 산업이라는 오래된 나무에 AI라는 새 가지를 접목했다. 그리고 그 가지에서 새로운 열매가 맺히고 있다. 앞으로 에드먼턴은 어떤 모습으로 변할까? AI와 에너지 산업의 시너지를 어떻게 키워갈까? 글로벌 AI 허브로 성장할 수 있을까? 이 도시의 실험이 어떤 결과를 낳을지 지켜보는 것도 흥미로울 것 같다.

CHAPTER

04

대만 AI 고속도로

4.1 타이페이 '호국신산(護國神山) 반도체'

타이페이에서 '컴퓨텍스 2024'가 개최됐다. 대만계 CEO가 이끄는 TSMC, NVIDIA, AMD는 물론 인텔, ARM 폭스콘 등 글로벌 기업들이 참여했다. 1981년 개인용 컴퓨터 박람회로 시작한 컴퓨텍스 행사는 지난해까지는 큰 관심을 끌지 못했으나, 올해는 세계적 관심을 끄는 행사로 변모했다. 컴퓨텍스의 위상이 이처럼 높아진 건 'AI 하드웨어 중심지'로 부상한 대만의 지위를 반영한다.

대만의 반도체 산업이 국가 안보와 경제 발전의 핵심으로 자리 잡았다. '호국신산(護國神山)', 즉 나라를 지키는 신성한 산이라 불릴 정도로 중요한 위치를 차지하고 있다. 이런 성과의 배경에는 1980년대 후반 대만 총통이었던 옌자간(嚴家淦)의 선견지명과 결단력 있는 리더십이 있었다. 그의 판단이 없었다면 오늘날의 대만 반도체 산업은 존재하지 않았을지도 모른다.

옌자간 총통은 반도체 산업이 대만의 미래를 좌우할 핵심 산업이 될 것이라고 내다봤다. 그래서 그는 미국에서 성공 가도를 달리고 있던 모리스 창(Morris Chang)을 대만으로 데려오기 위해 온갖 노력을 기울였다. 모리스 창은 당시 텍사스 인스트루먼트(TI)에서 부사장을 지낸 반도체 업계의 큰손이었다. 옌자간 총통은 직접 미국으로 날아가 그를 만나 설득했고, 마침내 1985년 그를 대만으로 모셔 오는 데 성공했다. 이는 마치 제갈량이 유비를 찾아가 삼고초려 했던 고사를 떠올리게 한다.

모리스 창을 영입한 것은 대만 반도체 산업에 획기적인 전환점이 되었다. 1987년, 그는 대만 정부의 전폭적인 지원을 받아 TSMC(Taiwan Semiconductor Manufacturing Company)를 세웠다. TSMC는 세계 최초의 반도체 전문 파운드리 기업이었는데, 이는 당시로서는 매우 혁신적인 사업 모델이었다. 마치 황무지에 씨앗을 뿌리고 정성스레 가꾼 끝에 거대한 숲을 일구어낸 것과 같은 성과였다.

TSMC의 성공이 대만 경제에 미친 영향은 실로 엄청나다. 2022년 기준으로 TSMC는 세계 반도체 시장의 56%를 점유하고 있으며, 대만 증시 시가총액의 약 30%를 차지하고 있다. 한 기업이 한 나라의 경제에 이토록 큰 영향을 미치는 경우는 세계적으로도 찾아보기 힘들다. 마치 거인이 난쟁이 나라에 서 있는 것 같은 모습이다.

호국신산 프로젝트는 단순한 경제적 성과를 넘어서 국가 안보 차원에서도 중요한 의미를 지닌다. 대만은 중국과의 복잡한 정치적 관계 때문에 늘 안보 위협에 노출되어 있다. 하지만 TSMC를 중심으로 한 대만의 반도체 산업이 세계 공급망에서 차지하는 비중이 너무나 크기 때문에, 이것이 대만의 안보를 간접적으로 지켜주는 방패 역할을 하고 있다. 마치 작은 나라가 거대한 기술로 자신을 지키는 모습이다.

이런 상황을 잘 보여주는 사례가 있다. 2022년 낸시 펠로시 미국

하원의장이 대만을 방문했을 때 중국이 무력시위를 벌였지만, 세계 각국은 대만의 안전이 글로벌 경제 안정에 필수적이라는 점을 잘 알고 있었다. 이는 대만의 반도체 산업이 세계 경제에서 차지하는 비중이 그만큼 크기 때문이다. 작은 섬나라가 첨단 기술로 세계 경제의 심장부를 장악한 셈이다.

호국신산 프로젝트의 영향력은 TSMC의 성공에 그치지 않았다. 이는 대만 전체 반도체 생태계를 발전시키는 촉매제 역할을 했다. 예컨대 반도체 설계 기업인 미디어텍(Media Tek), 웨이퍼 제조업체인 글로벌웨이퍼스(Global Wafers) 등 다양한 기업들이 함께 성장하면서 대만의 반도체 산업 생태계를 더욱 풍성하게 만들었다. 마치 큰 나무 아래에서 다양한 식물들이 함께 자라나는 모습과도 같다.

대만 정부의 호국신산 프로젝트의 성공 핵심은 40년간 축적된 고속도로이다. 1980년부터 신주과학단지를 핵심 반도체 클러스터로 육성하고, 1999년 타이난과 가오슝에 남부과학단지, 2004년 타이중에 중부과학단지를 조성했다. 이 3개의 클러스터가 대만의 호국신산을 떠받치는 핵심이다. 이를 통해 대만은 반도체 기술 분야에서 선두 자리를 더욱 굳건히 지키려 한다. 마치 등산가가 정상에 오른 뒤에도 쉬지 않고 더 높은 봉우리를 향해 나아가는 모습과 같다.

하지만 호국신산 프로젝트가 순탄하게만 진행되는 것은 아니다. 가장 큰 걸림돌은 바로 인재 유출 문제다. 중국이 대만의 반도체 전문가들을 높은 연봉으로 끌어가려 애쓰고 있고, 실제로 많은 인재들이 중국행을 선택하고 있다. 이에 대만 정부는 2021년부터 '반도체 인재 육성 프로그램'을 시작했다. 이 프로그램은 앞으로 10년 동안 10만 명의 반도체 전문인력을 키워내는 것을 목표로 한다.[31]

대만이 마주한 또 다른 난관은 갈수록 치열해지는 기술 경쟁이다.

미국, 중국, 한국 등 주요국들이 반도체 산업에 엄청난 돈을 쏟아붓고 있어서 대만의 기술적 우위가 위협받고 있다. 이에 대만 정부와 기업들은 끊임없이 연구개발에 투자하는 한편, 세계 각국의 기업들과 손을 잡고 협력을 강화하고 있다.

옌자간 총통의 선견지명으로 시작된 호국신산 프로젝트는 대만을 세계 반도체 산업의 심장부로 만들었다. 이는 단순히 돈을 버는 차원을 넘어서 국가의 안전을 지키는 '반도체 방패'가 되었다. 앞으로 대만이 반도체 강국으로서의 자리를 지켜낼 수 있을지 세계의 이목이 집중되고 있다. 마치 거센 파도를 헤치고 항해를 계속해야 하는 작은 배와 같은 처지다. 대만의 미래가 어떻게 펼쳐질지, 우리는 지켜볼 수밖에 없다.

4.2 신주 'AI 실리콘밸리 대만'

대만의 신주, 이곳이 바로 하드웨어 기반 AI 혁신의 심장부다. 사람들이 '대만의 실리콘밸리'라 부르는 이유가 있다. 첨단 기술 산업의 집결지인 이곳, 특히 반도체와 AI 하드웨어 분야에서 두각을 나타내고 있기 때문이다.

신주의 성공 스토리는 80년대 초로 거슬러 올라간다. 신주과학산업단지가 문을 연 게 그때다. 대만 정부가 전략적으로 만든 이 단지는 지금 대만 하이테크의 산실이 됐다. 2023년 기준 594개 기업이 둥지를 틀었고, 총매출이 1조 5,208억 대만 달러에 달한다.[32] 대만 GDP의 7%를 차지하는 규모니 그 중요성은 두말할 나위 없다.

신주의 AI 혁신은 튼튼한 하드웨어 토대 위에 서 있다. 세계 최대 반도체 파운드리 기업 TSMC가 본진을 이곳에 뒀으니, 신주가 AI 칩 제조의 메카가 된 건 당연지사다. TSMC는 2023년 기준 전 세계 파운드리 시장의 60%를 장악했고, 첨단 공정에선 90% 이상의 점유율을 보인다.[33] AI 칩 생산에서는 그야말로 독보적인 존재다.

신주의 또 다른 자랑거리는 뛰어난 인재들이다. 세계적 수준의 국립칭화대학과 국립양명교통대학이 있어 매년 수천 명의 엔지니어와 연구자를 배출한다. 이들이 바로 혁신의 주역들이다. 2022년 기준 신주과학산업단지 종사자의 70%가 대졸 이상, 11%가 박사다. 이 수치만 봐도 신주의 인재 수준이 얼마나 높은지 알 수 있지 않은가.

신주의 AI 혁신은 하드웨어와 소프트웨어의 조화에서 나온다. 예를 들어보자. 신주 본사의 미디어텍은 스마트폰용 AI 칩셋 개발의 선두 주자다. 'Dimensity' 시리즈로 AI 처리 능력을 획기적으로 높여 스마트폰의 고급 AI 기능을 가능하게 했다. 2023년 3분기 기준 전 세계 스마트폰 AP/SoC 시장의 38%를 차지하고 있다.

신주의 AI 생태계는 정부의 든든한 지원으로 더욱 탄탄해지고 있다. 대만 정부는 2018년 'AI Action Plan'을 발표했다. 5년간 360억 대만 달러를 AI 산업에 투자한다는 계획이다. 이 자금의 상당 부분이 신주 지역의 AI 인프라 구축과 R&D에 쓰이고 있다.

신주의 AI 고속도로는 글로벌 기업들과 손잡고 너욱 성장하고 있다. 구글이 2022년 신주에 AI 연구센터를 연 게 좋은 예다. 이 센터는 지역 대학, 기업들과 협력하며, 신주 발 AI 기술의 세계 시장 진출을 앞당기고 있다.

하지만 신주의 AI 고속도로에도 숙제가 있다. 가장 큰 문제는 인재 유출이다. 대만 정부는 AI 인재 유치를 위해 'Taiwan AI

Academy'를 설립하였으나, 실력 있는 AI 전문가들이 더 나은 조건을 좇아 미국이나 중국으로 떠나는 경우가 많다.

신주는 탄탄한 하드웨어 기반과 우수한 인재를 토대로 AI 혁신의 중심지로 자리 잡았다. 반도체 산업의 노하우를 AI 기술과 접목해 새로운 가치를 창출하고 있다. 정부의 적극적인 지원과 글로벌 기업과의 협력으로 지속 성장 중이다. 앞으로 신주가 세계 AI 시장에서 어떤 위치를 차지할지, 인재 유출 문제를 어떻게 해결할지 주목할 만하다. 신주의 이야기는 아직 진행형이니 말이다.

4.3 타이중 'Green TSMC'

타이중 'Green TSMC'는 대만의 야심찬 도전을 보여주는 상징적인 프로젝트다. 이는 첨단 기술과 친환경 에너지의 조화를 추구하는 대만의 미래 전략을 잘 보여준다. 한마디로 말해 반도체 산업의 최첨단을 달리면서도 환경을 생각하는 '녹색 성장'의 모델이라고 할 수 있다.

TSMC는 세계 최대의 파운드리 기업이다. 애플, NVIDIA 같은 글로벌 기업들이 TSMC에 반도체 생산을 맡길 정도로 기술력이 뛰어나다. 이런 TSMC가 타이중에 2나노 공정 팹을 짓기로 한 것은 대단한 일이다. 2나노 공정은 말 그대로 반도체 기술의 최첨단이다. 트랜지스터의 크기를 2나노미터 수준으로 줄이는 기술인데, 이렇게 하면 더 작고 빠르고 전력 효율이 높은 칩을 만들 수 있다.

그런데 이런 첨단 공정에는 한 가지 큰 문제가 있다. 바로 엄청난 전력 소비다. 반도체 공정이 미세해질수록 더 많은 전기가 필요하다.

여기서 대만 정부와 TSMC의 고민이 시작됐다. 어떻게 하면 이 막대한 전력을 안정적으로 공급하면서도 환경 문제를 해결할 수 있을까?

그 해답을 그들은 바다에서 찾았다. 타이중에서 서쪽으로 11km 떨어진 바다에 창팡시다오라는 대규모 해상풍력 단지를 만든 것이다. 이 단지에는 62개의 거대한 풍력 터빈이 있다. 각 터빈은 시간당 최대 9.5MW의 전력을 만들어낸다. 전체 발전 용량이 600MW에 달하니, 65만 가구가 쓸 수 있는 전기를 생산하는 셈이다.

이 프로젝트의 의미는 단순히 전기를 많이 만든다는 데 그치지 않는다. 첫째, 이는 대만의 에너지 정책이 성공하고 있다는 증거다. 대만 정부는 오래전부터 재생에너지 확대를 추진해 왔다. 그 결과 2022년 기준으로 대만의 해상풍력 설치량은 2.25GW에 달한다. 우리나라의 15배가 넘는 규모다.

ⓒ wikimedia

둘째, 이는 대만 기업들의 국제 경쟁력을 높이는 데 도움이 된다. 요즘 세계적으로 기업들에게 탄소 배출을 줄이라는 압박이 거세다.

특히 공장을 가동할 때 쓰는 전기의 탄소 배출량을 줄이는 게 중요하다. TSMC 같은 기업이 재생에너지로 만든 전기를 쓰면 이 문제를 해결할 수 있다.

셋째, 이 프로젝트는 대만의 새로운 산업을 키우는 데 기여하고 있다. 대만 정부는 해상풍력 단지를 만들 때 대만 기업들의 제품을 써야 한다는 규정을 뒀다. 덕분에 센트리 윈드 파워 같은 대만 기업들이 성장할 수 있었다. 이 회사는 창팡시다오 단지에 62개의 자켓이라는 구조물을 공급했다. 불과 몇 년 전만 해도 이런 기술은 없었지만, 이제는 한 달에 4~6개씩 만들 수 있을 정도로 성장했다.

이 모든 것이 가능했던 건 대만 정부의 장기적이고 일관된 정책 덕분이다. 대만은 2010년대 후반부터 해상풍력 산업을 키우겠다고 나섰다. 처음엔 어려움도 많았다. 하지만 정부가 흔들리지 않고 정책을 밀어붙였고, 기업들도 이에 호응해 투자를 아끼지 않았다.

TSMC의 2나노 공정 팹과 창팡시다오 해상풍력 단지는 얼핏 보면 전혀 관계없는 프로젝트 같다. 하나는 첨단 기술이고, 다른 하나는 풍력 발전이니 말이다. 하지만 자세히 들여다보면 이 둘이 긴밀하게 연결되어 있다는 걸 알 수 있다. TSMC 같은 첨단 기업에 필요한 전기를 친환경적으로 공급하면서, 동시에 새로운 산업을 키우는 것. 이게 바로 대만 정부가 노리는 전략이다.

우리나라도 이런 대만의 사례에서 배울 점이 많다. 우리도 반도체 산업을 키우려 하고 있고, 동시에 탄소 중립이라는 과제를 안고 있다. 대만처럼 이 두 마리 토끼를 한꺼번에 잡을 방법은 없을까? 예를 들어, 우리도 해상풍력 단지를 만들어 그 전기로 반도체 공장을 돌리는 건 어떨까? 물론 쉽지는 않을 것이다. 기술도 개발해야 하고, 돈도 많이 들 것이다. 하지만 대만이 해냈다면 우리도 할 수 있지 않을까?

더 나아가 이런 방식으로 새로운 산업을 키우는 것도 생각해 볼 만하다. 대만이 해상풍력 산업을 키운 것처럼 말이다. 우리나라에도 뛰어난 기술력을 가진 중소기업들이 많다. 이런 기업들에게 기회를 준다면, 어쩌면 세계적인 기업으로 성장할 수 있을지도 모른다.

결국 중요한 건 정부의 의지와 기업의 협력이다. 대만 정부는 오랫동안 일관된 정책을 폈고, 기업들은 이에 호응해 과감히 투자했다. 우리도 이런 자세가 필요하다. 정부는 장기적인 비전을 제시하고, 기업들은 이에 맞춰 투자하고 기술을 개발하는 것이다.

타이중의 'Green TSMC' 프로젝트는 우리에게 많은 것을 생각하게 한다. 첨단 기술과 환경 보호가 양립할 수 있다는 것, 정부와 기업이 협력하면 새로운 산업을 만들어낼 수 있다는 것, 그리고 장기적인 안목으로 정책을 펴면 놀라운 결과를 얻을 수 있다는 것이다. 우리도 이제 이런 종합적인 접근이 필요한 때가 아닐까? 첨단 산업을 키우면서도 환경을 생각하는, 그리고 그 과정에서 새로운 산업을 만들어내는 그런 정책 말이다. 대만이 해냈다면 우리도 할 수 있다. 아니, 우리는 더 잘할 수 있다. 그런 자신감을 가져도 좋지 않을까?

CHAPTER

05

글로벌 AI 고속도로의 미래

5.1 국가 AI 이니셔티브

AI 고속도로를 국가별로 비교해 보면 흥미로운 점이 하나 있다. 바로 정부 정책과 규제 환경이 AI 산업의 운명을 좌우한다는 사실이다. 미국, 중국, 캐나다, 대만 같은 나라들의 AI 정책을 들여다보면 각국의 색깔이 선명하게 보인다.

미국은 어떨까? 이 나라는 민간의 창의력을 존중하면서도 정부가 뒤에서 든든하게 받쳐주는 모양새다. 2019년 2월, 트럼프는 '미국 AI 이니셔티브'에 서명했는데, 이게 바로 연방정부의 종합 AI 전략이다.[34] 뭘 담았을까? AI 연구 개발에 돈 퍼붓기, AI 인재 키우기, AI가 꽃필 토양 만들기 등이다. 특히 눈여겨볼 만한 건 국립과학재단(NSF)을 통한 지원이다. 2023년에만 해도 AI 연구에 7억 달러를 넘게 쏟아부었다.[35] 그 규모가 실로 어마어마하다.

규제 면에서 미국의 태도는 어떨까? 한마디로 줄타기 수준이다. AI 발전은 막지 않되, 윤리적 문제도 소홀히 하지 않겠다는 것이다. 2022년 10월 바이든이 내놓은 'AI 권리장전 청사진'을 보라.[36] AI 시스템의 안전성, 공정성, 프라이버시 보호를 강조하면서도 기업의 자유는 건드리지 않았다. 이런 접근법을 보면 미국의 속내가 보인다. AI 혁신은 밀어주되, 위험은 철저히 관리하겠다는 것이다.

중국은 어떤가? 한마디로 정부가 AI를 끌고 가는 형국이다. 2017년에 내놓은 '차세대 AI 발전계획'을 보라.[37] 2030년까지 세계 최고의 AI 강국이 되겠다고 큰소리친다. 말로만 하나? 천만에. 중국 정부는 돈도, 지원도 아낌없이 쏟아붓고 있다.

중국의 AI 정책을 들여다보면 재미있는 점이 있다. 국가 안보와 경제 발전, 이 두 마리 토끼를 한꺼번에 잡으려 한다는 것이다. 2019년에 나온 'AI 관리 지침'을 보면 AI 기술은 키우되, 국가 안보와 사회 안정은 놓치지 않겠다는 뜻이 명확하다. 게다가 중국은 AI의 군사적 활용에도 눈독을 들이고 있다. 민간과 군사를 한데 묶어 발전시키겠다니, 그 야심이 대단하지 않은가.

이번엔 캐나다를 보자. 이 나라는 AI 연구와 윤리적 AI 개발에서 선두를 달리고 있다. 2017년, 세계 최초로 국가 AI 전략을 내놓은 게 바로 캐나다이다. 이는 AI 연구, 인재 양성, 상용화 등을 지원하기 위한 것이다.[38]

캐나다의 AI 정책을 들여다보면 두 가지가 눈에 띈다. 하나는 연구 중심, 다른 하나는 윤리적 고려다. '팬-캐나디안 AI 전략'을 보면 AI 연구 생태계를 만들고, AI 인재를 키우고, AI가 사회와 경제에 미칠 영향을 연구한다는 내용이 빼곡하다. 게다가 2018년에는 '책임 있는 AI에 대한 몬트리올 선언'을 내놓았다. AI를 개발하고 쓸 때 지켜야 할 윤리 원칙을 제시한 것이다. 참 캐나다답지 않은가.

이제 대만을 볼 차례다. 이 작은 섬나라는 반도체로 유명하다. 그 강점을 살려 AI 하드웨어와 소프트웨어를 한데 묶어 발전시키려 한다. 2018년에 내놓은 '인공지능 대계획(AI Grand Plan)'을 보라.[39] AI 인재를 키우고, AI 혁신 연구를 하고, AI로 산업을 고도화하겠다는 야심찬 목표가 눈에 띈다. 작은 나라의 큰 꿈이 아닌가.

대만의 AI 정책을 보면 한 가지가 확실하다. 바로 산업 현장에 AI를 적용하는 데 초점을 맞추고 있다는 점이다. 'AI 혁신 연구센터' 프로그램을 보면 의료, 제조, 농업 등 온갖 분야에 AI를 집어넣으려 한다.

이렇게 보니 각국의 AI 정책과 규제가 그 나라의 특징을 꼭 닮았다는 생각이 든다. 미국은 기업들이 앞장서게 하면서도 정부가 뒤에서 밀어주는 모양새다. 중국은 정부가 앞장서서 AI를 키우겠다고 나섰다. 캐나다는 연구와 윤리를 강조하고, 대만은 반도체라는 무기를 들고 AI를 산업 현장에 집어넣으려 한다. 각국의 얼굴이 AI 정책에 그대로 드러난다고 할까.

이런 정책 차이가 각국의 AI 고속도로를 어떻게 만들어가고 있는지 보면 재미있다. 미국의 실리콘밸리나 보스턴은 기업과 대학이 손잡고 AI를 키워가고 있지 않은가. 중국은 어떤가? 베이징이나 항저우에서 정부가 돈을 퍼붓고 있다. 그 결과 AI 고속도로가 뻗어 나가고 있다. 캐나다의 토론토와 몬트리올은 어떻게 됐나? 세계적인 AI 연구소가 됐다. 대만은? 타이페이와 신주에서 AI 하드웨어와 소프트웨어를 섞어 독특한 AI 생태계를 만들어가고 있다. 정책이 다르니 결과도 다르다는 걸 보여주는 좋은 예다.

AI 고속도로를 성공시키려면 그 나라의 실정과 장점을 잘 알고 그에 맞는 정책과 규제를 만들어야 한다. 하지만 그것만으로는 부족하다. AI 기술이 하루가 다르게 발전하고 있고, 전 세계가 경쟁하고 있지 않은가. 그러니 정책도 유연하게 바꿔갈 줄 알아야 한다. AI가 앞으로 더 발전하고 그 영향력이 커질 테니, 각국의 AI

정책과 규제도 계속 변할 수밖에 없다. 변화를 두려워하지 말고 받아들여야 할 때다.

5.2 AI 핵심 인재

AI 고속도로의 성패는 산학연 협력과 인재 양성에 달렸다. 미국, 중국, 캐나다, 대만 등 주요국들은 저마다의 색깔 있는 전략을 펼치고 있다.

실리콘밸리에서는 산학연 협력이 만개했다. 스탠포드 대학과 UC버클리 같은 명문대들이 주변 기업들과 손잡고 AI 연구와 인재 양성의 최전선에 섰다. 스탠포드 대학의 'AI100' 프로젝트는 AI의 사회적 파급효과를 탐구하며 학계와 산업계의 유대를 강화하고 있다. 2023년 기준 실리콘밸리의 AI 관련 스타트업은 1천 개를 훌쩍 넘었고, 이 중 40% 이상이 스탠포드 대학 및 UC버클리와 연관되어 있다.

보스턴에서는 MIT와 하버드 대학을 중심으로 학술 연구와 산업 응용이 균형을 이루고 있다. 'MIT-IBM Watson AI Lab'은 IBM과 10년 장기 협력을 통해 AI 기술 개발과 인재 양성을 동시에 추진 중이다. 이 연구소는 2023년까지 200명이 넘는 AI 전문가를 배출했고, 100개 이상의 AI 관련 특허를 출원했다.

중국은 정부가 앞장서서 AI 인재 육성에 총력을 기울이고 있다. '천인(千人)계획'으로 반도체와 인공지능 등 첨단기술 분야에서 우수한 인재를 본국으로 유치하고 있다. 베이징에서는 칭화대학과 북경대학이 바이두, 알리바바 등 대형 IT 기업들과 손잡고 'AI

오픈 이노베이션 플랫폼'을 운영 중이다. 이 플랫폼을 통해 2023년 한 해 동안 5천 명이 넘는 AI 전문인력이 양성되었다. 항저우에서는 저장대학과 알리바바가 힘을 모아 'DAMO Academy'를 세워 AI 연구와 인재 양성에 매진하고 있다.

캐나다는 정부의 전폭적인 지원 아래 세계적 수준의 AI 연구 기반을 다졌다. 'AI Chairs 프로그램'을 통해 AI 전문 연구자를 체계적으로 유치하고 있다. 토론토의 벡터 연구소는 2023년 기준으로 해마다 1천 명이 넘는 AI 전문가를 배출하고 있으며, 100개 이상의 기업 파트너와 협력 중이다. 몬트리올의 MILA는 요슈아 벤지오 교수의 지휘 아래 딥러닝 연구의 성지로 자리매김했으며, 2023년 기준으로 연간 AI 관련 논문 800편 이상을 발표하고 있다.

대만은 반도체 산업의 강점을 살려 AI 하드웨어와 소프트웨어의 융합을 꾀하고 있다. 타이완대학과 TSMC가 공동으로 운영하는 'AI 혁신 연구센터'는 2023년까지 500명이 넘는 AI 칩 설계 전문가를 길러냈다. 신주과학산업단지에서는 국립칭화대학과 국립양밍교통대학이 지역 기업들과 협력하여 'AI 반도체 연합 프로그램'을 운영하고 있다.

각국의 산학연 협력 체계와 인재 양성 전략을 살펴보면 몇 가지 특징이 두드러진다. 미국은 대학과 기업의 자율적 협력이 강점이고, 중국은 정부 주도의 대규모 프로젝트가 눈에 띈다. 캐나다는 정부 지원을 바탕으로 한 학계 중심의 연구 생태계를, 대만은 특화된 산업과의 연계를 통한 실용적 인재 양성에 주력하고 있다.

앞으로 AI 기술 발전과 산업 성장을 위해서는 인재 양성 전략이 더욱 중요해질 전망이다. 각국은 자국의 강점을 살리면서도 글로벌 협력을 강화하는 방향으로 나아가고 있다.

5.3 AI 스타트업 육성

　AI 고속도로의 스타트업 육성을 위한 투자 환경과 자금 조달 현황을 들여다보면 각국의 AI 산업 발전 전략과 특성이 훤히 보인다. 미국, 중국, 캐나다, 대만 등 주요국의 AI 고속도로는 저마다 다른 투자 생태계를 만들어가고 있다. 이는 해당 국가의 AI 기술 발전과 세계 시장에서의 경쟁력에 지대한 영향을 미치고 있다.

　미국의 AI 고속도로, 특히 실리콘밸리는 전 세계에서 가장 활발한 AI 투자의 현장이다. 2023년 기준으로 전 세계 AI 스타트업 투자의 40% 가량이 이곳에 몰려 있다. 이 지역의 벤처캐피털(VC)과 개인 투자자들은 AI 기술의 가능성을 일찍 알아보고 과감한 투자를 해왔다. 구글, 페이스북, 애플 같은 거대 기술 기업들도 자체 AI 연구소를 운영하며 엄청난 돈을 AI 개발에 쏟아붓고 있다. 게다가 실리콘밸리의 스탠포드 대학, 버클리 대학 등 유명 교육기관들이 AI 연구를 뒷받침하고 있어 산학연 협력을 통한 자금 유치가 활발하다.

　중국의 AI 고속도로 중 베이징은 정부가 주도하는 투자가 눈에 띈다. 중국 정부는 2017년 '차세대 AI 발전계획'을 내놓으며 2030년까지 세계 최고의 AI 강국이 되겠다는 포부를 밝혔다. 이에 따라 베이징에서는 정부 지원 펀드와 국영 기업들의 투자가 활발하다.

　항저우는 알리바바를 중심으로 한 민간 기업의 투자가 주를 이룬다. 알리바바는 AI, 사물인터넷, 양자 컴퓨팅 등 첨단 기술 개발에 투자하겠다고 밝혔다. 이는 항저우 지역 AI 생태계 발전의 핵심 동력이 되고 있다.

　캐나다의 토론토는 정부와 민간의 균형 잡힌 투자로 주목받고 있다. 캐나다 정부는 'Pan-Canadian AI Strategy'를 통해 AI

연구와 인재 양성에 투자했다. 또 토론토에 본사를 둔 벡터 연구소는 정부와 기업이 함께 출자해 세웠는데, AI 연구와 상용화를 이어주는 다리 역할을 하고 있다.

몬트리올은 학술 연구에 대한 투자가 두드러진다. 특히 딥러닝 분야에서 세계적으로 이름난 몬트리올 대학의 요슈아 벤지오 교수와 그의 연구팀에 대한 투자가 몰리고 있다.

대만은 타이페이와 신주를 중심으로 반도체와 하드웨어 기반의 AI 투자가 이뤄지고 있다. 대만 정부는 2018년 'AI Grand Plan'을 발표하고 AI 산업 육성에 노력하고 있다. 특히 TSMC 같은 세계적인 반도체 기업들이 AI 칩 개발에 큰돈을 쏟고 있어, 하드웨어와 AI의 결합이 눈에 띈다.

이렇게 국가별 AI 고속도로의 투자 환경을 비교해 보면 각국의 강점과 전략이 뚜렷이 드러난다. 미국은 민간이 주도하는 활발한 벤처 투자와 대기업의 R&D 투자가 특징이고, 중국은 정부의 강력한 지원과 대기업의 투자가 어우러진 모습이다. 캐나다는 정부와 학계, 기업의 협력이 돋보이고, 대만은 하드웨어 강국의 장점을 살려 AI 칩 개발에 집중하고 있다.

각국의 이런 투자 전략은 AI 기술 발전과 산업 육성에 큰 영향을 미치고 있다. 미국은 다양한 분야의 AI 기술과 응용 서비스가 발전하고 있고, 중국은 빠르게 기술 격차를 좁히고 있다. 캐나다는 기초 연구에서 강점을 보이고 있고, 대만은 AI 하드웨어 분야에서 경쟁력을 지키고 있다.

앞으로 AI 산업의 발전과 세계 시장에서의 경쟁력 확보를 위해서는 각국의 강점을 살린 투자 전략이 더욱 중요해질 것 같다. 특히 AI 기술이 빠르게 발전하고 응용 분야가 넓어지는 걸 고려하면, 유연하고 다각화된 투자 접근이 필요할 것이다.

5.4 글로벌 기업 협력

　AI 고속도로가 발전하려면 글로벌 기업과의 협력이 필수다. 세계 각국의 AI 고속도로는 이들 기업과 다방면으로 협력하며 혁신을 이뤄내고 있다. 실리콘밸리는 세계적 AI 기업들의 산실이다. 구글, 페이스북, 애플 같은 거인들이 이곳에서 AI 기술을 개발하고 있다. 구글이 가장 많은 특허를 보유하고 있는데, 이는 AI에 대한 상당한 투자를 시사한다. 실리콘밸리의 신생 기업들은 이런 대기업들과 밀접하게 협력하며 성장 중이다. 일례로 AI 기반 자율주행 기술 스타트업 오로라는 우버와 손잡고 무인 택시 서비스를 개발하고 있다.

　베이징 AI 고속도로는 바이두, 알리바바, 텐센트 같은 중국의 IT 공룡들과 협력하며 급성장하고 있다. 특히 바이두는 2023년 기준 중국 내 AI 관련 특허 출원 1위를 차지했고, 자율주행 기술 개발에 총력을 기울이고 있다.

　토론토 AI 고속도로의 특징은 글로벌 기업들의 AI 연구소 설립이 활발하다는 점이다. 구글, 마이크로소프트, IBM 등이 이곳에 AI 연구소를 세우고 지역 AI 인재들과 협력하고 있다. 특히 구글 브레인 토론토는 토론토 대학과 긴밀히 협력하며 AI 기술 발전에 이바지하고 있다. 구글 브레인 토론토는 매년 다수의 AI 관련 연구 논문을 발표하며 AI 기술 발전에 크게 기여하고 있다.

　대만 AI 고속도로는 반도체 산업과의 연계가 두드러진다. 세계 최대 반도체 위탁생산 기업 TSMC는 AI 칩 수요 증가에 따라 관련 생산을 꾸준히 확대하고 있으며, 2023년에도 AI 관련 사업이 크게 성장했다고 밝혔다. 구글, NVIDIA 등 글로벌 AI 기업들은 TSMC와 협력해 AI 칩을 개발·생산하고 있으며, 이는 대만 AI 고속도로의 경쟁력을 높이는 데 크게 기여하고 있다.

글로벌 기업과의 협력은 각국 AI 고속도로에 여러 이점을 안겨주고 있다. 우선, 기술 혁신이 가속화되고 있다. 글로벌 기업들의 막대한 자금력과 기술력이 지역 AI 고속도로와 결합하면서 AI 기술 발전 속도가 빨라지고 있다. 예컨대 2023년 OpenAI가 선보인 GPT-4는 전작인 GPT-3보다 훨씬 뛰어난 성능을 보여줬는데, 여기에는 마이크로소프트와의 협력이 큰 역할을 했다. 그리고 지역 경제가 활성화되고 있다. 글로벌 기업들의 투자로 지역 내 스타트업 생태계가 살아나고, 관련 산업이 성장하고 있다. 토론토의 경우 AI 고속도로 형성 이후 2022년 기준 지역 GDP가 연평균 3.6% 성장했다.[40] 또한, 국제적 위상이 높아지고 있다. 글로벌 기업과의 협력은 해당 AI 고속도로의 국제적 인지도를 높이고, 더 많은 투자와 인재를 유치하는 선순환을 만들어낸다. 베이징은 글로벌 기업들과의 협력을 통해 AI 기술력을 인정받으며 세계적인 AI 허브로 부상하고 있다.

하지만 글로벌 기업과의 협력이 장밋빛 전망만 있는 건 아니다. 지역 기업들이 글로벌 기업에 종속될 수 있다는 우려가 있고, 기술 유출에 대한 걱정도 존재한다. 또 글로벌 기업들의 영향력이 커지면서 지역 고유의 특성이 사라질 수 있다는 지적도 있다. 이런 문제를 해결하고자 각국은 다양한 정책을 시행하고 있다. 예를 들어 캐나다는 AI 기술의 국외 유출을 막고자 2023년부터 외국 기업의 캐나다 AI 기업 인수를 엄격히 심사하고 있다. 중국은 자국 기업을 보호하기 위해 글로벌 기업들에게 기술 이전을 요구하는 등의 정책을 펴고 있다.

글로벌 기업과의 협력은 AI 고속도로 발전의 중요한 동력이다. 그러나 이런 협력이 지속 가능한 발전으로 이어지려면 지역의 특성을 살리면서도 글로벌 기업과 균형 있는 협력 관계를 구축해야 한다. 각국의 AI 고속도로는 이런 도전 과제를 해결하며 더욱 발전된 모습을 보여줄 것으로 기대된다.

뉴디지털 인프라 삼국지

AI 시대의 뉴디지털 인프라, 과연 누가 주도권을 잡을 것인가?
옛 삼국지의 지혜에서 오늘날 우리가 취해야 할 통찰을 찾아보자.
역사는 되풀이된다지 않는가.

천하가 세 나라로 나뉘어 서로 맞서는 형세가 되니, 위(魏)는 미국이요, 촉(蜀)은 한국이며, 오(吳)는 중국이라.

이 세 나라가 디지털 뉴 인프라를 두고 패권을 다투는 시대가 왔으니, 그 모습이 마치 옛 삼국지의 영웅들이 천하를 놓고 다투던 모습과 흡사하였다.

신정보망의 전쟁

위나라 조조는 6G 기술 개발에 힘을 쏟았다. 그는 일찍이 "천하를 제패하려면 먼저 통신을 장악해야 한다"고 말하며, 실리콘밸리의 정예들을 모아 연구에 몰두하게 하였다. 한편, 오나라의 손권은 위성 인터넷 구축에 전력을 다하였다. 그는 "하늘을 점령하는 자가 땅을 차지할 것이다"라며 수천 개의 위성을 우주로 쏘아 올렸다.

촉나라의 유비는 두 강대국 사이에서 고심하다가 AI 데이터센터 구축에 집중하기로 결정했다. 제갈량은 유비에게 조언하기를, "우리의 크기는 작지만, 지혜로움으로 승부를 걸어야 합니다. AI 데이터센터야말로 우리의 강점을 살릴 수 있는 길입니다"라고 하였다.

신교통망의 격돌

자율주행 기술에서는 위나라가 앞서 나갔다. 조조는 실리콘밸리의 기업들을 동원해 도로 위의 혁명을 일으켰다. 오나라는 자율비행 드론 개발에 주력하였다. 손권은 "하늘을 지배하는 자가 전장을 지배한다"며, 수많은 드론을 띄워 물자를 수송하고 정찰을 수행하였다.

촉나라는 작은 몸집을 활용해 자율로봇 분야에서 독보적인 기술을 선보였다. 황충이 만든 소형 로봇들은 전장과 일상에서 놀라운 활약을 펼쳤다. 제갈량은 "우리의 크기가 작은 것이 오히려 장점이 될 수 있습니다"라며 유비를 격려하였다.

신전력망을 향한 각축전

위나라는 특고압 전력 기술을 앞세워 광활한 영토에 전력을 공급하였다. 조조는 "에너지야말로 제국의 근간"이라 말하며, 대륙을 가로지르는 송전망을 구축하였다. 오나라의 손권은 SMR(소형모듈원자로) 개발에 박차를 가했다. 그는 "작지만, 강한 힘이 우리를 지탱할 것"이라 확신하며, 연안 도시마다 소형 원자로를 설치하였다.

촉나라는 지능형 전력망 구축으로 승부수를 던졌다. 제갈량의 지혜를 빌린 유비는 "우리의 강점은 효율성에 있습니다"라고 말하며 SMR 개발과 AI를 활용한 스마트 그리드 시스템을 전국에 펼쳤다.

천하통일의 꿈

이처럼 세 나라는 각자의 장기를 살려 디지털 뉴 인프라 구축에 힘을 쏟았다. 위나라는 막강한 자본과 기술력으로, 오나라는 거대한 인구와 시장을 바탕으로, 촉나라는 창의성과 효율성으로 각자의 길을 개척해 나갔다.

조조는 말하기를, "우리의 기술력이 천하를 제패할 것이다"라고 하였고, 손권은 "우리의 규모가 승리를 가져다줄 것"이라 호언하였다. 유비 또한 "작지만, 강한 우리의 지혜가 세상을 바꿀 것"이라 다짐하였다.

그러나 천하를 통일하는 길은 멀고도 험난하였다. 세 나라의 패권 다툼은 계속되었고, 그 사이 백성들은 신기술의 혜택을 누리면서도 한편으로는 불안에 떨어야 했다. 역사는 반복된다 하였으니, 과연 이 난세를 평정하고 천하를 통일할 영웅은 누구일까? 그날이 오기까지 세 나라의 패권 다툼은 계속될 것이다.

PART IV
한국형 AI 고속도로

Chapter 01	한국형 AI 고속도로
Chapter 02	네카오 AI 데이터센터
Chapter 03	광주/부산/춘천 데이터센터 집적 단지
Chapter 04	AI 경부고속도로

CHAPTER

01

한국형 AI 고속도로

1.1 국제 해저케이블 고속도로

인터넷은 바다로 통한다. 해저케이블은 현대 통신의 숨은 영웅이다. 우리가 당연히 여기는 인터넷과 국제 통화의 대부분이 이 케이블로 이뤄진다. 바다 밑을 가로지르는 이 광섬유 케이블들은 대륙 간 데이터 전송의 대동맥 역할을 한다.

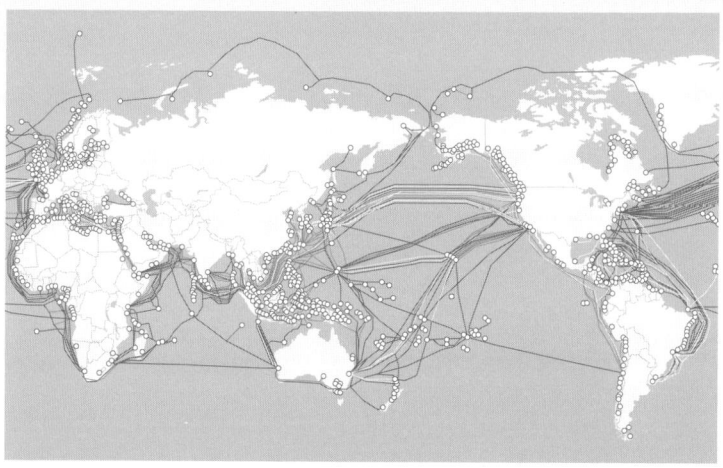

ⓒ TeleGeography

왜 바다 밑에 있을까? 답은 간단하다. 바다가 가장 짧은 경로이기 때문이다. 대륙 간 거리를 최소화할 수 있고, 복잡한 지형이나 정치적 문제도 피할 수 있다. 위성 통신도 있지만, 용량과 속도 면에서 해저케이블을 따라올 수 없다. 케이블 하나로 수백 테라비트의 데이터를 전송할 수 있다. 6G, 클라우드 컴퓨팅, 인공지능 시대에 이런 대용량 고속 통신은 필수다.

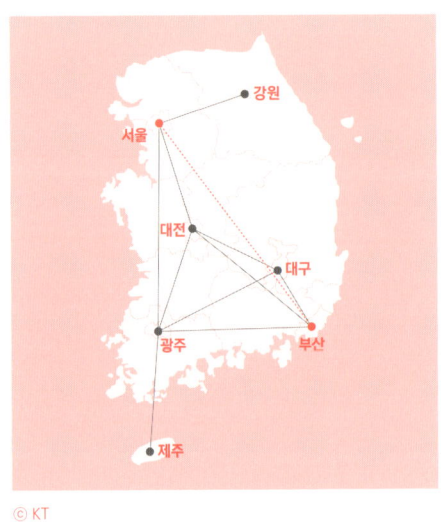

ⓒ KT

유튜브 영상을 볼 때 데이터가 오는 과정을 보자. 인공위성이 아니라 해저 광케이블로 데이터가 전송된다. 인터넷 트래픽의 99%가 이 케이블로 간다니 놀랍다. 서울-뉴욕 간 통신이 0.051초 만에 이뤄진다는 것도 흥미롭다. 미국 오리건주에서 출발한 데이터가 해저케이블을 타고 부산 송정으로 온다. 그 다음엔 KT 백본망을 통해 서울로 가고, 각 지역국을 거쳐 우리 집까지 온다. 이런 복잡한 과정을 거쳐 우리가 영상을 본다니 과학기술의 발전이 대단하다는 생각이 든다.

이 국제 해저케이블 고속도로(International Subsea Cable Highway)가 세계 인터넷 통신량의 99.4%를 책임진다. 세계 전역에 529회선, 약 140만km에 달하는 해저케이블이 평균 수심 3,600m 해저에 깔려 있다. 통상 데이터센터가 몰린 거점도시를 연결한 뒤 주변 국가나 도시는 다시 해저나 육로로 연결하는 방식을 쓴다. 인공위성은 데이터 전송의 1% 미만을 차지하고 있다. 최근에는 저궤도 위성통신(Low Earth Orbit Communication)과 양자통신(Quantum Communication) 고속도로에도 투자하고 있다.

아시아-태평양 지역은 세계 통신의 관문이다. 한국, 일본, 중국 등 동아시아 국가들과 미국 서부 해안을 잇는 굵직한 케이블 다발들이 태평양을 가로지른다. 이 지역은 세계 경제의 중심축으로 부상했고, 그에 걸맞은 통신 인프라가 필요하다. 실리콘밸리의 혁신과 중국의 거대한 시장, 한국과 일본의 첨단 기술이 이 케이블들을 통해 실시간으로 교류한다.

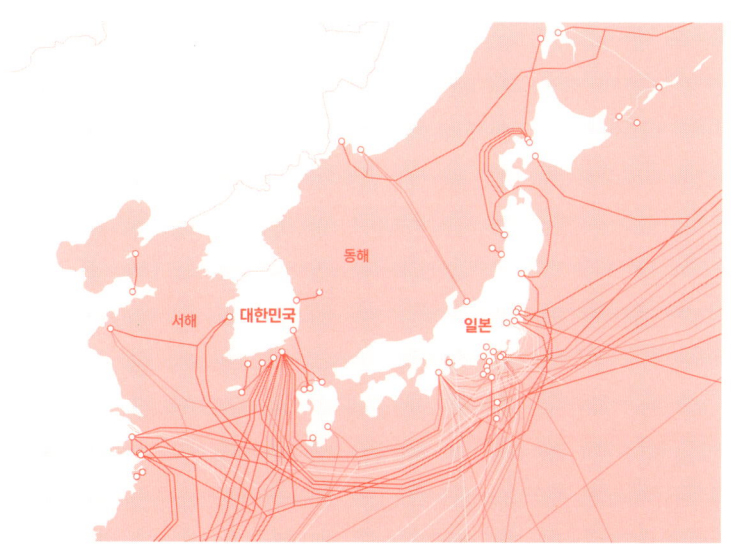

ⓒ TeleGeography

미국 쪽에서는 캘리포니아의 샌프란시스코와 로스앤젤레스가 핵심이다. 이곳에서 출발한 케이블들은 태평양을 건너 일본의 도쿄와 오사카, 한국의 부산, 중국의 상하이와 홍콩, 싱가포르 등으로 연결된다. 특히 홍콩과 싱가포르는 동남아시아로 향하는 데이터의 관문 역할을 한다. 괌과 하와이 같은 태평양의 작은 섬들도 중요한 중계 지점이 되어, 여러 케이블이 교차하는 허브 역할을 한다.

수많은 해저케이블 중에서도 특히 트래픽이 집중되는 케이블이 있다. 바로 FASTER다. 2016년에 구축된 이 케이블은 구글이 주도해 만들었다. 미국 오리건주에서 출발해 일본의 치바와 미에현까지 연결된다. 길이가 무려 9,000km에 달하고, 초당 60테라비트라는 어마어마한 용량을 자랑한다.

FASTER가 이렇게 중요한 이유는 태평양을 건너는 데이터 트래픽의 상당 부분을 담당하기 때문이다. 특히 구글, 페이스북 같은 대형 IT 기업들의 서비스가 이 케이블을 통해 아시아로 전달된다. 유튜브 동영상을 보거나 인스타그램에 접속할 때 우리는 FASTER를 이용하고 있는 셈이다.

미국이 주도하는 글로벌 데이터 통신망에서 중국이 점차 배제되고 있다. 미국과 아시아를 잇는 해저 통신 케이블 중 상당수는 과거 중국을 도착 지점으로 삼았지만 이제 중국을 피해 싱가포르·필리핀·일본·괌 등으로 행선지를 바꾸고 있다. 미국과 중국이 정치·경제적으로 대립하는 가운데 중국을 인터넷 세상에서 고립시키려는 미국과 우방의 '바닷속 냉전' 움직임이 시작됐다.

지난 4월에 미국과 일본의 두 정상은 일본과 미국을 잇는 독자적인 해저케이블을 신설한다고 발표했다. 미국은 통신서비스를 국가 안보의 핵심으로 보고 미국과 일본, 태평양 섬 간의 디지털 연결 신뢰성을 향상시킨다는 계획이다.

이제 우리는 AI 시대를 맞이하고 있다. AI가 우리 삶의 모든 영역에 스며들면서, 이를 위한 새로운 인프라의 필요성이 대두되고 있다. 바로 'AI 고속도로'다. 이는 대규모 AI 모델의 학습과 추론, 그리고 AI 서비스의 글로벌 제공을 위한 초고속, 초저지연의 네트워크를 말한다.

AI 고속도로 구축에 있어 국제 해저케이블의 역할은 결정적이다. AI 모델은 엄청난 양의 데이터가 필요하며, 이 데이터들은 전 세계에 흩어져 있다. 이를 효율적으로 수집하고 처리하려면 대륙 간을 잇는 초고속 네트워크가 필수적이다. 바로 이 지점에서 국제 해저케이블이 빛을 발한다.

지정학적으로 섬과 다를 바 없는 한국은 겨우 11개의 해저케이블 회선과 단 3개의 육양국으로 세계와 연결되어 있다. 한국의 대부분 해저케이블 회선은 일본을 통해 미국으로 연결되거나 대만 및 중국과 공유된다. 현재 한국과 연결된 총 11개의 해저케이블 중에서 중국 또는 일본을 경유하지 않고 미국, 유럽과 연결되는 회선은 없다. 회선을 공유한다는 것은 그만큼 도청 및 데이터 탈취 등 안보 위협에 노출될 가능성이 높다는 것을 의미하며 트래픽 속도가 상대적으로 느릴 수 있다.

이러한 이유로 한국 해저케이블 망의 리스크가 크다고 볼 수 있다. 한국처럼 해저케이블 망에 대한 의존도가 높고 지정학적 안보 위협에 노출된 대만의 사례를 참고해 보자. 대만은 중국을 의식해 15회선에 달하는 기존 해저케이블 망 이외에도 중국을 통과하지 않는 새로운 해저케이블 회선인 'Apricot'를 건설 중이다. 해외로 연결된 해저케이블 망은 국가 기간망의 핵심이다. AI 시대에 데이터 안보를 위해 독자적인 국제 해저케이블 고속도로 구축이 시급하다.

또한 글로벌 해저케이블 공급망의 안보 위협이 증가하고 있다. 우리나라는 해저케이블의 설계·제조 중심으로 기업들이 진출해 있으나 건설과 유지·보수는 시작 단계로 공급망 안보가 확보되지 않은 상황이다. 공급망 가치사슬에서 주도권을 확보하지 못하면 국제 정세에 따라 데이터 통신망의 마비, 데이터 탈취, 데이터 손상과 같은 안보 위험을 초래한다. 안전한 데이터 통신망을 위해 글로벌 해저케이블 공급망 생태계 조성이 필요하다.

초고속 정보통신 기반 구축 종합추진 계획(1995년)

대한민국이 세계 최고 수준의 정보통신 인프라를 갖추게 된 건 우연이 아니다. 30여 년 전, 정부는 미래를 내다보는 안목으로 '초고속 정보통신 기반 구축 종합추진 계획'을 세웠다. 이 계획은 1995년에 시작되어 우리나라를 IT 강국으로 만드는 주춧돌이 되었다.

초고속 국가정보통신망, 즉 우리나라의 정보 고속도로는 전국 어디서나 필요한 정보를 빠르고 저렴하게 주고받을 수 있게 해주는 핵심 기반 시설이다. 이 망은 컴퓨터와 통신 기술을 결합해 텔레비전, 전화, 컴퓨터를 하나로 묶어 다양한 서비스를 제공한다. 21세기 정보화 사회의 근간이 된 이 망은 우리의 일상생활과 산업 활동에 혁명적 변화를 가져왔다.

이 거대한 프로젝트는 단계적으로 추진되었다. 1994년 5월 초고속 정보통신 추진위원회가 구성되었고, 이듬해 3월 종합 계획이 확정되면서 본격적으로 시작되었다. 1단계(1995~1997년)는 기반 조성기로, 정부는 필요한 법과 제도를 정비하고 민간 기업의 참여를 유도하기 위한 지원책을 마련했다. 또한 시범사업을 통해 국민의 관심을 높였다.

2단계(1998~2002년)는 본격적인 확산기였다. 초고속 인터넷 서비스가 전국으로 확대되었고, 광케이블망이 주요 도시를 연결했다. ADSL과 같은 고속 인터넷 서비스가 일반 가정에 보급되기 시작했고, 이를 통해 우리나라는 세계 최고 수준의 인터넷 보급률을 자랑하게 되었다.

3단계(2003~2010년)는 고도화 단계로, 더 빠르고 안정적인 서비스를 위해 기존 망을 개선하고 확장했다. 광대역통합망(BcN) 구축 사업으로 유무선 통신의 통합이 이루어졌고, IPTV 같은 새로운 서비스도 등장했다. 이를 통해 우리나라는 명실상부한 IT 강국으로 자리매김했다.

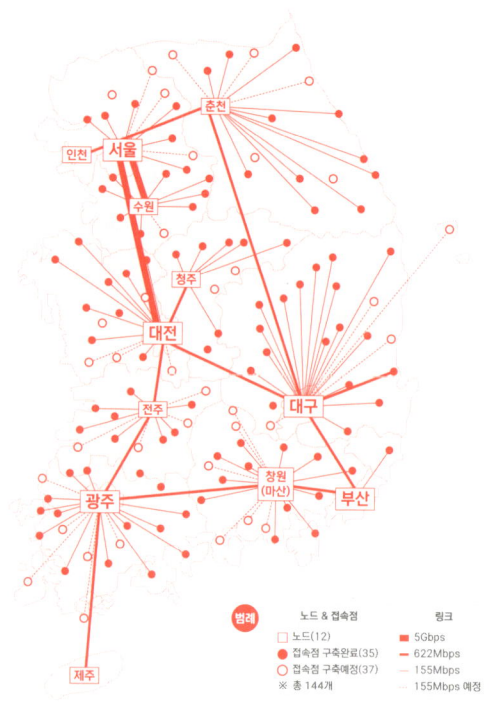

ⓒ 과학기술정보통신부

AI 서비스를 위한 AI 통신망 구축이 필요하다. 기존 통신설비는 모바일 데이터 통신량을 최대화하도록 설계되어 있어 새로운 AI 서비스에는 적합하지 않다는 평가이다. 음성과 데이터 서비스를 넘어 AI 컴퓨팅 인프라를 통해 무선 네트워크를 최적화하고 모바일, 로봇, 자율주행차, 스마트팩토리 등의 차세대 AI 요구사항을 충족시키기 위한 혁신을 가속화하고 있다. 그 선두에 NVIDIA가 있다. NVIDIA는 AI 시대의 무선 네트워크를 위한 AI RAN(AI Radio Access Network)을 설계, 훈련, 배포하기 위한 가속 컴퓨팅 소프트웨어와 하드웨어를 발표했다. 'AI RAN 혁신센터'를 설립하여 상용화 연구에 뛰어들어야 한다. 앞으로 전국 곳곳에 AI 통신망이 구축되어 AI 네트워크로 바뀔 그날을 그려본다.

오늘날 우리는 4차 산업혁명 시대를 맞이하고 있다. 인공지능, 빅데이터, 사물인터넷 등 새로운 기술이 우리 삶을 바꾸고 있다. 30년 전 초고속 정보통신망이 그랬듯, 이제는 AI 고속도로가 필요한 시점이다. 과거의 경험을 바탕으로 미래를 준비해야 한다. AI 기술 발전을 위한 인프라 구축, 관련 법과 제도 정비, 인재 양성 등을 포함한 종합적인 계획이 필요하다.

'초고속 정보통신 기반 구축 종합추진 계획'이 우리나라를 IT 강국으로 만들었듯이, 이제는 'AI 고속도로 기반 구축 종합 계획'이 필요하다. 이를 통해 우리나라는 AI 시대의 선도 국가로 도약할 수 있을 것이다. 30년 전 정보화 시대를 준비했듯이, 이제는 AI 시대를 대비해야 할 때다. 우리의 미래는 우리가 지금 어떤 준비를 하느냐에 달려있다.

1.2 IDC vs AIDC vs AI Factory

인류의 지식 축적은 기원전 3,000년, 나일 강변의 파피루스 위에 첫 글자를 새기면서 시작됐다. 그 순간부터 우리는 끊임없이 데이터를 쌓아왔다. 그리고 5천 년이 흘러 인터넷이라는 혁명적 발명품이 등장하자 데이터센터는 완전히 새로운 모습으로 탈바꿈했다. 이 변화는 마치 생명체의 진화처럼 세 단계로 발전할 것이다. 인터넷 시대의 IDC는 유년기, AI 시대의 AIDC는 청년기, 그리고 AGI 시대를 준비하는 AI Factory는 성년기라 할 수 있겠다. 이 세 단계의 하드웨어 구성과 특징, 그리고 각 시대를 대표하는 기업들의 면면을 살펴보면 우리는 데이터센터라는 거대한 생명체가 어떻게 성장해 왔는지 더 생생하게 이해할 수 있을 것이다.

인터넷 시대의 IDC는 마치 현대 도시의 심장부와 같다. 기업의 서버와 네트워크 장비라는 '디지털 시민'들이 한곳에 모여 살아가는 거대한 집합체. 이 디지털 도시의 심장이라 할 수 있는 IDC의 주된 임무는 이 시민들이 24시간 365일 쉼 없이 활동할 수 있도록 보장하는 것이다. 그래서 IDC에서는 서버의 안정성이라는 '주거 환경', 전력 공급의 지속성이라는 '식량 공급', 냉각 시스템의 효율성이라는 '기후 조절'이 무엇보다 중요하다. 이 도시의 핵심 인프라라 할 수 있는 하드웨어 구성에서는 CPU라는 '두뇌'의 성능과 저장 용량이라는 '기억력'이 핵심이었다.

그러나 이 찬란한 발전의 이면에는 우리가 주목해야 할 그림자도 있다. 현재의 IDC는 마치 노후된 도시 인프라와 같은 문제점들을 안고 있다. 전력과 냉각 시스템은 마치 오래된 수도관처럼 현대화의 손길이 시급하다. GPU 지원은 부족하여 AI라는 새로운 주민을 제대로 수용하지 못하고 있으며, 네트워크와 스토리지는 마치 낡은 도로와 창고처럼 속도와 용량 면에서 한계를 보인다.

더욱이 프라이빗 클라우드 기반의 AI 데이터 처리는 아직 걸음마 단계다. 이는 마치 최첨단 스마트 시티를 꿈꾸지만, 아직 기본적인 도시 인프라조차 갖추지 못한 상황과 비슷하다. 이러한 한계들은 우리에게 시급한 과제를 안겨주고 있다.

이런 디지털 도시를 가장 성공적으로 운영하는 기업들로는 아마존 웹 서비스(AWS), 마이크로소프트 애저(Azure), 구글 클라우드 플랫폼(GCP) 등이 있다. 이들은 마치 제국을 건설하듯 전 세계에 대규모 IDC를 구축하고, 그 위에서 클라우드라는 새로운 문명을 일구어냈다. 2023년 3분기 기준으로 이 디지털 제국들은 전 세계 클라우드 인프라 서비스 시장이라는 '신세계'에서 AWS 31%, Azure 25%, GCP 10%라는 어마어마한 영토를 차지하고 있다.[41]

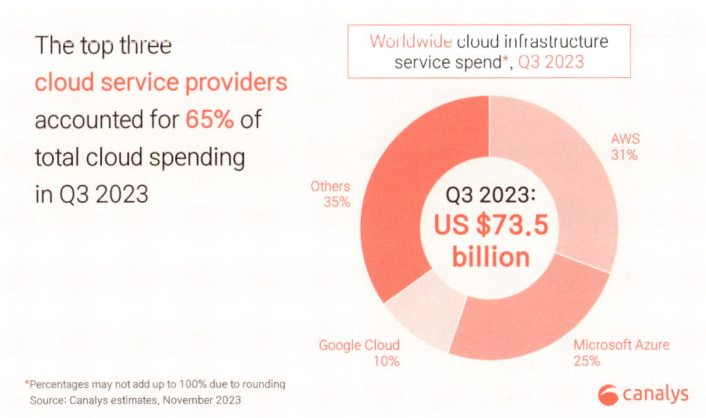

ⓒ Canalys

AI 시대의 도래와 함께 등장한 AIDC는 마치 디지털 세계의 슈퍼컴퓨터와 같다. 이 초인적 두뇌의 핵심은 NVIDIA의 A100이나 H100 같은 고성능 GPU 클러스터다. 이들은 마치 천재들의 집단지성처럼 대규모 병렬 처리를 통해 인공지능의 꿈을 현실로 만들어낸다. AIDC는 또한 고속 스토리지 시스템과 초고속 네트워크 인프라라는 신경망을 갖추고 있어, AI 모델이라는 거대한 지식 체계를 순식간에 학습하고 추론할 수 있다.

이런 디지털 지능을 만들어내는 데 앞장선 기업들로는 NVIDIA, AMD, 인텔 같은 반도체 거인들과 구글, 페이스북, 마이크로소프트 같은 IT 제국이 있다. 특히 NVIDIA는 2023년 기준으로 데이터센터용 GPU 시장의 약 98%를 장악해 마치 AI 시대의 신(神)과 같은 존재감을 과시하고 있다.

AGI 시대를 준비하는 AI Factory는 한 걸음 더 나아가 인공지능의 요람이자 놀이터, 그리고 무대가 되고 있다. 여기서는 AI 모델의 탄생부터 성장, 활약까지 모든 과정이 하나의 생태계 안에서 이루어진다. 특히 대규모 언어 모델 학습과 운영을 위한 분산 처리 기술, 모델 최적화 기술은 마치 AI를 위한 고등 교육 시스템과도 같다.

이 새로운 세계의 개척자들로는 OpenAI, 딥마인드, 앤트로픽 같은 AI 전문 기업들과 구글, 메타, 마이크로소프트 같은 IT 거인들이 있다. 특히 OpenAI의 ChatGPT는 2023년 11월 출시 2개월 만에 월간 활성 사용자 수 1억 명을 돌파하며, 마치 디지털 세계의 빅뱅과도 같은 폭발적인 혁명을 일으켰다.

이렇게 데이터센터는 시대의 변화에 따라 그 모습을 극적으로 바꿔왔다. IDC 시대에는 서버의 안정성과 네트워크 연결성이라는 기본기가 가장 중요했다면, AIDC 시대에는 GPU라는 초고성능 두뇌와 빛처럼 빠른 데이터 처리 속도가 핵심이 됐다. 그리고 이제 AI Factory 시대에 이르러서는 NVIDIA의 CUDA나 구글의 TensorFlow 같은 AI 개발 플랫폼, Kubernetes 같은 컨테이너

오케스트레이션 도구가 마치 AI를 위한 새로운 문명의 기반 시설처럼 자리 잡았다.

기존 데이터 저장·처리 중심의 데이터센터를 AI 학습·추론에 특화된 AI 데이터센터로 전환해 나가야 한다. 이를 통해 구독형 GPU 서비스(GPU as a service) 모델을 제공할 필요가 있다.

현대의 클라우드 데이터센터는 마치 두 개의 날개를 가진 거대한 독수리와도 같다. 한쪽 날개는 빅데이터 분석과 AI 머신러닝을 통해 비즈니스의 혁신적인 해법을 찾아내는 것이다. 다른 한쪽 날개는 AWS나 MS Azure 같은 클라우드 기업이 제공하는 첨단 소프트웨어 기술이다. 이 두 날개의 힘찬 퍼덕임이 현대 데이터센터의 가치를 하늘 높이 끌어올리고 있다.

이런 변화는 단순한 기술의 진보를 넘어 우리 사회와 경제의 지각변동을 일으키고 있다. IDC의 등장으로 기업들은 무거운 서버 구축의 짐을 내려놓고 IT 자원이라는 날개를 달았다. AIDC의 발전은 AI라는 마법 지팡이를 여러 산업 분야에 선사할 것이다. 그리고 이제 AI Factory는 우리 삶의 모든 영역에 AI라는 새로운 지능을 심어 AGI 시대라는 미지의 세계로 우리를 인도하고 있다.

IDC에서 AIDC를 거쳐 AI Factory로 진화해 갈 데이터센터의 역사는 마치 한 편의 장대한 서사시와도 같다. 이는 단순한 기술의 발전사가 아니라 인류가 디지털이라는 새로운 대륙을 개척해 온 위대한 여정이다. 앞으로 데이터센터는 더욱 지능화되고 효율석으로 발전하며, 우리의 삶과 산업 전반에 혁명적인 변화를 가져올 것이다.

IDC vs AIDC vs AI Factory

초기 단계

인터넷 시대 IDC(Internet Data Center)

- **개념** : 이메일, 웹사이트, 온라인 게임 등 다양한 인터넷 서비스를 제공하는 컴퓨터와 장비가 모여 있는 곳(예 : 대형 도서관)
- **시작** : 1990년대 초반 인터넷이 대중화되기 시작하면서 기업들이 온라인 서비스를 제공하기 위해 서버를 설치
- **IDC 탄생** : 개별 기업들이 서버를 운영하는 대신 전문적인 데이터센터가 생겨나면서 안정적이고 안전하게 인터넷 서비스를 할 수 있게 환경 조성
- **기술 발전** : 서버의 성능이 향상되고 네트워크 속도가 빨라지면서 더 많은 데이터를 처리하고 다양한 서비스를 제공
- **클라우딩센터** : 2000년대 중반부터 클라우드 서비스가 발전하면서 기업들은 서비스를 구매하지 않고도 필요한 만큼의 컴퓨팅 자원을 유연하게 사용

중간 단계

AI 시대 AIDC(AI Data Center)

- **개념** : 인공지능 모델을 훈련하고 실행하는 데 필요한 특화된 컴퓨터와 장비가 모여 있는 곳(예 : 지능형 도서관)
- **시작** : 2010년대 들어 인공지능 기술이 발전하면서 머신러닝과 딥러닝이 등장, 이러한 AI 모델들은 대량의 데이터를 처리하고 학습하는데 많은 컴퓨팅 자원이 필요
- **AIDC 필요성** : 기존의 IDC는 이러한 고성능 연산 작업을 효율적으로 처리하기 어려웠기 때문에 AI 모델 훈련과 추론에 특화된 센터, 즉 AIDC가 필요
- **발전** : AIDC는 GPU, TPU, FPGA와 같은 고성능 하드웨어를 사용하여 대규모 병렬 연산 지원을 하고 빅데이터 기술과 결합하여 방대한 양의 데이터를 처리하고 분석할 수 있는 능력 보유

미래 단계

AGI 시대 AI Factory

- **개념** : AI 팩토리는 AGI를 다루는 미래의 데이터센터로 인간과 유사한 지능을 가진 AI를 개발하고 운영하는 시설(예 : 지식창출 공장)
- **AGI의 등장** : AGI는 특정 작업에 국한되지 않고 인간처럼 다양한 문제를 해결할 수 있는 인공지능을 의미, AGI가 실현되기 위해서는 현재의 AI 기술보다 훨씬 더 높은 수준의 지능과 자율성이 필요
- **AI 팩토리 필요성** : AGI를 훈련하고 실행하는 데 필요한 기존의 AIDC보다 더욱 진보된 기술과 인프라 필요
- **예상 발전** : AI 팩토리는 AGI가 스스로 학습하고 양자컴퓨터와 같은 초고성능 컴퓨팅을 도입하여 불가능했던 수준의 연산능력을 확보하고, 윤리 및 안정시스템도 보유

1.3 AIDC / AI Factory 인프라

인공지능 시대가 문을 열었다. AIDC와 AI Factory라는 새로운 개념이 등장했다. AIDC는 AI 연산에 특화된 데이터센터를, AI Factory는 한 걸음 더 나아가 AI 모델 개발부터 서비스 제공까지 전 과정을 아우르는 통합 인프라를 뜻한다.

AI Factory라는 개념은 NVIDIA의 CEO 젠슨 황이 내놓았다. 그는 이를 "데이터를 끊임없이 모으고 AI 모델을 학습시켜 더 나은 AI를 만들어내는 체계"라고 정의했다.[42] 단순한 연산 처리를 넘어 AI의 전체 생명주기를 관리하는 종합 시스템인 셈이다.

AI Factory의 비전은 크게 두 가지다. 하나는 데이터 활용을 통한 새로운 지식 창출이다. AI Factory는 엄청난 양의 데이터를 모으고 처리해 사람이 찾아내기 힘든 패턴과 통찰을 뽑아낸다. 다른 하나는 새로운 산업혁명의 핵심 동력이 될 것이라는 전망이다. 기존 산업 과정을 AI 기반으로 혁신하고 전혀 새로운 사업 모델을 만들어낼 수 있기 때문이다.

AI Factory의 구성요소는 크게 여섯 가지로 나눌 수 있다. 첫째, 고성능 컴퓨팅 파워다. 2023년 기준 세계 최고 성능의 슈퍼컴퓨터인 프론티어는 초당 1.1엑사플롭스의 연산 능력을 자랑한다.[43] 이런 초고성능 컴퓨팅 파워는 복잡한 AI 모델의 학습과 추론에 필수적이다.

둘째, 네트워크 인프라 혁신이다. 이는 GPU, CPU, 메모리 간의 데이터 처리 속도를 높이는 핵심 요소다. PCIe와 CXL 같은 기술이 대표적이다. PCIe는 컴퓨터 부품들을 연결하는 '고속도로'와 같아서 세대를 거듭할수록 더 넓어져 많은 정보를 빠르게 전달한다. CXL은 여러 '두뇌'가 하나의 '기억 창고'를 함께 쓸 수 있게 해주는 혁신적인 기술이다. 이런 기술들 덕분에 AI 시스템이 더 똑똑해지고 빨라진다. AI가 다루는 정보가 많아질수록, 이런 기술의 중요성도 커진다. 결국 이 네트워크 인프라 혁신은 AI Factory의 성능을 좌우하는 핵심 요소라 할 수 있다.

셋째, 소프트웨어 플랫폼이다. TensorFlow, PyTorch 같은 AI 프레임워크부터 MLOps 도구까지 다양한 소프트웨어가 AI Factory의 핵심 요소다. 2023년 기준 PyTorch는 전 세계 AI 연구자들 사이에서 가장 인기 있는 프레임워크 중 하나로, 많은 연구자들이 사용하고 있다.

넷째, 데이터 활용 및 관리 체계다. AI의 성능은 학습 데이터의 질과 양에 크게 좌우된다. 따라서 대규모 데이터의 수집, 정제, 레이블링, 저장, 관리를 위한 기반 시설이 필요하다. 2023년 기준 전 세계 데이터양은 120제타바이트에 달하며, 2025년에는 180제타바이트까지 늘어날 것으로 예상된다.[44]

다섯째, 운영 인력이다. AI 모델 개발자, 데이터 과학자, 인프라 관리자 등 여러 분야의 전문가가 필요하다. 한국은 AI 전문 인력 확보가 중요한 과제로 인식되고 있으며, 정부와 기업이 인재 육성에 노력을 기울이고 있다.

여섯째, AI 산업 생태계다. AI Factory가 제대로 돌아가려면 하드웨어 제조사, 소프트웨어 개발사, 클라우드 서비스 제공업체, AI 응용 서비스 기업 등 여러 주체의 협력이 필요하다. 세계 AI 시장 규모는 2023년 1,502억 달러에서 2030년 1조 3,452억 달러로 연평균 성장률 36.8% 성장할 전망이다.[45]

AI Factory는 단순히 기술을 만드는 게 아니다. 새로운 가치를 뿜어내는 원동력이 될 것이다. NVIDIA와 델(Dell)이 제시한 AI Factory 모델을 보면 그 가능성이 한눈에 들어온다. 이 모델은 크게 네 층으로 이뤄져 있다. 맨 아래 인프라 층에는 컴퓨터, 저장장치,

네트워크 같은 하드웨어가 있고, 그 위에 오픈 생태계 층이 있어 다양한 앱과 모델, 도구들이 돌아간다. 그 위 서비스 층에서는 전략 수립부터 운영까지 AI 관련 모든 서비스가 이뤄진다. 맨 앞 데이터 층은 엣지, 데이터센터, 클라우드를 아우른다. 이 모든 게 어우러져 콘텐츠 생성, 디지털 비서, 컴퓨터 비전 같은 다양한 AI 서비스를 만들어낸다.

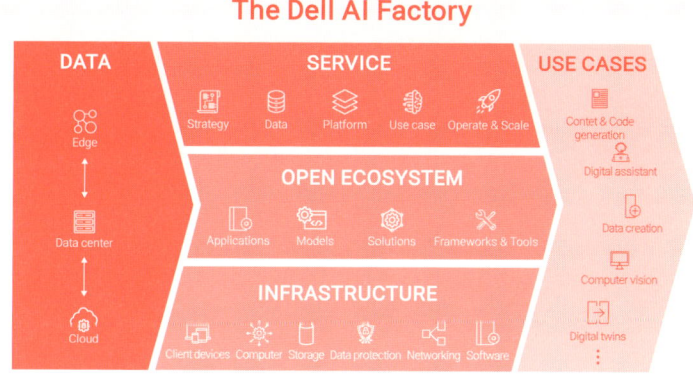

ⓒ Dell Technologies

이런 AI Factory의 심장, 바로 AI 가속기는 어떻게 생겼을까? 한 장의 그림으로 설명하자면 이렇다. 맨 위에 D램과 HBM(고대역폭 메모리)이 있고, 이게 AI 가속기와 연결된다.

AI 가속기는 GPU에 데이터 처리용 메모리로 HBM 여러 개를 조립해 만든다. NVIDIA가 설계하고 TSMC가 패키징을 거쳐 납품한다. NVIDIA H100에는 4세대 HBM 4개가 탑재된다. 최신 AI 가속기 블랙웰(B200)에는 8단, 5세대 HBM이 8개 들어간다. 이 가속기는 H100보다 AI 추론 성능이 30배 이상 향상된 것이 특징이다. AI 가속기와 CPU, 낸드 등을 조립하면 AI 컴퓨터가 된다.

NVIDIA의 AI 컴퓨터 'DGXH100'은 AI 가속기(H100) 8개와 인텔의 제온 4세대 CPU를 탑재했다. 여기에 30테라바이트 규모 낸드 저장 장치가 함께 들어간다. DGXH100의 가격은 대당 약 6억 원이다. 이런 AI 컴퓨터를 수백, 수천 대 모아 놓으면 AI 데이터센터가 된다. 단순 데이터 저장용이 아닌 ChatGPT나 Gemini 같은 대규모 언어 모델을 학습시키는 초거대 두뇌 역할을 하는 기지인 셈이다.

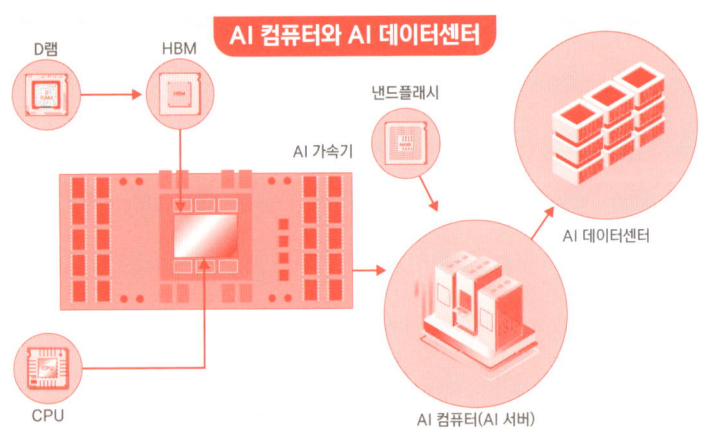

ⓒ 조선일보

이런 AI Factory의 구성 요소들은 서로 긴밀히 연결되어 작동한다. 예를 들어, 자율주행차 개발을 위한 AI Factory를 생각해 보자. 고성능 GPU 클러스터가 실시간 영상 처리와 판단을 위한 연산을 맡고, PyTorch 기반의 딥러닝 모델이 차량 제어 알고리즘을 구현한다. 수많은 주행 데이터는 대용량 저장소에 쌓여 지속적인 모델 개선에 쓰인다. AI 연구원과 기술자들은 이 모든 과정을 관리하고 최적화한다. 그리고 이 모든 게 자동차 제조사, 센서 기업, 지도 서비스 제공업체 등 여러 회사의 협력 속에서 이뤄진다.

한국의 AIDC 구축 현황을 보면 정부와 기업이 적극 나서고 있음을 알 수 있다. 2023년 과학기술정보통신부는 'AI 반도체 초격차 확보 전략'을 내놓으며, AI 반도체 생태계 구축에 투자하겠다고 밝혔다.[46] 이는 AIDC의 핵심인 컴퓨팅 파워 확보를 위한 노력으로 볼 수 있다.

민간 기업들의 움직임도 활발하다. 네이버는 2023년 세계 최대 규모의 한국어 AI '하이퍼클로바X'를 공개했는데, 이는 6,400억 개의 매개변수를 가진 대규모 언어 모델이다. 이는 네이버가 만든 AIDC의 결과물이라 할 수 있다. SK텔레콤은 2023년 '에이닷' 사업을 본격화하겠다고 발표했으며, 이를 통해 AI 모델 개발부터 서비스 상용화까지 전 과정을 지원하는 플랫폼을 제공하고 있다.

AI Factory는 단순한 기술 기반을 넘어 새로운 가치 창출의 핵심 동력이 될 것으로 보인다. 예를 들어, 의료 분야에서 AI Factory는 방대한 의료 정보를 분석해 새로운 치료법을 개발하거나 개인 맞춤형 건강 관리 서비스를 제공할 수 있다. 제조업에서는 생산 공정을 최적화하고 불량률을 낮추는 데 쓰일 수 있다.

하지만 AI Factory의 발전에는 해결할 과제도 있다. 방대한 데이터를 다루는 만큼 개인정보 유출 위험이 크고, AI의 편향성 문제도 주의 깊게 살펴야 한다. 또한 AI Factory 구축과 운영에 드는 막대한 에너지 소비도 환경적 측면에서 중요한 과제다.

AIDC와 AI Factory는 AI 시대의 핵심 기반 시설로 앞으로도 계속 발전하고 진화할 것이다. 이는 단순한 기술의 발전을 넘어 산업 구조와 사회 전반의 변화를 이끌 것으로 보인다. 한국이 이런 변화의 흐름에 앞서가려면 정부, 기업, 학계가 힘을 모아 AI Factory 구축에 박차를 가해야 할 것이다. AI Factory는 우리에게 무한한 가능성을 보여주지만 그 가능성을 현실로 만드는 것은 결국 우리의 몫이다.

연합 학습(Federated Learning)과 데이터 주권

연합 학습은 AI 패권전쟁의 승패를 가를 핵심 기술이다. 이 기술은 여러 기기나 조직이 각자의 데이터를 공유하지 않고도 협력하여 AI 모델을 학습시키는 혁신적인 방식이다. 중앙 서버와 다수의 로컬 클라이언트가 협업하여 데이터가 분산된 상황에서도 통합된 모델을 만들어낸다.

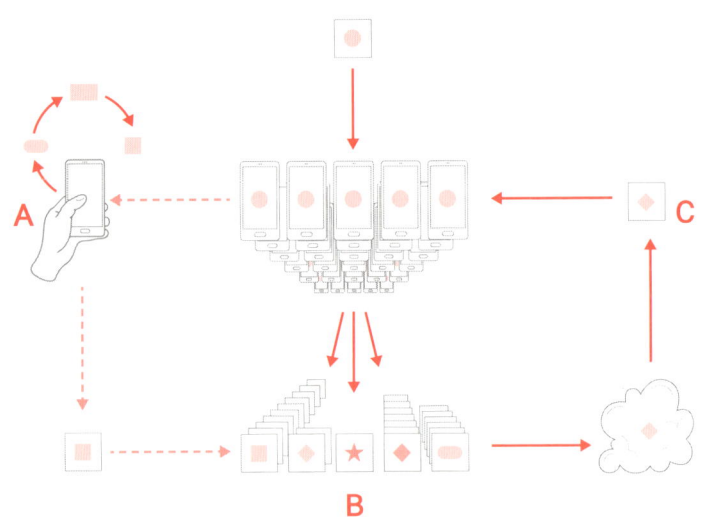

ⓒ Medium

글로벌 기업들이 연합 학습에 열을 올리는 이유는 명확하다. 첫째, 데이터 프라이버시 보호다. 개인정보 규제가 강화되는 추세에서 데이터를 직접 공유하지 않고도 AI를 발전시킬 수 있는 연합 학습은 매력적인 대안이다. 둘째, 저장 효율성이다. 자율주행차 한

대가 한 시간에 4TB의 데이터를 생성한다는 점을 고려하면, 모든 데이터를 중앙에 저장하는 것은 현실적으로 불가능하다. 연합 학습은 이 문제를 해결할 수 있다. 셋째, 연산 능력의 분산이다. 최신 스마트폰이나 자율주행차에 탑재된 칩의 성능이 비약적으로 발전하면서 각 기기에서 직접 딥러닝 연산을 수행할 수 있게 되었다.

애플, 구글, IBM 등 빅테크 기업들이 앞다투어 연합 학습 연구에 뛰어드는 것도 이 때문이다. 특히 애플은 최근 On-device에서 개인화된 AI를 구현하기 위한 연합 평가 및 튜닝 시스템을 발표했다. 구글도 자사의 모바일 키보드 앱에 연합 학습을 적용하며 이 분야를 선도하고 있다.

헬스케어 분야에서 연합 학습 생태계 구축은 더욱 활발하다. 환자 데이터는 극도로 민감한 개인정보이기 때문에 병원 간 데이터 공유가 거의 불가능했다. 하지만 연합 학습을 통해 각 병원이 데이터를 공유하지 않고도 협력하여 진단 모델을 개선할 수 있게 되었다.

에너지 분야에서도 연합 학습의 활용이 늘고 있다. 스마트 그리드 시스템에서 각 가정의 에너지 사용 패턴을 분석하여 전력 수요를 예측하고 효율적으로 관리하는 데 연합 학습이 사용된다. 이는 개별 가정의 프라이버시를 보호하면서도 전체 전력망의 효율성을 높일 수 있는 방법이다.

그러나 연합 학습에도 과제가 있다. 가장 큰 문제는 Non-IID(비독립 동일 분포) 데이터 처리다. 각 기기나 조직이 가진 데이터의 특성이 다르기 때문에, 이를 어떻게 통합하여 편향되지 않은 모델을 만들 것인가가 관건이다.

연합 학습 생태계의 완성은 단순히 기술적 성과를 넘어 AI 산업의 판도를 바꿀 수 있는 게임 체인저다. 개인정보 보호와 AI 발전이라는 상충되는 가치를 동시에 추구할 수 있게 해주기 때문이다.

앞으로 데이터 주권에 대한 인식이 높아질수록, 연합 학습의 중요성은 더욱 커질 것이다.

결국 연합 학습 생태계를 누가 먼저 완성하고 주도하느냐가 AI 패권전쟁의 승패를 가를 것이다. 단순히 많은 데이터를 보유한 것만으로는 부족하다. 데이터를 효과적으로 활용하면서도 개인의 프라이버시를 보호할 수 있는 기술력이 관건이다. 연합 학습은 그 해답이 될 수 있다. 연합 학습 생태계 구축 경쟁은 이제 막 시작되었다. 이 경쟁의 결과가 우리의 미래를 어떻게 바꿀지 지켜볼 일이다.

1.4 한국형 AI 고속도로

대한민국의 미래를 좌우할 거대한 계획이 있다. '한국형 AI 고속도로'라 부르는 이 구상은 단순히 건물 몇 개를 짓는 게 아니다. 우리나라를 세계 인공지능의 중심지로 만들겠다는 야심찬 꿈이다. 인간만큼 똑똑한 AI가 등장하는 AGI 시대에 대비해 우리 사회 전반을 바꾸는 게 목표다.

이 거대한 계획의 핵심은 바로 넘치는 청정 전기다. AI는 어마어마한 전기를 먹고 돌아간다. 엄청난 계산을 하는데 필요한 전기를 안정적으로 공급하려면 넉넉한 전력망이 필수다. 결국 한국형 AI 고속도로의 근간은 풍부한 에너지에 기반한 든든한 전력 시스템인 셈이다.

놓치지 말아야 할 또 하나의 핵심이 있다. 바로 국제 해저케이블을 통해 세계 데이터의 중심지가 되는 것이다. 2023년 기준으로 우리나라에서 해외로 뻗은 해저케이블은 11개이다. 이걸 더 늘린다면 어떻게 될까? 우리나라가 아시아 데이터의 중심지로 우뚝 설 수 있는 가능성이 충분히 있다.

이런 생각을 하다 보면 중국의 '동수서산(東數西算)' 계획이 떠오른다. 동수서산은 중국 동부의 데이터를 서부의 컴퓨터센터로 보내 처리하는 거대한 컴퓨팅 네트워크를 만드는 것을 말한다. 중국은 이 계획으로 지역 간 자원 격차를 줄이고, 전국에 AI 기반 시설을 깔아놓고 있다. 우리도 이런 대담한 구상이 필요하지 않을까?

한국형 AI 고속도로의 핵심 기능 중 하나는 뭘까? 기존의 IDC(Internet Data Center)를 AI 시대에 걸맞은 AIDC(AI Data Center)로 바꾸는 것이다. 고성능 GPU 클러스터, 대용량 고속 스토리지, 초고속 네트워크 등 AI 연산에 딱 맞는 시설을 갖춘 데이터센터를 말한다. 바로 이 AI 데이터센터가 미래 첨단도시의 심장이 될 것이다.

거기서 한 발 더 나아가야 한다. 고성능 AI 팩토리를 세워 새로운 지식을 만들어내는 AI 연구와 개발의 중심지를 만들자. 한국형 AI 고속도로는 AGI 경쟁력을 키우기 위한 실험장 역할도 해야 한다. 여러 AI 모델과 알고리즘을 실제 환경에서 시험하고 검증할 수 있는 터전을 마련해 우리나라 AI 기술 발전에 날개를 달자는 거다.

2023년, 생성 AI가 인공지능 분야에 혁명을 일으켰다. 이제 우리도 뛰어야 한다. AI 산업의 근간인 데이터 파워와 컴퓨팅 파워를 서둘러 갖춰야 한다. 생성 AI로 새로운 스타트업을 키우고, 첨단 산업과 AI를 접목해 산업 전반을 AI로 탈바꿈시켜야 한다.

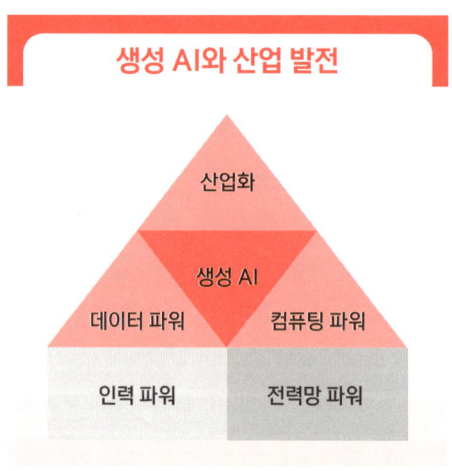

한국형 AI 고속도로는 그저 데이터를 쌓아두는 창고가 아니다. 연구도 하고 스타트업도 키우는 공간이 되어야 한다. AI 연구소를 세워 핵심 인재들이 모여들 터전을 만드는 것도 중요하다. 세계 최고 수준의 시설과 장비를 갖춘 AI 연구소를 짓고, 국내외 뛰어난 두뇌들이 오래 머물며 연구에 빠질 수 있는 환경을 만들자. 그게

우리의 목표다.

AI 고속도로를 활용해 대한민국만의 독보적인 LLM 모델을 만들어내야 한다. 초거대 모델 개발에는 어마어마한 자원이 필요하지만, 우리 기술력으로 충분히 해낼 수 있다. 하루빨리 국내외에서 두루 쓰이는 한국산 LLM, KLLM이 세상에 나오길 간절히 바란다. 더불어 의료, 교육 등 특정 분야에 특화된 한국어 sLM 전략 수립도 시급하다. 뛰어난 GPT 모델을 토대로, 전문 영역의 데이터와 우리말을 깊이 이해하는 sLM 개발 방안을 차근차근 세워나가야 할 것이다.

초기 단계에서 AI 데이터센터와 같은 고속도로 인프라가 없다고 손 놓고 있을 것인가? 자체 AI 데이터센터가 확보되어 있지 않기 때문에 GenAI 지원을 위한 특별 지원 프로젝트가 필요하다. AI 스타트업을 지원하기 위해서는 고성능 그래픽 처리장치(GPU)를 확보해 무상 지원하는 프로그램을 마련할 필요가 있다. 일본은 생성 AI 개발 지원을 위해 'GENIAC(Generative AI Accelerator Challenge) 프로젝트'를 시작했다. 생성 AI 개발 능력을 강화하기 위해 구글 클라우드에서 데이터 학습에 사용하는 클라우드 솔루션을 무료로 제공한다. NVIDIA의 H100 같은 고성능 GPU는 AI 기술에 필수적이지만 관련 인프라 확보에 수백억이 들어간다. 초기 스타트업이 자체 예산으로 구비하는 것이 불가능한 구조이다.

한국형 AI 고속도로의 또 다른 핵심 역할은 뭘까? 바로 세계 데이터의 중심지가 되는 것이다. 지금 아시아태평양 지역의 데이터 흐름이 폭발적으로 늘고 있다. 우리나라는 지리적 이점을 살려 이 지역의 데이터 허브로 성장할 가능성이 크다. 지금이 바로 우리나라가 세계 데이터 허브로 뛰어오를 절호의 기회이다.

지금 미국과 중국이 AGI 개발을 놓고 한판 붙었다. 이런 상황에서 우리나라가 할 역할이 크다. 한국형 AI 고속도로는 우리가 이 경쟁에서 독자적인 위치를 차지하고, 나아가 세계 AI 생태계에서 핵심 선수로 뛰어들 수 있는 발판이 될 것이다. 우리도 이 판에 끼어들어야 한다.

우리나라는 세계 최고 수준의 ICT 기반 시설과 제조업 기술을 갖고 있다. 이게 바로 AI 기술 발전의 큰 밑천이 될 수 있다. 2023년 기준으로 우리나라 AI 관련 특허 출원 건수가 세계 4위다. 이게 우리나라 AI 기술력을 증명하는 지표가 아닐까? 우리에겐 충분한 잠재력이 있다.

한국형 AI 고속도로는 이런 우리의 강점을 더욱 키워 우리나라를 세계 AI 혁신의 중심지로 만들 수 있는 핵심 기반이 될 것이다. 결국 한국형 AI 고속도로는 단순히 AI 기술 기반 시설을 깔아놓는 게 아니다. 종합적인 AI 생태계를 만드는 거대한 프로젝트다. 우리의 미래가 걸린 일이다.

AI 시대, 우리에겐 든든한 무기가 있다. 반도체, 우리만의 플랫폼, 스마트폰, 그리고 국민의 디지털 힘이다. AI 기술도 어마어마한 양의 반도체를 먹어야 자란다. 우리에겐 세계 1, 2위를 다투는 최고의 반도체 회사들과 기술력이 있지 않나. 이게 바로 우리의 힘이다.

게다가 우리는 네이버 같은 우리만의 플랫폼을 온 국민이 쓰는 나라다. 이 플랫폼에서 매일 쏟아지는 엄청난 양의 개인 데이터, 이게 바로 AI 개발의 황금이다. 스마트폰도 어마어마한 무기다. 작은 컴퓨터인 스마트폰은 실시간으로 데이터를 모을 뿐 아니라, 새로 만든 AI 기술을 실험할 수 있는 놀이터인 것이다.

마지막 강점은 디지털 국민이다. 우리는 가장 먼저, 가장 빠른 인터넷을 일상으로 만들었다. 온라인 커뮤니티 규모나 활동량도 전 세계에서 단연 으뜸이다. 전국에 AI 기반 시설을 깔고, IDC를

AIDC로 바꾸고, 실험장을 만들고, AI 인재를 키우고, 세계 데이터의 중심지로 발전하면 어떻게 될까? 상상해 보라.

우리나라가 미국과 중국이 주도하는 AI 패권 경쟁에서 우리만의 자리를 잡고, 세계 AI 생태계에서 중요한 역할을 할 수 있을 거다. 이를 위해 가장 급한 건 뭘까? 'AI 육성법'을 만드는 것이다. AI 육성법과 함께 규제 혁신이 필요하다. 혁신적인 규제 개혁 없이는 데이터 주권도 없다. 한국은 여러 규제에 발목 잡혀 데이터 경쟁에서 뒤처지고 있다. AI 시대에 걸림돌이 되는 3가지 규제(망 분리 규제, 지나친 개인정보 보호 규제, 저작권법 규제)를 풀어나가야 한다.

AI는 이제 안전(safety) 차원을 넘어 안보(security) 문제가 됐다. 지난해 7월 유엔 안전보장이사회가 사상 처음으로 AI를 의제로 회의를 연 이유가 바로 그거다. AI 능력을 가진 나라들은 AI를 군사 분야에 적극 활용하고 있고, 그 범위를 빠르게 넓히고 있다. 우크라이나 전쟁과 중동 충돌은 미래 전쟁이 어떻게 바뀔지 보여주는 예고편이다. 우리도 국가 차원의 AI 대비 태세를 강화해야 한다. 시간이 없다.

AI 클라우드를 국가첨단전략산업으로 지정해 강력한 AI 고속도로를 깔아야 한다. 또한 여기에 국제 해저케이블 산업과 양자통신 산업도 포함시켜 국가첨단전략산업으로 육성해 나가야 한다. 세금 혜택으로 기업들의 투자를 끌어내고, 세계 최고 수준의 기술을 확보해야 한다. 이런 노력들이 모여 우리나라의 미래를 바꿀 한국형 AI 고속도로가 될 거다. 우리의 손으로 미래를 만들어 가는 것이다.

테슬라 AI 컴퓨팅 Clossus 완성

테슬라가 자율주행 기술 개발을 위해 10만 대의 GPU로 구성된 슈퍼컴퓨터 클러스터를 구축했다는 소식이 전해졌다. 이는 단순한 하드웨어 투자가 아니라 AI 기술의 미래를 좌우할 수 있는 중대한 전략적 행보다. 이 거대한 컴퓨팅 파워는 자율주행 AI 모델의 학습과 최적화에 핵심적인 역할을 할 것이다. 복잡한 도로 상황을 인식하고 예측하는 AI 알고리즘을 훈련시키는 데 필요한 엄청난 양의 데이터 처리가 가능해진 것이다.

ⓒ 일론 머스크 X

테슬라는 이제 하드웨어부터 컴파일러, AI 모델에 이르기까지 컴퓨팅 플랫폼의 전 가치사슬을 통합하고 있다. 150만MW 전력의 소비, 하루 100만gal의 물 소비가 추정된다. 10만 GPU 슈퍼컴퓨터는 이 전략의 중심축이 되어, 테슬라만의 독자적인 AI 개발 생태계를 만들어내고 있다. 자율주행 자동차와 옵티머스 로봇의 학습에 활용될 이 슈퍼컴퓨터는 테슬라의 미래를 결정짓는 핵심 자산이 될 것이다. 예를 들어, 다양한 기상 조건과 도로 환경에서의 주행 데이터를 분석하고, 이를 바탕으로 AI 모델을 지속적으로 개선할 수 있다. 자율주행 기술은 이제 더 이상 먼 미래의 이야기가 아니다. 테슬라의 완전 자율주행(FSD) 베타 프로그램은 이미 미국 전역에서 실제 도로 주행 테스트를 진행 중이며, 그 성능은 나날이 향상되고 있다.

하지만 테슬라의 야심은 여기서 그치지 않는다. 에너지 사업과 스페이스X의 저궤도 위성 사업으로의 수평적 통합은 테슬라가 단순한 자동차 회사를 넘어 종합 기술 기업으로 진화하고 있음을 보여준다. 이는 마치 한 세기 전 전기회사였던 GE가 다양한 산업 분야로 확장해 나갔던 것과 비슷한 양상이다. 10만 GPU 슈퍼컴퓨터 역시 다양한 사업 영역에서도 활용될 수 있다. 예를 들어, 에너지 그리드 최적화나 위성 궤도 계산 등 복잡한 연산이 필요한 분야에서 그 위력을 발휘할 수 있을 것이다.

특히 주목할 만한 점은 AI와 에너지, 위성통신 사업의 수평적 확장이다. 테슬라는 AI 기술을 자동차와 로봇에만 국한하지 않고, 에너지 관리 시스템과 위성 통신망 운용에도 적용하려 한다. 이는 마치 한 그루의 나무가 여러 갈래의 가지를 뻗어 더 넓은 하늘을 향해 자라나는 모습과도 같다. 10만 GPU 슈퍼컴퓨터는 이 모든 영역에서 AI 기술의 발전을 가속화하는 엔진 역할을 할 것이다.

일론 머스크는 한 인터뷰에서 "우리는 지속 가능한 에너지 미래를 위한 AI 기반 솔루션을 만들고 있다"고 말한 바 있다. 이는 테슬라의 비전이 단순히 전기차를 만드는 것이 아니라, AI를 활용해 에너지와 운송, 통신의 패러다임을 바꾸는 것임을 시사한다. 10만 GPU 슈퍼컴퓨터는 이러한 비전을 실현하기 위한 강력한 도구가 될 것이다.

테슬라의 AI 컴퓨팅 수직통합 전략과 10만 GPU 슈퍼컴퓨터 구축은 21세기 기술 혁명의 한 장을 열어가고 있다. 이는 단순한 기업의 성장 전략을 넘어, 우리의 삶과 사회를 근본적으로 변화시킬 수 있는 잠재력을 가지고 있다. 테슬라가 그리는 미래가 어떤 모습일지, 우리는 지금 그 역사적인 순간을 목도하고 있는 것인지도 모른다.

CHAPTER

02

네카오 AI 데이터센터

2.1 데이터센터 수도권 집중

데이터센터가 수도권에 몰리는 현상은 우리나라 ICT 산업의 성장과 함께 나타난 새로운 형태의 지역 불균형 문제다. 이는 단순히 시설의 지리적 분포 문제를 넘어 디지털 경제 시대의 핵심 인프라 편중이라는 심각한 이슈를 제기한다.

통계로 본 실태의 심각성이다. 2023년 기준으로 국내 민간 데이터센터의 70%가 수도권에 위치해 있다.[47] 이는 단순한 숫자 이상의 의미를 갖는다. 데이터 처리 능력과 기술력의 극심한 지역 편중을 의미하기 때문이다. 특히 서울과 경기도를 중심으로 대규모 데이터센터들이 밀집해 있어 우리나라

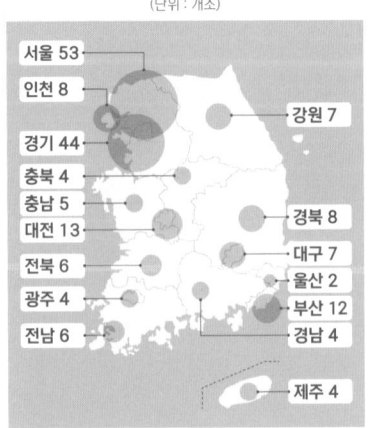

국내 데이터센터 지역별 현황
(단위 : 개소)

서울 53
인천 8
경기 44
충북 4
충남 5
대전 13
전북 6
광주 4
전남 6
강원 7
경북 8
대구 7
울산 2
부산 12
경남 4
제주 4

ⓒ 한국데이터센터연합회

전체 데이터 처리의 대부분을 수도권이 담당하고 있는 실정이다.

이러한 집중 현상의 원인으로는 수도권의 우수한 인프라를 들 수 있다. 고속 인터넷망, 안정적인 전력 공급, 편리한 교통 등 데이터센터 운영에 필수적인 요소들이 수도권에 집중되어 있다. 주요 기업들의 본사와 핵심 시설들이 수도권에 위치해 있어 데이터의 신속한 처리와 접근이 용이하다. 그리고 데이터센터 운영에 필요한 고급 전문 인력을 수도권에서 쉽게 구할 수 있다는 점이 큰 이점으로 작용한다.

구체적인 사례를 살펴보면, 네이버는 2013년 춘천에 첫 데이터센터 '각'을 설립하고, 2022년에는 세종시에 '각 세종'을 개소했다. 두 곳 모두 수도권과 근접해 있으며, 특히 세종 데이터센터는 수도권과의 근접성을 강조하고 있다. 카카오 역시 2023년 안산시에 데이터센터 건설을 시작했다. 이러한 움직임은 수도권의 데이터 처리 능력을 더욱 강화시키는 결과를 낳고 있다. 이러한 수도권 집중 현상이 미치는 영향은 복합적이다. 긍정적인 측면으로는 데이터센터들의 집적으로 인한 시너지 효과를 들 수 있다. 기술과 인력의 활발한 교류를 통해 국가 전체의 데이터 처리 능력이 향상되고, 수도권 경제 활성화에도 기여한다. 데이터센터 건설과 운영에 따른 일자리 창출과 관련 산업 발전 효과도 무시할 수 없다.

그러나 이면에는 심각한 문제들이 도사리고 있다. 가장 큰 문제는 전력 공급 이슈다. 데이터센터는 대량의 전력을 소비하는 시설이다. 2023년 12월 기준 국내 운영 중인 150개 데이터센터의 전력 수요는 1,986MW에 달하며, 2029년까지 예정된 신규 데이터센터 637개의 예상 전력 수요는 무려 49,397MW다. 이 중 80% 이상이 수도권에 집중될 예정이어서 전력 공급에 큰 부담을 줄 것으로 예상된다.

이는 단순히 전력 공급의 문제를 넘어선다. 데이터센터의 과도한 전력 소비는 환경 문제와도 직결된다. 대규모 발전소 추가 건설이 필요할 수 있으며, 이는 탄소 배출 증가로 이어질 수 있다. 또한, 데이터센터의 냉각 시스템에서 발생하는 열은 도시 열섬 현상을 악화시킬 수 있다. 이러한 환경적 영향은 장기적으로 수도권의 생활 환경을 악화시키는 요인이 될 수 있다.

더불어, 데이터센터와 같은 핵심 디지털 인프라의 수도권 집중은 지방과의 기술 격차를 더욱 벌리는 결과를 낳는다. 이는 단순히 경제적 격차를 넘어 정보와 기술에 대한 접근성의 격차, 나아가 디지털 시대 기회의 격차로 이어질 수 있다. 이는 국토 균형 발전이라는 국가적 과제에 역행하는 현상이다.

정부와 기업들도 이러한 문제점을 인식하고 대책 마련에 나서고 있다. 데이터센터의 지방 이전을 적극 유도해 수도권 집중 완화와 국토 균형 발전을 도모하고 있다. 일부 기업들도 자발적으로 지방에 데이터센터를 설립하는 움직임을 보이고 있다.

그러나 이러한 노력만으로는 수도권 집중 문제를 근본적으로 해결하기 어렵다. 수도권이 가진 이점이 너무나 크기 때문이다. 따라서 더욱 적극적이고 근본적인 대책이 필요하다.

첫째, 지방 데이터센터 설립에 대한 과감한 인센티브 정책이 필요하다. 세제 혜택, 규제 완화, 보조금 지원 등을 통해 기업들이 자발적으로 지방에 데이터센터를 설립하도록 유도해야 한다.

둘째, 지방의 디지털 인프라를 획기적으로 개선해야 한다. 고속 인터넷망 구축, 안정적인 전력 공급 체계 마련 등을 통해 지방에서도 수도권 못지않은 데이터센터 운영 환경을 조성해야 한다.

셋째, 지방 대학과 연계한 전문 인력 양성 프로그램을 강화해야 한다. 데이터센터 운영에 필요한 고급 인력을 지방에서 양성하고 공급할 수 있는 체계를 갖춰야 한다.

넷째, 친환경 데이터센터 기술 개발에 대한 투자를 확대해야 한다. 에너지 효율성이 높고 환경 영향을 최소화하는 데이터센터 기술을 개발하여, 수도권 집중으로 인한 환경 문제를 완화할 수 있다.

마지막으로, 국가 차원의 장기적이고 종합적인 데이터센터 배치 계획이 필요하다. 단순히 현재의 문제를 해결하는 것뿐만 아니라 미래의 디지털 경제 시대를 대비한 전략적 인프라 배치가 이루어져야 한다.

데이터센터의 수도권 집중 현상은 디지털 시대의 새로운 불균형 문제다. 이는 단순히 시설의 지리적 분포 문제를 넘어 국가 경제의 균형 발전, 환경 문제, 기술 격차 등 다양한 측면에서 중대한 영향을 미치는 이슈다. 따라서 이 문제에 대한 접근은 단기적이고 부분적인 대책을 넘어 장기적이고 종합적인 국가 전략의 차원에서 이루어져야 한다. 빠르게 변화하는 디지털 환경에 대응하면서 지속 가능하고 균형 잡힌 발전을 이룰 수 있는 해법을 찾아야 할 것이다. 이는 우리나라가 진정한 의미의 디지털 강국으로 도약하기 위해 반드시 해결해야 할 과제다.

U.S. 데이터센터와 원자력

미국 땅을 들여다보면 재미있는 현상 하나를 발견할 수 있다. 데이터센터와 원자력 발전소의 분포가 묘하게 닮았다는 점이다. 이게 무슨 의미일까? 단순한 우연일까, 아니면 뭔가 깊은 연관이 있는 걸까?

먼저 데이터센터가 몰려있는 곳을 살펴보자. 버지니아, 캘리포니아, 휴스턴, 플로리다 같은 지역이 눈에 띈다. 이 지역들의 공통점은 뭘까? 한마디로 말해 '에너지 집약적'이라는 거다.

버지니아를 보자. 워싱턴 D.C.와 가깝다 보니 정부 관련 데이터를 다루는 센터가 많다. 보안도 중요하지만, 무엇보다 안정적인 전력 공급이 생명이다. 캘리포니아는 어떤가? 실리콘밸리가 있는 곳 아닌가. IT 기업들의 천국이니 당연히 데이터센터도 많을 수밖에 없다.

휴스턴은 미국 에너지 산업의 중심지다. 석유 회사들의 본거지인 만큼 엄청난 양의 데이터를 처리해야 한다. 플로리다는 또 어떤가? 관광지로 유명하지만, 실은 통신 인프라의 요충지다. 남미와 유럽을 잇는 해저 케이블의 관문 역할을 한다.

ⓒ Data Center Map

이 지역들의 또 다른 공통점은 뭘까? 바로 원자력 발전소가 가까이 있다는 것이다. 우연일까? 그렇지 않다. 데이터센터는 엄청난 전력을 소모한다. 24시간 365일 쉼 없이 돌아가야 하기 때문이다. 그렇다고 화석연료만 쓸 순 없는 노릇이다. 환경 문제도 있고, 비용도 만만찮다.

ⓒ U.S.NRC

여기서 원자력의 매력이 빛을 발한다. 안정적이고 깨끗한 전력을 대량으로 공급할 수 있으니까. 최근 마이크로소프트의 행보를 보면 이 점이 더욱 분명해진다. 그들은 데이터센터에 원자력을 직접 활용하겠다고 선포했다. 즉, 작은 원자로를 데이터센터 옆에 짓겠다는 거다. 기존의 대형 원전과는 다른, 새로운 개념의 소형 모듈 원자로(SMR)를 활용하겠다는 계획이다. 이게 실현되면 어떻게 될까? 데이터센터의 전력 문제와 탄소 배출 문제를 동시에 해결할 수 있다.

이런 흐름을 보면 미국의 데이터센터와 원자력 발전소의 분포가 비슷한 건 결코 우연이 아님을 알 수 있다. 둘은 이미 깊은 연관성을 가지고 있었고, 앞으로는 더욱 밀접해질 전망이다.

데이터는 21세기의 석유라고 한다. 그렇다면 데이터센터는 현대판 정유공장인 셈이다. 그리고 이 정유공장을 움직이는 힘, 그것이 바로 원자력인 것이다. 미국의 지도를 보고 있노라면, 현대 문명의 심장부를 들여다보는 듯한 묘한 느낌이 든다. 데이터와 에너지, 그 둘의 조화가 만들어낸 풍경이랄까.

2.2 네이버 하이퍼스케일 데이터센터

우리는 지금 디지털 혁명의 한가운데에 서 있다. 그 중심에 네이버의 하이퍼스케일 데이터센터가 있다. 이 거대한 시설은 단순한 정보 창고가 아니다. 혁신의 산실이자 미래 기술의 요람이다. 이 데이터센터가 지닌 강점들을 살펴보면 그 중요성이 한층 더 분명해진다.

ⓒ 네이버

이 데이터센터의 처리 능력은 실로 놀랍다. 2023년 기준으로 '각 세종'이라 불리는 이 시설은 초당 32.97페타플롭스의 연산을 해낸다. 이게 무슨 뜻인가? 1초에 1천조억 번의 계산을 한다는 것이다.[48] 일반 컴퓨터의 수백만 배 성능이다. 이런 능력이 있으니 빅데이터 분석이며 인공지능 학습이며 복잡한 시뮬레이션까지 뭐든 척척 해낼 수 있는 것이다.

에너지 효율도 빼놓을 수 없다. 이 데이터센터는 최첨단 냉각 시스템과 재생 에너지를 활용해 에너지 사용을 최소화한다. 특히 '각'의 전력효율지수(PUE : Power Usage Effectiveness)는 1.09다. 세계 최고 수준이다. 글로벌 IT 기업들의 평균이 1.58인 걸 생각하면 이 수치가 얼마나 대단한지 알 수 있다. 네이버가 얼마나 친환경적으로 운영되는지 보여주는 증거다.

확장성과 유연성도 뛰어나다. 하이퍼스케일 구조를 채택해 필요할 때마다 신속하게 용량을 늘릴 수 있다. 이 덕분에 급변하는 디지털 세상에서도 유연하게 대응할 수 있다. 새 서비스를 빨리 내놓을 수 있고, 기존 서비스도 쉽게 확장할 수 있다.

이런 장점들을 바탕으로 네이버의 데이터센터는 혁신적인 서비스들을 쏟아내고 있다.

클라우드 컴퓨팅 서비스가 그 첫째다. 네이버 클라우드 플랫폼은 기업과 개인에게 고성능 컴퓨팅 자원을 제공한다. 네이버는 국내 주요 클라우드 서비스 제공업체 중 하나로 성장하고 있다. 이 서비스 덕분에 기업들은 자체 IT 시설을 갖추는 데 드는 비용과 시간을 아끼면서도 필요한 만큼의 컴퓨팅 능력을 유연하게 사용할 수 있다.

인공지능 서비스도 빼놓을 수 없다. 네이버의 AI 플랫폼 '클로바'는 이 데이터센터의 막강한 연산 능력을 바탕으로 다양한 AI 기술을 선보인다. 자연어 처리, 이미지 인식, 음성 인식 등이 그것이다.

빅데이터 분석 서비스도 중요하다. 이 데이터센터는 하루에 수십 테라바이트의 엄청난 데이터를 처리하고 분석한다. 이를 통해 기업들에게 귀중한 통찰을 제공한다. 고객 행동 분석이나 시장 동향 예측 같은 것들 말이다.

콘텐츠 전송 네트워크(CDN) 서비스도 중요하다. 네이버의 데이터센터는 전국에 퍼진 캐시 서버를 통해 빠르고 안정적인 콘텐츠 전송을 가능하게 한다. 동영상 스트리밍이나 온라인 게임처럼 대용량 데이터를 다루는 서비스에 특히 유용하다.

이런 성과에도 불구하고 네이버는 더 나은 미래를 위해 끊임없이 노력하고 있다.

친환경 기술을 더욱 적극적으로 도입하는 게 그 첫째다. 지금도 에너지 효율이 높지만, 네이버는 여기서 멈추지 않는다. 2040년까지 탄소 중립을 이루겠다는 목표를 세웠다. 이를 위해 태양광, 풍력 같은 재생에너지 사용을 늘리고, 더 효율적인 냉각 시스템을 개발하고 있다. 특히 AI를 활용해 데이터센터 운영을 최적화하는 기술 개발에 힘을 쏟고 있다. 2025년까지 전력효율지수를 1.05까지 낮추는 게 목표다.

엣지 컴퓨팅 기술을 확대하는 것도 중요한 과제다. 5G 시대가 열리면서 실시간 처리가 필요한 서비스가 늘고 있다. 이에 따라 엣지 컴퓨팅의 중요성도 커지고 있다. 네이버는 중앙 데이터센터와 분산형 엣지 컴퓨팅 노드를 효과적으로 결합하는 새로운 구조를 개발 중이다.

양자 컴퓨팅 기술 개발에도 열을 올리고 있다. 네이버는 이를 미래 컴퓨팅의 핵심으로 보고 있다. 현재 서울대, KAIST 등과 함께 양자 알고리즘 연구를 진행 중이다. 2030년까지 상용화할 수 있는 수준의 양자 컴퓨팅 기술을 확보하는 게 목표다. 이를 위해 앞으로 수년간 상당한 투자를 계획하고 있다.

글로벌 진출도 중요한 과제다. 네이버는 지금 국내에 집중된 데이터센터를 세계로 확장하려 한다. 특히 동남아시아, 유럽 같은 주요 시장에 데이터센터를 세워 글로벌 서비스의 품질을 높이고, 각국의 데이터 현지화 요구에 대응할 계획이다.

네이버의 하이퍼스케일 데이터센터는 디지털 경제의 핵심 기반 시설로 그 중요성이 날로 커지고 있다. 강력한 처리 능력, 뛰어난 에너지 효율성, 철저한 보안, 유연한 확장성을 바탕으로 클라우드 컴퓨팅, AI, 빅데이터 분석, CDN 등 혁신적인 서비스를 제공하고 있다. 앞으로도 친환경 기술 도입, 엣지 컴퓨팅 확대, 양자 컴퓨팅 연구, 글로벌 진출 등을 통해 계속 발전해 나갈 것이다. 이러한 노력들이 결실을 맺는다면 네이버의 데이터센터는 한국을 넘어 세계의 디지털 혁신을 이끄는 중심축이 될 수 있을 것이다.

2.3 카카오 데이터센터

우리나라 IT 발전의 숨은 주역, 카카오 데이터센터에 대해 이야기해보자. 카카오 데이터센터의 첫 번째 강점은 놀라운 에너지 효율성이다. 그들은 자체 개발한 인공지능 기술로 전력 사용량을 실시간 관리하고 최적화한다. 그 결과 기존 시설 대비 전력 사용량을 30%나 줄였다고 한다. 특히 안산 데이터센터는 전력효율지수 1.3 이하를 달성했는데, 이는 국내 데이터센터 전력효율지수 평균인 1.91보다 낮은 수치다.

두 번째 강점은 철통같은 보안이다. 물리적 보안과 디지털 보안을 모두 강화해 데이터의 안전한 저장과 처리를 보장한다. 예를 들어 안산 데이터센터는 7단계 출입통제 시스템을 갖추고 있으며, 24시간 보안 요원이 상주한다. 네트워크 보안을 위해 다중 방화벽과 침입 탐지 시스템도 운영 중이다.

세 번째 강점은 뛰어난 확장성이다. 모듈식 설계로 필요에 따라 서버와 저장 공간을 쉽게 늘릴 수 있다. 이는 카카오의 다양한 서비스가 급성장해도 안정적인 인프라를 제공할 수 있게 해준다.

마지막 강점은 환경친화적 운영이다. 재생 에너지 사용 비율을 높이고, 폐열을 활용한 냉난방 시스템을 도입하는 등 탄소 배출 감소에 힘쓰고 있다. 카카오는 2040년까지 데이터센터 운영에 100% 재생 에너지를 사용하겠다는 목표를 세우고, 이를 위해 태양광 발전 설비 확충 등에 투자하고 있다.

이제 카카오 데이터센터가 제공하는 주요 서비스들을 살펴보자.

먼저 클라우드 컴퓨팅 서비스다. '카카오 i 클라우드'를 통해 기업과 개발자들에게 가상 서버, 스토리지, 네트워크 등의 인프라를 제공한다. 이 서비스는 2020년 출시 후 급성장하고 있다고 한다.

둘째, 빅데이터 분석 서비스다. 카카오의 다양한 서비스에서 생성되는 방대한 데이터를 실시간으로 수집, 처리, 분석해 유용한 통찰을 제공한다. 이는 카카오 서비스 개선뿐 아니라 외부 기업들의 마케팅 전략 수립 등에도 활용되고 있다.

셋째, AI 개발 및 운영 환경 제공 서비스다. 고성능 GPU 서버를 구축해 AI 모델 학습과 추론에 필요한 컴퓨팅 파워를 제공한다. 이를 통해 카카오브레인 같은 AI 연구 조직뿐 아니라 외부 AI 스타트업들도 효율적으로 AI 기술을 개발할 수 있게 돕고 있다.

마지막으로 콘텐츠 전송 네트워크(CDN) 서비스다. 전국에 분산된 캐시 서버를 통해 카카오TV, 멜론 등의 스트리밍 서비스에 필요한 고속 콘텐츠 전송을 지원한다. 덕분에 사용자들은 끊김 없이 고품질 미디어 콘텐츠를 즐길 수 있다.

이러한 장점과 서비스를 바탕으로 카카오 데이터센터는 더욱 발전하기 위해서 더 큰 혁신이 요구된다.

지역 분산화 전략이 필요하다. 현재 카카오의 주요 데이터센터는 수도권에 몰려있어 자연재해나 대규모 정전 등의 위험에 취약할 수 있다. 지방 거점도시에 추가 데이터센터를 구축해 위험을 분산하고, 동시에 지역 경제 활성화에도 기여할 수 있을 것이다.

엣지 컴퓨팅 인프라 확충이 필요하다. 5G 시대를 맞아 저지연성이 중요해지는 만큼, 사용자와 가까운 곳에 소규모 데이터센터를 구축하는 엣지 컴퓨팅 전략이 중요해질 것이다. 이를 통해 자율주행, AR/VR 등 실시간 처리가 필요한 서비스의 품질을 높일 수 있다.

그린 데이터센터로의 전환을 가속해야 한다. 현재도 환경친화적 운영을 하고 있지만, 더 나아가 탄소 중립 데이터센터를 목표로 해야 한다. 이를 위해 재생 에너지 사용 비율을 높이고, AI를 활용한 에너지 효율화를 더욱 강화해야 할 것이다.

오픈 이노베이션을 통한 생태계 확장이 필요하다. 카카오 데이터센터의 인프라와 기술을 외부 기업, 연구기관, 스타트업들과 공유하고 협력하는 플랫폼을 만들어야 한다. 이를 통해 새로운 기술과 서비스가 탄생할 수 있는 환경을 조성할 수 있을 것이다. 카카오는 '인공지능(AI) 비서'를 구현하기 위한 거대언어모델(LLM) 개발 등 AI 연구개발을 대폭 강화하고 있다. 개인화된 AI 비서 개발을 위한 대화모델 개발이 핵심이다. 또한 LLM과 텍스트, 이미지, 오디오, 비디오 등 다양한 유형의 데이터를 입출력할 수 있는 '멀티모달' 관련 기술도 개발하고 있다.

카카오 데이터센터는 뛰어난 에너지 효율성, 높은 보안성, 확장성, 환경친화적 운영이라는 장점을 바탕으로 다양한 서비스를 제공하고 있다. 앞으로 지역 분산화, 엣지 컴퓨팅 인프라 확충, 그린 데이터센터로의 전환, 오픈 이노베이션을 통한 생태계 확장 등을 추진한다면 한국의 디지털 혁신을 이끄는 핵심 인프라로서 더욱 중요한 역할을 할 수 있을 것이다.

CHAPTER

03

광주/부산/춘천 데이터센터 집적 단지

3.1 광주 AI 데이터센터

광주에 들어서는 AI 데이터센터가 우리나라 인공지능 산업의 핵심 동력이 될 전망이다. 이 거대한 프로젝트는 2020년 구상을 시작해 이듬해부터 본격적인 공사에 착수했고, 서비스를 개시했다. 광주 AI 데이터센터는 NVIDIA의 최신 성능 가속기 'H100' 등 고성능 컴퓨팅 지원을 통해 방대한 데이터의 학습, 분석, 활용이 가능한 인프라를 제공한다. 20페타플롭스 규모의 고성능 컴퓨팅(HPC), 68.5페타플롭스 규모 그래픽 처리장치(GPU) 클라우드 혼용 방식으로 구축되어 있다.

이 센터의 진가는 AI에 특화된 인프라에 있다. 기존 데이터센터들이 단순 저장과 처리에 치중했다면, 광주의 이 센터는 AI 학습과 추론에 최적화된 시스템을 갖추고 있다. 특히 대규모 GPU 클러스터를 도입해 딥러닝 같은 고성능 컴퓨팅이 필요한 AI 작업을 효율적으로 해낼 수 있게 설계됐다. 이는 우리나라 AI 연구와 산업 발전에 큰 힘이 될 것이 분명하다.

에너지 효율 면에서도 이 센터는 탁월한 성능을 보일 것으로 기대된다. 최신 냉각 기술과 재생 에너지를 활용해 전력효율지수 1.2 이하를 목표로 하고 있다. 이는 기존 국내 데이터센터들의 평균 전력효율지수인 1.7~2.0보다 훨씬 뛰어난 수치다. 운영비 절감은 물론 환경 보호 측면에서도 큰 의미를 지닌다.

이 센터가 제공할 주요 서비스로는 AI 모델 학습 및 추론, 빅데이터 분석, 클라우드 컴퓨팅 등이 있다. 특히 AI 스타트업과 중소기업들이 고성능 AI 인프라를 저렴하게 이용할 수 있게 해서 국내 AI 생태계 발전에 크게 기여할 것으로 보인다. 또한 의료, 자율주행, 스마트 시티 등 다양한 분야의 AI 서비스 개발을 지원해 4차 산업혁명 시대의 핵심 인프라 역할을 맡게 될 것이다.

기존 국내 데이터센터와 이 센터의 가장 큰 차이는 AI 특화 설계에 있다. 대부분의 국내 데이터센터가 일반적인 IT 서비스를 위한 범용 인프라에 초점을 맞췄다면, 광주의 이 센터는 AI 워크로드에 최적화된 하드웨어와 소프트웨어 스택을 갖추고 있다. 예를 들어, NVIDIA DGX Super POD 같은 고성능 AI 시스템을 대규모로 도입해 국내 최고 수준의 AI 컴퓨팅 파워를 제공할 예정이다.

또 다른 중요한 차이점은 개방성과 협력 모델에 있다. 이 센터는 단순히 인프라를 제공하는 데 그치지 않고, 산학연 협력의 중심지 역할을 할 계획이다. 이를 위해 AI 연구소, 스타트업 인큐베이팅센터, 교육 시설 등을 함께 운영해 AI 생태계 전반의 발전을 도모하고 있다. 이는 기존 데이터센터들이 주로 폐쇄적인 운영 모델을 가졌던 것과는 큰 차이를 보인다.

이 센터의 설립은 지역 균형 발전 측면에서도 큰 의미가 있다. 그동안 국내 IT 인프라가 수도권에 집중됐던 것과 달리, 광주라는 지방 도시에 최첨단 AI 인프라가 구축됨으로써 지역 IT 산업 발전의 새로운 전기가 마련될 것으로 보인다. 실제로 광주시는 이를 계기로 'AI 중심도시' 조성을 위한 다양한 정책을 추진 중이며, 이미 여러 AI 기업들이 광주로의 이전을 결정하거나 검토 중인 것으로 알려졌다.

센터 완공 이후의 계획도 주목할 만하다. 우선 2025년까지 AI 특화 데이터센터로서의 입지를 다지고, 2026년부터는 본격적인 글로벌 경쟁력 확보에 나설 예정이다. 특히 아시아 지역의 AI 허브로 성장하기 위한 전략을 수립 중이며, 이를 위해 국제 AI 컨퍼런스 유치, 글로벌 AI 기업과의 협력 강화 등을 계획하고 있다.

교육과 인재 양성 측면에서도 이 센터의 역할이 기대된다. 센터 내에 AI 교육 시설을 마련해 대학생, 직장인, 일반인 등을 대상으로 한 AI 교육 프로그램을 운영할 계획이다. 이를 통해 지역의 AI 인재 풀을 확대하고, 나아가 국가 전체의 AI 경쟁력 향상에 이바지하고자 한다. 특히 실제 산업 현장에서 필요로 하는 실무 중심의 AI 교육을 제공함으로써, 교육과 취업을 연계하는 선순환 구조를 만들어낼 것으로 기대된다.

이 센터의 성공은 국내 AI 산업 발전의 중요한 전환점이 될 것이다. 세계적 수준의 AI 인프라를 확보함으로써 국내 AI 연구 및 산업의 경쟁력이 크게 향상될 것이며, 이는 다양한 분야에서의 AI 혁신으로 이어질 전망이다. 또한 지역 균형 발전의 모델 케이스로서, 다른 지역에서도 유사한 프로젝트를 추진하는 데 영감을 줄 수 있을 것이다.

하지만 이런 밝은 전망에도 불구하고, 몇 가지 과제가 있다. 우선 지속적인 투자와 기술 혁신이 필요하다. AI 기술의 빠른 발전 속도를 고려할 때 한 번의 대규모 투자로는 장기적인 경쟁력을 확보하기 어렵다. 따라서 정부와 민간의 지속적인 관심과 투자가 요구된다. 또한 데이터 보안, 프라이버시 보호 등 AI 윤리 문제에 대한 대비도 필요하다. 대규모 AI 인프라의 구축은 필연적으로 이러한 윤리적 문제들과 맞닥뜨리게 될 것이므로, 이에 대한 선제적인 대응 방안 마련이 중요하다.

광주 AI 데이터센터는 대한민국 AI 산업의 새 지평을 열 것이다. 서울과 수도권과 광주를 잇는 AI 호남고속도로가 될 것이다. AI 특화 설계, 높은 에너지 효율성, 개방적 협력 모델 등 여러 혁신적 요소를 통해 기존 데이터센터와는 차별화된 가치를 제공할 것이다. 이는 국내 AI 생태계 전반의 발전으로 이어질 것이다. 앞으로의 성공적인 운영과 지속적인 혁신을 통해 이 센터가 대한민국을 넘어 글로벌 AI 허브로 성장해 나가기를 기대해 본다.

3.2 부산 데이터센터 집적 단지

부산은 대한민국의 국제 통신 관문이다. 국제 해저케이블의 90% 이상이 부산에서 시작된다. 이는 단순한 숫자가 아니다. 부산이 글로벌 디지털 경제의 핵심 연결고리라는 뜻이다. 세계 각국과 한국을 잇는 국제 해저케이블 고속도로의 출발점이 바로 부산인 셈이다.

이러한 지리적 이점을 활용해 이미 KT, LG CNS, 마이크로소프트 등 대형 기업들의 데이터센터가 부산에 자리 잡고 있다. 국제 해저케이블과의 직접 연결은 이들 데이터센터에 초저지연, 초고속 글로벌 네트워크 접근성을 제공한다. 이는 클라우드 서비스, 콘텐츠 전송, 국제 금융 거래 등에서 결정적인 경쟁력이 된다.

그럼에도 불구하고, 디지털 경제의 핵심 시설인 데이터센터의 70% 이상이 여전히 수도권에 몰려있다. 산업통상자원부의 조사에 따르면, 2029년까지 신규 데이터센터 전력 수요의 80.9%가 서울을 포함한 수도권에 집중될 전망이라고 한다.

이런 상황에서 부산은 국제 해저케이블 인프라를 핵심 무기로 삼아 데이터센터 산업을 전략적으로 육성하겠다는 야심찬 계획을 내놓은 것이다. 부산이 데이터센터 산업의 메카가 되겠다고 나선 이유는 단순히 지역 발전을 위해서가 아니다. 국가 전체의 균형 발전과 더불어, 대한민국을 글로벌 디지털 강국으로 만들겠다는 포부가 담겨 있다.

부산은 이미 갖춰진 국제 해저케이블 인프라를 중심으로 강서구 낙동강 벨트를 데이터센터 특화 지역으로 지정했다. 이곳에 에코델타시티(EDC) 그린 데이터센터 집적 단지를 만들고 있는데 규모가 어마어마하다. 부지 면적만 17만 7,000m²(약 5만 4,000평)에 달하고, 전력 규모는 420MW라고 한다. 투자 규모는 무려 4조 2천억 원에 이른다. 이는 부산이 데이터센터 산업에 걸고 있는 기대가 얼마나 큰지를 보여준다.

부산의 데이터센터 집적 단지는 AI, 클라우드, 빅데이터, IoT 등 디지털 기술을 한데 모아 종합적인 데이터센터 생태계를 만들려고 한다. 이는 부산이 가진 지리적, 인프라적 이점을 최대한 활용하려는 전략이다. 특히 국제 해저케이블과의 직접 연결은 글로벌 기업들에게 매력적인 요소가 될 것이다.

부산은 데이터센터 운영을 위한 전력 공급이 안정적이다. 부산의 전력 자급률이 217%에 달하고, 인재 확보도 문제없다. 부산에 22개의 대학이 있고, 매년 평균 1만 명의 공학계열 졸업생을 배출하고 있다.

이런 장점들을 바탕으로 부산은 단순히 데이터센터를 유치하는 데 그치지 않고, 데이터 산업 전반의 생태계를 만들려고 한다.

부산의 계획은 크게 네 단계로 나뉜다. 1단계는 데이터센터 집적 단지를 만들고 국비 등의 예산을 확보해 산업 육성 기반을 마련하는 것이다. 2단계는 데이터센터 기업뿐 아니라 수요 기업, 즉 테넌트 유치를 위한 전략적 기반을 마련하는 것이다. 3단계는 데이터센터 구축·설비 및 장비 유지보수 등 전후방 산업과 연계해 지역 내 데이터센터 생태계를 만드는 것이다. 마지막 4단계는 싱가포르, 말레이시아 등 국가 간 데이터센터 연계를 통해 아시아 글로벌 허브도시 부산을 실현하는 것이다.

광주가 AI 특화 데이터센터로서의 입지를 다지는 데 주력하고 있다면, 부산은 국제 해저케이블을 바탕으로 한 글로벌 데이터 산업의 허브가 되는 것을 목표로 하고 있다.

부산의 계획에서 특히 눈여겨볼 만한 점은 '그린 데이터센터'를 강조한다는 것이다. 에코델타시티 그린 데이터센터 집적 단지는 고효율 그린 데이터센터를 목표로 하고 있다. 부산은 데이터센터 산업으로 지역 경제를 살리려고 한다. 데이터센터 구축·설비 및 장비 유지보수 등 전후방 산업과 연계해서 지역에 일자리도 만들고 경제도 키우겠다는 것이다. 이는 단순히 데이터센터를 유치하는 것을 넘어, 지역 경제 전반에 활력을 불어넣으려는 전략이다.

하지만 부산의 계획에는 몇 가지 난관이 있다. 수도권에 몰린 기업들을 어떻게 부산으로 끌어올 것인가? 전기를 엄청나게 먹는 데이터센터들이 들어섰을 때 생길 수 있는 환경 문제는 어떻게 해결할 것인가? 글로벌 데이터센터 허브로 크려면 필요한 국제 경쟁력은 어떻게 확보할 것인가? 이런 문제들을 해결하지 못하면 부산의 야심찬 계획은 실현되기 어려울 수 있다.

이런 과제들을 해결하려면 정부의 지원과 민간 기업의 협력이 필수다. 거기에 끊임없는 기술 혁신과 인재 양성도 뒷받침돼야 한다. 부산시는 이를 위해 지역 대학이나 연구기관과 손잡고, 데이터 산업 관련 교육 프로그램도 늘리겠다고 한다. 이런 노력이 결실을 본다면 부산의 계획은 성공에 한 걸음 더 가까워질 것이다.

부산의 데이터센터 집적 단지 계획은 야심차고 도전적이다. 이 계획이 성공한다면 부산은 아시아를 대표하는 데이터 산업의 허브로 성장할 수 있을 것이다. 더 나아가 수도권 집중 문제를 해결하고 지역 균형 발전이라는 국가적 과제 해결에도 한몫할 수 있을 것이다.

3.3 춘천 데이터센터 집적 단지

강원도 춘천은 소양강댐의 차가운 물을 이용해 데이터센터를 냉각하는 수열에너지 기술을 도입한다. 이는 전력 소비를 크게 줄일 수 있는 혁신적인 방법이다. 춘천은 여기서 한 걸음 더 나아가 데이터센터뿐 아니라 스마트팜과 연구개발센터 등을 아우르는 복합단지를 조성하려 한다.

춘천의 계획이 특별히 주목받는 까닭은 바로 '수열에너지' 때문이다. 데이터센터의 가장 큰 문제점 중 하나가 바로 발열이다. 24시간 쉬지 않고 돌아가는 서버를 식히는 데 엄청난 양의 전기가 들어간다.

그런데 춘천은 이 문제를 소양강댐의 차가운 물로 해결하겠다는 것이다. 소양강댐의 심층수 온도는 연평균 7도를 유지한다. 이 찬물을 이용해 데이터센터를 냉각하면 전력 소비를 크게 줄일 수 있다. 춘천의 계획은 단순히 데이터센터를 모아놓는 데 그치지 않는다.

총 81만 6,000m²의 부지에 3,600억 원을 들여 2027년까지 조성되는 이 클러스터에는 220MW 규모의 하이퍼스케일 클라우드 데이터센터 7개가 들어선다. 여기에 더해 스마트팜 첨단농업단지, 연구개발(R&D)센터, 의료 AI 스타트업센터 등을 갖춘 데이터산업 융합밸리, 그리고 친환경 생태주거단지까지 함께 조성된다. 이는 부산의 계획과 비슷한 점이 있다.

부산이 데이터센터를 중심으로 관련 산업 생태계를 조성하려 하듯, 춘천도 데이터센터를 중심으로 한 융복합 산업 단지를 만들려는 것이다. 다만 춘천은 수열에너지라는 독특한 자원을 활용한다는 점에서 차별화된다.

정부는 이 클러스터가 완성되면 향후 30년간 7,300명의 양질의 일자리가 만들어질 것으로 내다보고 있다. 또한 춘천의 프로젝트는 환경 측면에서도 큰 의미가 있다. 수열에너지를 활용함으로써 전력 소비를 크게 줄일 수 있기 때문이다.

하지만 춘천의 계획에도 몇 가지 과제가 있다. 수열에너지 활용 기술의 안정성과 효율성을 검증해야 한다. 아직 국내에서 이런 규모로 수열에너지를 활용한 사례가 없기 때문이다. 수도권에 비해 상대적으로 부족한 IT 인프라와 인력을 어떻게 확보할 것인가 하는 문제도 있다. 데이터센터 유치를 위한 경쟁력을 어떻게 확보할 것인가도 중요한 과제다.

이런 과제들을 해결하려면 정부의 지원과 민간 기업의 협력이 필수적이다. 춘천의 데이터센터 집적 단지는 수열에너지를 활용한 친환경 운영 모델을 제시함으로써, 데이터센터 산업의 지속가능성 문제에 대한 새로운 해답을 제시할 수 있을 것이다. 이는 전 세계적으로 주목받고 있는 '그린 IT' 흐름에 부합하는 것으로 춘천이 글로벌 데이터센터 시장에서 경쟁력을 확보할 수 있는 중요한 요소가 될 수 있다.

춘천의 프로젝트는 지역 특성을 살린 혁신적인 도시 개발 모델로서의 의미도 크다. 소양강댐이라는 지역 자원을 첨단 산업과 연계시킴으로써, 춘천은 단순한 관광도시를 넘어 첨단 기술 도시로 거듭날 수 있는 기회를 얻게 된 것이다. 이는 다른 지방 도시들에게도 지역 특성을 살린 발전 전략 수립의 좋은 본보기가 될 수 있을 것이다. 충주댐, 남강댐, 임하댐에서도 참고할 필요가 있다.

춘천의 도전은 광주, 부산과 함께 우리나라 데이터센터 산업의 새로운 지평을 열 것으로 기대된다. 각 도시가 가진 고유의 강점을 살려 특색 있는 데이터센터 단지를 조성한다면, 이는 곧 우리나라 전체의 데이터 산업 경쟁력 향상으로 이어질 것이다.

더불어 이들 프로젝트는 수도권 집중 문제 해결과 지역 균형 발전이라는 국가적 과제 해결에도 큰 도움이 될 수 있을 것이다. 첨단 산업의 지방 이전은 단순한 일자리 창출을 넘어 지역 경제의 체질을 바꾸고 젊은 인재들의 유입을 촉진하는 효과를 가져올 수 있기 때문이다.

CHAPTER

04

AI 경부고속도로

4.1 바다가 선물한 미래도시

　동해안이 대한민국 AI 산업의 전략적 요충지로 떠오르고 있다. 이 지역은 국제 해저케이블 연결 가능성, 높은 전력 자립도, 심층수 활용 잠재력, 그리고 연관 제조업의 집적 등 여러 장점을 갖춰 AI 경부고속도로 구축의 최적지로 평가받는다.

　동해안의 최대 강점은 국제 해저케이블 연결 가능성이다. 해저케이블은 대륙 간 데이터 통신의 대부분을 담당하는 핵심 인프라로, 전 세계 데이터 트래픽의 약 99%가 이를 통해 전송된다. 경상북도와 포항시는 이런 중요성을 인식하고 SK에코플랜트와 함께 육양국 연계 데이터센터 캠퍼스 구축을 위한 MOU를 체결했다. 이로써 포항은 국제 해저케이블의 새로운 거점으로 도약할 준비를 하고 있다. 이 데이터센터 캠퍼스는 단순한 저장소를 넘어 AI 연구와 개발의 핵심 인프라가 될 전망이다. 해저케이블 연결은 국내 AI 기업들의 글로벌 경쟁력 강화에도 큰 도움이 될 것이다. 빠르고 안정적인 국제 데이터 통신이 AI 모델 학습과 서비스 제공에 필수적이기 때문이다.

동해안의 또 다른 강점은 높은 전력 자립도다. AI 연구와 개발, 특히 대규모 AI 모델의 학습에는 어마어마한 전력이 필요하다. 예컨대 OpenAI의 GPT-3 모델을 학습시키는 데 약 1,287MWh의 전력이 소비됐다고 한다. 이는 미국 가정 120가구의 1년 치 전력 사용량에 해당한다. 울진과 경주 등에 자리한 원자력 발전소는 이런 대규모 전력 수요를 안정적으로 공급할 수 있는 기반이 된다. 2021년 기준 한국의 원자력 발전 비중은 30.7%로, 전체 발전량의 상당 부분을 차지한다. 특히 동해안에 집중된 원자력 발전소들은 AI 산업에 필요한 대규모 전력을 안정적으로 공급할 수 있는 역량을 갖추고 있다.

심층수 활용 잠재력 또한 동해안의 중요한 장점이다. 데이터센터와 AI 연구 시설은 많은 열을 발생시키며, 이를 효율적으로 식히는 게 중요하다. 심층수는 연중 안정적인 저온을 유지해 냉각에 이상적이다. 동해안 지역의 심층수는 수심 500m에서 연중 2℃의 온도를 유지하고 있어, 이를 활용한 냉각 시스템은 에너지 효율을 크게 높일 수 있다. 실제로 구글은 핀란드의 데이터센터에서 해수를 이용한 냉각 시스템을 도입해 전력 사용량을 40% 가량 줄였다고 한다. 동해안의 심층수를 활용한다면 비슷하거나 그 이상의 에너지 절감 효과를 기대할 수 있을 것이다.

연관 제조업의 집적 역시 동해안의 강점이다. POSCO를 비롯한 대규모 제조업체들이 자리하고 있다. 이들 기업은 AI 기술을 적극 도입해 생산성을 높이고 있으며, 이는 AI 기술의 실제 적용 사례가 된다. 이런 산업 현장의 수요는 AI 기술 발전의 원동력이 되며, 동시에 AI 기술의 실용성을 검증하는 테스트베드 역할을 한다.

게다가 포항공과대학교(POSTECH)의 존재는 동해안의 AI 연구

역량을 크게 끌어올리고 있다. POSTECH은 2019년 국내 최초로 인공지능대학원을 세워 AI 분야의 최고급 인재를 양성하고, AI 관련 연구를 수행하고 있다. 이는 동해안이 단순한 인프라 제공을 넘어 AI 연구와 개발의 중심지로 발전할 수 있는 잠재력을 보여준다.

이런 동해안의 전략적 가치는 국가 차원의 AI 산업 발전 전략과도 맞닿아 있다. 정부는 '인공지능 국가전략'을 통해 2030년까지 AI 강국 도약을 목표로 하고 있다. 이 전략의 핵심은 AI 핵심 인프라 구축, 전문인재 양성, 그리고 산업 생태계 조성이다. 동해안은 이 모든 요소를 갖추고 있거나 빠르게 발전시킬 수 있는 잠재력을 가지고 있다.

국제 해저케이블 연결은 글로벌 AI 기업들과의 협력을 쉽게 하고, 국내 AI 기업들의 해외 진출을 돕는다. 높은 전력 자립도는 대규모 AI 모델 학습과 운영에 필요한 안정적인 전력 공급을 보장한다. 심층수를 활용한 냉각 시스템은 AI 인프라의 에너지 효율성을 크게 높인다. 다수의 제조업체들은 AI 기술의 실제 적용 사례를 제공하며, 이는 AI 기술의 발전과 검증에 큰 도움이 된다. POSTECH을 중심으로 한 연구 인력은 지속적인 AI 혁신을 가능하게 하는 핵심 자산이다.

더불어 동해안 개발은 국가 균형 발전에도 기여할 수 있다. 현재 한국의 AI 산업은 수도권에 집중돼 있는데, 동해안을 중심으로 한 AI 경부고속도로의 구축은 이런 불균형을 해소하고 지역 경제 활성화에 크게 이바지할 수 있다.

동해안은 AI 경부고속도로 구축을 위한 최적의 조건을 갖추고 있다. 국제 해저케이블 연결 가능성, 높은 전력 자립도, 심층수 활용 잠재력, 연관 제조업의 집적, 그리고 우수한 연구 인력의 존재는 이 지역을 AI 산업의 중심지로 발전시킬 수 있는 핵심 요소들이다.

이런 전략적 가치를 효과적으로 활용한다면, 동해안은 대한민국을 넘어 세계적인 AI 허브로 자리매김할 수 있을 것이다. 이는 국가 경쟁력 강화와 지역 균형 발전이라는 두 마리 토끼를 한꺼번에 잡을 수 있는 기회가 될 것이다.

4.2 AI 경부고속도로 청사진

60년대 산업화 시대에 경부고속도로가 한국 경제 발전의 대동맥 역할을 했다면, 이제 AI 시대에는 'AI 경부고속도로'가 필요하다. 서울과 부산을 잇는 이 디지털 대동맥은 물자와 인력 대신 데이터와 지식의 흐름을 가속화할 것이다. 이는 단순한 도로가 아닌, 우리나라를 AI 강국으로 이끌 핵심 인프라다.

이 새로운 고속도로의 핵심은 동해안, 특히 대구·경북 지역에 들어설 대규모 AI 데이터센터다. 이 지역이 가진 가장 큰 장점은 무엇일까? 바로 전력 자립도다. 2023년 기준으로 경북의 전력 자립도는 216%로 전국에서 가장 높다. AI 데이터센터 운영에 필수적인 막대한 전력을 안정적으로 공급할 수 있는 것이다.

게다가 동해안은 해양 심층수를 활용한 냉각 시스템 구축이 가능하다. 이는 데이터센터의 에너지 효율을 획기적으로 높일 수 있는 요소다. 실제로 마이크로소프트는 스코틀랜드 앞바다에서 해저 데이터센터 프로젝트 '프로젝트 나틱(Project Natick)'을 최근 성공적으로 마쳤다.[49] 동해안의 이런 지리적 이점은 친환경 데이터센터 구축의 큰 강점이 될 것이다.

AI 경부고속도로는 과거의 경부고속도로처럼 국가 경제의 새로운 동력이 될 것이다. 산업화 시대의 경부고속도로가 제조업 중심 경제 성장을 이끌었다면, AI 경부고속도로는 4차 산업혁명 시대의 지식 기반 경제를 견인할 것이다.

AI 팩토리 역할을 하는 데이터센터들은 국내 AI 기술 발전의 핵심 거점이 될 것이다. 동해안의 풍부한 전력은 대규모 AI 모델 학습에 필요한 엄청난 컴퓨팅 파워를 안정적으로 제공할 수 있다. 이는 우리나라 AI 기술의 발전 속도를 크게 높이는 요인이 될 것이다.

대규모 데이터센터는 국내 기업들이 세계 시장에서 경쟁할 수 있는 기반이 될 것이다. 과거 경부고속도로가 국내 기업들의 물류비를 줄이고 생산성을 높였듯, AI 경부고속도로의 대규모 데이터센터는 우리 기업들의 AI 서비스 개발 및 운영 비용을 낮추고 경쟁력을 높일 것이다.

친환경 데이터센터로서의 기능은 환경 보호와 경제 발전을 동시에 추구하는 새로운 모델을 제시할 것이다. 원자력 발전을 통한 저탄소 전력 공급과 해양 심층수를 활용한 고효율 냉각 시스템은 지속 가능한 발전의 새로운 패러다임을 만들어낼 것이다.

세계적 데이터센터로서의 역할은 한국을 세계 AI 산업의 중심지로 만드는 데 기여할 것이다. 과거 경부고속도로가 한국을 세계적인 제조 강국으로 만드는 데 기여했듯, AI 경부고속도로는 한국을 세계적인 AI 강국으로 만드는 데 기여할 것이다.

AI 경부고속도로는 지역 균형 발전에도 크게 이바지할 것이다. 과거 경부고속도로가 지나간 지역들이 경제 발전의 혜택을 누렸듯 AI 경부고속도로가 지나는 지역들은 AI 산업 발전의 혜택을 누리게 될 것이다. 특히 동해안 지역은 AI 데이터센터 구축으로 새로운 성장 동력을 확보하게 될 것이다.

이 야심찬 계획의 성공을 위해서는 미국의 'AI 맨해튼 프로젝트'

같은 비전이 필요하다. '문무 AGI 국가첨단전략산업 특화단지' 같은 국가적 사업이 절실하다. 이 국가첨단전략산업 특화단지는 경주의 한국원자력연구원 문무과학연구소가 연구 중인 SMR과 울진 원자력 수소 국가산업단지의 전력망을 토대로 동해안에 거대한 컴퓨팅 능력을 갖춘 AGI 연구소를 세우자는 원대한 구상이다. AI 클라우드가 국가 경제와 안보의 핵심인 만큼, 이를 첨단전략산업으로 키워 세계 최고의 기술력을 확보해야 한다. 장기적으로 이 구역을 '신뢰와 안전 허브(Trust and Safety Hub)'로 브랜드를 구축해 나갈 필요가 있다.

정부, 지자체, 기업, 학계가 힘을 모아 이 사업을 추진해야 한다. 정부는 과감한 투자와 규제 완화로, 지자체는 최적의 환경 조성으로, 기업은 기술 개발과 서비스 혁신으로, 학계는 인재 양성과 핵심 기술 연구로 각자의 역할을 다해야 한다.

AI 경부고속도로는 산업화 시대의 경부고속도로처럼 우리나라를 새 시대로 이끌 것이다. 이는 단순한 기반 시설 구축이 아니라 대한민국의 미래를 좌우할 국가적 과업이다. AI 경부고속도로의 성공적 구축은 우리나라를 AI 강국으로 만들고, 4차 산업혁명 시대의 세계적 리더로 자리매김하게 할 것이다. 우리는 지금 새로운 도약의 기회 앞에 서 있다. AI 경부고속도로를 통해 대한민국은 다시 한번 세계를 놀라게 할 것이다.

4.3 K 슈퍼 클라우드 컴퓨팅 파크

K 슈퍼 클라우드 컴퓨팅 파크란 대한민국의 디지털 혁명을 이끌

차세대 클라우드 컴퓨팅 기반을 말한다. 단순한 데이터 저장소가 아니라 AI, 빅데이터, IoT 등 첨단 기술을 아우르는 플랫폼으로 국가 경쟁력의 핵심 동력이 될 것이다. K 슈퍼 클라우드 컴퓨팅 집적단지는 이런 첨단 기반을 한데 모아 시너지를 극대화하는 사업으로 AI 경부고속도로의 중추 역할을 맡게 된다.

AI 경부고속도로는 서울부터 부산까지 주요 도시를 AI 기술로 잇는 국가 전략 사업이다. 그중에서도 K 슈퍼 클라우드 컴퓨팅 집적단지 조성은 AI 경부고속도로의 핵심 사업으로 우리나라 AI 산업 발전의 토대가 될 것으로 보인다. 특히 동해안 지역에 K 슈퍼 클라우드 컴퓨팅 집적단지를 만들어 지역 균형 발전과 함께 나라 전체의 디지털 경쟁력을 높이는 데 이바지할 것이다.

동해안 지역은 K 슈퍼 클라우드 컴퓨팅 집적단지를 만들기에 안성맞춤이다. 가장 눈에 띄는 점은 넉넉한 전력 공급 능력이다. 이는 전기를 많이 먹는 데이터센터를 운영하는 데 큰 강점이 된다. 게다가 포항은 국제 해저케이블 육양국 연결이 예정돼 있어 세계 네트워크 접근성이 뛰어나고, 심층수로 냉각 장치를 만들 수 있어 에너지 효율을 크게 높일 수 있다.

생성 AI 가속기센터는 K 슈퍼 클라우드 컴퓨팅 집적단지의 가장 중요한 요소 중 하나다. 여기엔 고성능 컴퓨팅(HPC)센터와 퀀텀(Quantum)센터가 포함되며, 배터리 신소재와 신약개발 등 여러 분야에 쓰일 수 있다.

국가 GenAI 가속기센터는 HPC센터와 Quantum센터가 융합되어야 한다. HPC센터는 대규모 병렬 처리가 가능한 GPU 클러스터를 갖추고, 복잡한 과학 계산과 시뮬레이션을 할 수 있는 시설이다. 이는 기상 예측, 신약 개발, 우주 탐사 등 다양한 분야에 쓰인다. NVIDIA의 A100, V100, H100 같은 고성능 GPU를 네트워크로 연결하여 병렬로 작업을 처리할 수 있는 시스템이다.

Quantum센터는 양자 컴퓨팅 기술을 연구하고 개발하는 시설이다. 양자 컴퓨팅은 기존 컴퓨팅으로는 풀기 어려운 복잡한 문제를 해결할 수 있는 잠재력을 지니고 있다. 예컨대, 구글은 2019년 양자 우위를 달성했다고 발표했는데, 이는 양자컴퓨터가 특정 계산을 기존의 슈퍼컴퓨터보다 훨씬 빠르게 할 수 있다는 뜻이다.[50] 세계 양자컴퓨터 시장을 살펴보면 크게 세 갈래로 나뉜다. IBM과 구글이 개발하는 초전도 양자컴퓨터, IonQ와 Honeywell이 연구하는 이온트랩 방식, Quandela와 Xanadu가 주도하는 광학 양자컴퓨터가 그것이다. 현재 양자컴퓨터는 완벽한 상용화 단계에 이르지 못했다. 하지만 GPU 클러스터와 융합하면 HPC센터의 계산 능력을 한층 끌어올리고, 다가올 양자 컴퓨팅 시대를 준비할 수 있을 것이다.

이런 기반은 배터리 신소재 개발에 큰 도움이 될 수 있다. 예를 들어, 도요타는 IBM의 양자 컴퓨팅 기술을 활용해 리튬-공기 배터리의 성능을 개선하는 연구를 하고 있다. 이는 전기차의 주행거리를 크게 늘릴 수 있는 가능성을 지니고 있다.

신약 개발 분야에서도 이런 기반의 활용 가능성은 무궁무진하다. 예컨대, 구글의 딥마인드는 AI를 활용해 단백질 구조를 예측하는 '알파폴드' 시스템을 개발했다. 이는 신약 개발 과정을 크게 줄일 수 있는 잠재력을 갖고 있다.

생성 AI는 이런 기반을 토대로 더욱 발전할 수 있다. 예를 들어, OpenAI의 GPT-3는 1,750억 개의 매개변수를 가진 대규모 언어 모델로, 여러 자연어 처리 작업을 할 수 있다. 이런 모델의 학습과 운용에는 엄청난 컴퓨팅 파워가 필요하며, K 슈퍼 클라우드 컴퓨팅 집적단지의 기반은 이를 충분히 뒷받침할 수 있을 것이다.

K 슈퍼 클라우드 컴퓨팅 집적단지의 생성 AI 가속기 핵심 기반은 이런 기술 발전을 더욱 빠르게 할 것이다. 이는 한국이 AI 분야에서 세계적 리더십을 확보하는 데 큰 도움이 될 것이며, 여러 산업 분야의 혁신을 이끌어낼 것이다.

슈퍼 클라우드 파크 조성은 K 슈퍼 클라우드 컴퓨팅 집적단지의 핵심 요소다. 이는 대규모 데이터센터들이 모인 공간으로, 클라우드 서비스 제공업체들이 한곳에 모여 시너지를 낼 수 있는 환경을 제공한다. 예를 들어, 미국의 버지니아주 애쉬번 데이터센터 앨리는 세계 인터넷의 수도이다. 미국 전체에서 사용하는 데이터센터 용량의 1/3 이상이 버지니아주에 몰려있다. 이곳의 거대한 네트워크가 데이터의 생산, 보관, 소비의 중심지이기도 하다.

글로벌 AI 데이터센터 허브로의 발전은 K 슈퍼 클라우드 컴퓨팅 집적단지의 중요한 목표다. 이를 위해선 글로벌 기업들의 데이터센터 유치가 필수적이다. 싱가포르의 경우 구글, 페이스북, 아마존 등 글로벌 기업들의 데이터센터를 성공적으로 유치했으며, 이를 통해 아시아 태평양 지역의 데이터 허브로 자리 잡았다.

AI 실리콘 비치 조성은 K 슈퍼 클라우드 컴퓨팅 집적단지의 혁신 생태계를 완성하는 핵심 요소다. 여기엔 AGI 연구소와 AI 스타트업 지원센터가 포함되며, 산학연 협력을 통한 지속적인 혁신을 가능하게 한다. 예컨대, 캐나다의 토론토는 세계적인 AI 허브로 성장했으며, 이는 대학, 연구소, 스타트업, 대기업이 긴밀히 협력한 결과다.

인공지능이 인간의 지능을 넘어서는 AGI 시대가 다가오고 있다. 이 시대에 가장 중요한 것은 무엇일까? 바로 초고순도 데이터다. 마치 반도체 공장에서 순도 높은 실리콘이 필요하듯, AGI에는 고품질의 데이터가 필수적이다.

이런 데이터를 생산하는 곳을 우리는 '데이터 파운드리'라고

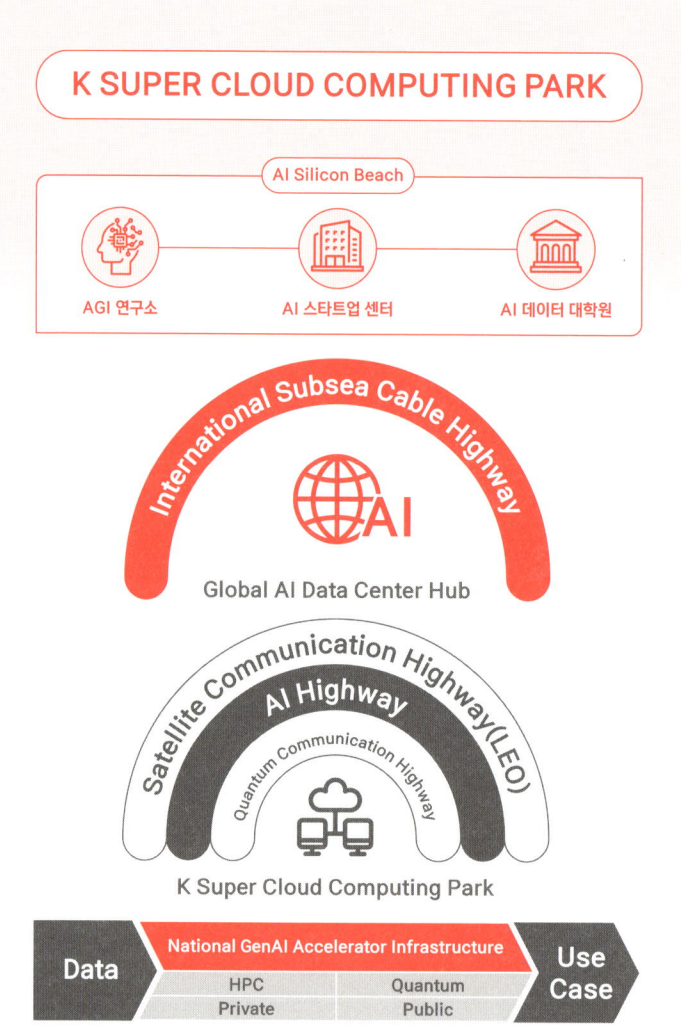

부른다. 우리나라는 이런 데이터 파운드리를 구축하기에 좋은 조건을 갖추고 있다. 높은 문해력과 교육 수준 덕분에 우수한 인재들이 많기 때문이다. 이제 우리도 세계적 수준의 데이터 파운드리 캠퍼스를 만들어야 할 때가 왔다. 그래야 AGI 시대의 주역이 될 수 있을 것이다.

K 슈퍼 클라우드 컴퓨팅 집적단지 조성은 한국의 AI 산업 발전과 디지털 경쟁력 강화를 위한 핵심 프로젝트다. 동해안의 뛰어난 입지 조건을 활용하고, 생성 AI 가속기 핵심 기반을 구축하며, 슈퍼 클라우드 컴퓨팅 파크를 조성하고, 글로벌 AI 데이터센터 허브로 발전시키며, AI 실리콘 비치를 만듦으로써 한국은 4차 산업혁명 시대의 세계적 리더로 도약할 수 있을 것이다.

석기시대에 칼을 사용했던 인간이 청동 방패를 상상할 수 없었듯이, 우리도 앞으로 10년 뒤에 AI 고속도로를 타고 어떤 것이 오갈지 지금으로서는 상상할 수 없다. 그 고속도로가 완성되었을 때 비로소 우리는 그 무궁무진한 가능성에 놀라게 될 것이다. AI 고속도로는 지금도 그 목적지를 향해 힘차게 달려가고 있다.

문무 AI 강국 삼국유사

천 년 전 삼국을 통일한 문무대왕의 혜안으로,
오늘날 우리는 AI 고속도로를 꿈꾼다.
과거의 지혜가 미래를 여는 열쇠가 되리라.

삼국을 통일한 문무대왕의 지혜가 후세에 전해지니, 이는 천 년 뒤 우리 겨레가 세계를 이끌 큰 깨달음이 되리라. 왕이 즉위하시니 나라의 기틀을 바로 세우고자 하였다. 당나라와 화친하여 등주(登州)에 군진을 설치하고, 고구려와 백제를 평정하여 삼국을 하나로 만드셨으니, 이는 문(文)과 무(武)를 겸비한 대왕의 지혜였다. 후세에 이르러 세상이 크게 변하여 인공지능이라 불리는 신기한 기술이 나타났으니, 이를 다스리는 자가 천하를 제패하리라. 문무대왕의 혜안으로 이를 내다보신 듯 후손들이 AI 고속도로를 구축하고자 하였다.

먼저 바다 밑으로 굵은 줄을 연결하여 멀리 있는 나라와도 순식간에 말을 주고받게 하니 이를 '국제 해저케이블'이라 하였다. 이로써 세계 각국의 지혜를 한데 모을 수 있게 되었으니, 마치 문무대왕이 당나라와 협력한 것과 같았다. 다음으로 고성능 컴퓨팅 파워를 쌓아 올렸으니, 이는 천 명의 학자가 밤낮으로 글을 읽는 것보다 더 빠르고 정확하였다. 이를 통해 복잡한 계산을 순식간에 해낼 수 있게 되었으니, 문무대왕이 삼국 통일의 큰 그림을 그린 것과 같았다. 또한 글로벌 데이터센터를 세워 세상의 모든 지식을 한곳에 모았으니, 이는 문무대왕이 삼국의 역량을 하나로 모은 것과 다름없었다. 이곳에서 인공지능이 쉬지 않고 배우고 성장하여, 새로운 지식을 만들어내니 그 힘이 날로 커져갔다.

감포에 있는 문무대왕과학연구소는 SMR을 연구·개발하고 있으니, 이는 왕이 남긴 유산을 이어받아 미래의 힘을 키우는 것이라 하겠다. 동해안의 컴퓨팅 파워와 더불어 전력 파워는 우리나라의 새로운 힘이 되어, 문무대왕이 삼국을 통일하여 외세의 침략을 막은 것과 다름이 없었다. AI 고속도로를 통해 빠르게 데이터를 주고받으며 어떠한 위협도 신속하게 대처할 수 있게 되었다.

이 모든 것이 갖추어지니 우리나라는 인공지능 시대의 강국이 되었다. 마치 문무대왕이 삼국을 통일하여 강대국으로 만든 것처럼 후손들은

AI 고속도로를 통해 세계 속의 강국으로 우뚝 섰다.

그러나 힘이 세진 만큼 지혜롭게 다스려야 함을 잊지 않았으니, 이 또한 문무대왕의 가르침이었다. 인공지능의 힘을 올바르게 사용하여 백성을 이롭게 하고, 세계 평화에 이바지하고자 하였다. AI 고속도로를 통해 전국 방방곡곡에 지식과 정보가 흘러들어, 배우고자 하는 이들에게 기회를 주었다. 농부는 더 나은 농사법을, 의사는 새로운 치료법을, 장인은 뛰어난 기술을 익혔으니 나라의 살림이 나날이 좋아졌다.

또한 인공지능으로 날씨를 정확히 예측하여 농사짓기 좋게 하고, 재해를 미리 알아 백성의 생명과 재산을 지켰으니, 이는 문무대왕이 바다의 용이 되어 나라를 지키겠다고 한 맹세와 다름없었다.

세계 각국과 지식을 나누고 협력하니, 우리의 문화와 기술이 널리 퍼져 존경받는 나라가 되었다. 이는 문무대왕 때 신라의 문화가 일본에 전해져 그들의 문명을 발전시킨 것과 같았다.

그러나 AI 고속도로의 힘이 커질수록 이를 노리는 자들도 생겨났으니, 문무대왕이 외적의 침입을 막은 것처럼 후손들도 사이버 공격을 막는 데 힘썼다. 뛰어난 인재를 길러 AI 보안을 강화하고, 백성들에게도 올바른 사용법을 가르쳐 함께 지켜나갔다.

이렇듯 AI 고속도로는 문무대왕의 지혜를 이어받아 나라를 부강하게 하는 초석이 되었다. 문(文)과 무(武)를 겸비한 문무대왕의 정신으로 인공지능을 다스리니, 우리나라는 세계 속의 강국으로 우뚝 섰다.

후세 사람들이 이를 기록하여 전하기를, "문무대왕의 혜안이 천 년을 넘어 우리에게 전해졌도다. AI 고속도로를 통해 나라를 강하게 하고 백성을 이롭게 하니, 이는 진정 문무대왕의 뜻을 이은 것이라." 이로써 우리나라는 AI 시대의 강국이 되어 세계를 이끌게 되었으니, 문무대왕의 영험이 천 년을 넘어 이어진 것이라 하겠다. 후손들은 이 지혜를 이어받아 더욱 발전된 미래를 만들어갈 것이니 그 공덕이 하늘에 닿으리라.

한국형 AI 고속도로

AI HIGHWAY

PART

V

리파워링
코리아

Chapter 01	AI 시대 전력망 혁신
Chapter 02	국가 전력망 고속도로
Chapter 03	분산형 국가 전력망 고속도로

CHAPTER 01

AI 시대 전력망 혁신

1.1 지능형 전력망 대전환

AI 패권전쟁이 '인프라전쟁'으로 모습을 바꾸고 있다. AGI를 연구하는 AI 데이터센터는 어마어마한 전력을 삼킨다. 우리가 평소에 쓰는 전기와는 비교도 안 될 만큼 많은 양이다. AI 시대에는 첨단 전략산업을 끌어오려면 전력산업의 혁신이 꼭 필요하다. 이제 우리는 튼튼한 전력망 시스템을 만들어 첨단 산업과 서로 좋은 영향을 주고받는 경제 구조를 만들어야 한다. 더는 미룰 수 없는 때가 왔다.

AI 시대의 핵심 기반으로 지능형 전력망이 주목받고 있다. 옛날의 전력망은 발전소에서 만든 전기를 한쪽으로만 보내는 체계였다. 하지만 지능형 전력망은 그렇지 않다. 최신 ICT 기술로 전력을 만들고 쓰는 과정에서 서로 이야기를 주고받는다. 이런 체계는 전기를 쓰는 데 있어 효율성과 안정성, 경제성을 높인다. 거기에 환경에 좋은 에너지 사용도 늘린다. 여러 가지 좋은 점을 한꺼번에 얻으려는 셈이다.

사람과 AI가 쓰는 전력의 차이는 놀랍다. 사람의 머리는 겨우 20W로 움직인다. 60W 전구보다도 적은 전력으로 우리 머리가 돌아가는 것이다. 반면 AI 시스템은 엄청나게 많은 전력을 삼킨다. 마치 코끼리와 개미의 몸무게 차이를 보는 것 같다.

TV 한 대가 300W를 쓰는 데 비해 NVIDIA H100 GPU 하나는 700W를 쓴다. TV 두 대 반을 켜놓은 것과 같은 전력이다. 하지만 이건 그저 빙산의 일각에 불과하다.

사람 100만 명의 머리가 쓰는 전력이 2,000만W라면 같은 수의 GPU는 무려 7억W를 쓴다. 35배나 되는 어마어마한 차이다. OpenAI의 '스타게이트 AI 데이터센터'는 무려 50억W를 먹어 치운다. 사람 100만 명 머리의 250배에 이르는 전력이다.

이런 현실은 AI 시대의 전력 문제가 얼마나 심각한지 보여준다. 우리가 바라는 AI 기술의 발전이 전력 소비의 폭발적인 증가를 함께 가져온다는 사실을 이제 똑바로 봐야 한다.

그래서 지능형 전력망이 필요하다. 이 어마어마한 전력 수요를 효율적으로 다루고, 안정적으로 공급할 수 있는 체계가 꼭 필요하다. 그저 발전소를 더 많이 짓는 게 답이 아니다. 그건 마치 살이 너무 찐 사람에게 더 큰 옷을 사주는 것과 같다. 근본적인 해결책이 되지 못한다.

인간과 AI의 전력 사용량 비교
초당 전력 사용량

인간의 두뇌	20w
TV	300w
NVIDIA H100 GPU 1대	700w
인간 100만 명 두뇌	2,000만w
NVIDIA H100 GPU 100만 대	7억w
원자력 발전소 발전 용량	9억w
OpenAI '스타게이트 AI 데이터센터'	50억w

ⓒ 조선일보

우리는 이제 AI의 발전과 에너지를 효율적으로 쓰는 것 사이에서 균형을 찾아야 한다. 더 똑똑하고 효율적인 AI 모델을 만들면서도 지능형 전력망으로 이 거대한 전력 수요를 슬기롭게 다뤄야 한다. 마치 살을 빼면서 동시에 근육을 키우는 것과 같다. 쉽지 않겠지만 꼭 해내야 할 일이다.

AI 데이터센터가 전력을 얼마나 많이 먹어 치우는지는 국제에너지기구의 보고서에서 잘 드러난다. 2020년 전 세계 데이터센터 전력 소비량이 200~250TWh라고 한다. 전 세계 전력소비량의 1%다. 1%가 작아 보일 수 있지만 전 세계가 쓰는 전기의 100분의 1을 데이터센터가 혼자 다 쓴다는 뜻이다. 그것도 2020년 기준이다. AI 기술이 발전할수록 이 수치는 계속 늘어날 테니 앞으로가 더 문제다.

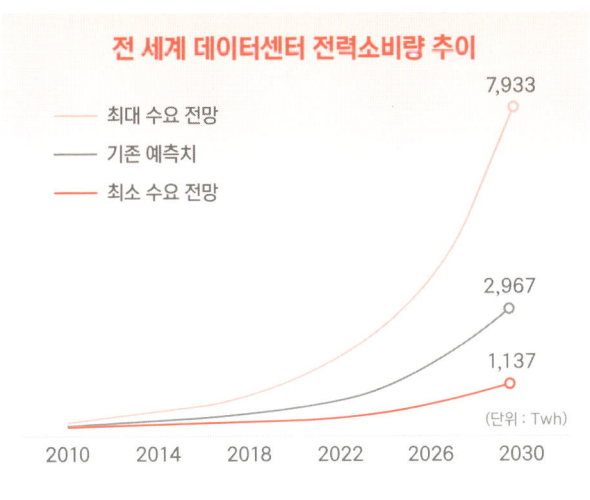

ⓒ 국제에너지기구(IEA)

전 세계 데이터센터 전력소비량 변화를 보여주는 그래프는 마치 로켓이 발사되는 것 같다. 2010년부터 2030년까지의 추세를 보면 말 그대로 폭발적인 증가세다. 그래프에는 세 개의 선이 그려져 있다. 연주황색은 최악의 경우, 회색은 기준 예측, 주황색은 최선의 경우를 나타낸다. 아이러니하게도 최선의 경우조차 증가세를 피할 수 없다. 아무리 노력해도, 아무리 기술이 발전해도 전력 소비는 계속 늘어난다는 뜻이다. 마치 다이어트를 하면서 체중이 계속 늘어나는 것과 같다.

2030년이 되면 최악의 경우 무려 7,933TWh에 달한다. 기준 예측도 2,967TWh로 만만치 않고, 최선의 경우가 1,137TWh다. 2010년과 비교하면 최소 5배, 최대 40배 가까이 늘어나는 셈이다. 이런 증가세라면 우리 지구가 감당할 수 있을지 의문이다.

이 문제는 두 가지 측면에서 심각하다. 첫째, 전력생산량이 이렇게 따라갈 수 있을지 의문이다. 이건 마치 식당에서 주방이 손님들의 주문을 감당하지 못하는 상황과 같다. 둘째, 환경 문제다. 이 많은 전기를 만들려면 얼마나 많은 자원을 쓰고 얼마나 많은 탄소를 배출할지 생각해 봐야 한다. 마치 거대한 괴물이 지구의 자원을 빨아들이고 독가스를 내뿜는 것과 같다.

이런 상황에서 지능형 전력망의 필요성이 더욱 부각된다. 이런 급격한 수요 증가를 똑똑하게 관리할 수 있는 시스템이 절실하다. 효율적인 전력 사용, 신재생 에너지 활용, 첨단 저장 기술, 이 모든 게 총동원돼야 한다.

AI 시대의 지능형 전력망은 세 가지 키워드로 요약할 수 있다. '저탄소화', '분산화', '직류화'다. '저탄소화'는 환경친화적인 에너지 사용을 뜻한다. 화석 연료 대신 태양광, 풍력 같은 재생 에너지를 사용하는 것이다. '분산화'는 중앙집중식 발전소에만 의존하지 않고, 각 지역과 건물에서 필요한 전기를 직접 생산하고 관리한다는 뜻이다. '직류화'는 처음부터 끝까지 직류로 전기를 보내 에너지 손실을 줄이는 것이다.

지능형 전력망의 핵심 요소 중 하나는 디지털 변전소다. 기존의 아날로그 방식과는 완전히 다르다. 모든 제어와 보호 기능을 디지털화한다. 이는 운영 효율을 크게 높인다는 뜻이다. 마치 아날로그 시계를 디지털 스마트워치로 바꾸는 것과 같다. 한국전력공사는 '변전소 디지털화 마스터 플랜'을 수립하여, 2035년까지 모든 변전소의 완전한 디지털화를 추진한다고 한다.[51] 이것이 바로 미래를 준비하는 자세다.

디지털 변전소의 장점은 여러 가지다. 실시간 모니터링과 원격 제어가 가능하다. 예측 정비로 설비 고장을 미리 막는다. 설비가 소형화된다. 더 작고, 더 강력하고, 더 효율적이다. 이것이 바로 기술의 진보다.

우리는 지금 역사적 전환점에 서 있다. AI 시대가 왔다. 이것은 우리에게 거대한 기회다. 동시에 엄청난 도전이기도 하다. 마치 큰 파도와 같다. 이 파도를 잘 타면 우리는 더 멀리 나아갈 수 있다. 하지만 잘못 대응하면 파도에 휩쓸려 버릴 수도 있다.

이 도전을 극복하는 것이 중요하다. 바로 이것에 따라 우리의 미래가 결정된다. 그 첫걸음은 지능형 전력망 구축이다. 이는 마치 긴 여정을 떠나기 전에 튼튼한 신발을 준비하는 것과 같다. 기초가 튼튼해야 먼 길을 갈 수 있는 법이다.

이제 우리에게 필요한 것은 결단과 실행이다. '조금 더 기다려 볼까?' 하는 생각은 버려야 한다. 더 이상 미룰 수 없다. 지금 당장 시작해야 한다. 세상은 우리를 기다려주지 않기 때문이다.

미국뿐만 아니라 유럽연합(EU) 등 주요 국가는 전력망 도전의 시대를 맞아 '그리드 리뉴얼(Grid Renewal)'에 국력을 집중하고 있다. 전 세계적으로 1960년대 이후 60년 만에 전력망 재구축

시대에 돌입했다.

지능형 전력망은 단순히 전기를 효율적으로 공급하는 것에 그치지 않는다. 이는 우리 삶의 방식을 바꾸고, 산업의 구조를 재편하며, 환경을 보호하는 총체적인 변화다. 이 변화의 물결에 올라타야 우리는 더 나은 미래로 나아갈 수 있다. 그 미래에서 우리는 AI와 함께 살아가며, 더 풍요롭고 지속 가능한 세상을 만들어갈 것이다.

1.2 한국형 전력망 고속도로

전기는 AI 시대의 주역으로 떠올랐다. 한때 전기는 그저 일상생활과 산업 활동을 위한 필수 에너지원에 불과했다. 하지만 지금, AI 기술의 급격한 발전과 함께 전기의 위상이 완전히 달라졌다. AI가 발전할수록 전력 수요는 기하급수적으로 늘어난다. AI 모델 학습, 대규모 서버 가동, 첨단 반도체 생산 등 AI 관련 모든 과정이 엄청난 양의 전기를 삼킨다.

이런 상황에서 IEA가 내놓은 보고서 내용이 충격적이다. "오늘 전력망에 투자하지 않으면 내일 전력망 정체에 직면할 수 있습니다. 2040년까지 현재 전 세계 모든 전력망에 해당하는 8천만km의 전력망을 추가 또는 교체해야 합니다."[52] 이게 무슨 소리인가? 지금 당장 행동하지 않으면 우리의 미래가 암흑 속에 빠질 수 있다는 경고다.

AI 중심의 새로운 생태계를 이해하려면 네 가지 핵심 요소를 살펴봐야 한다. AI 산업 생태계, AI 데이터센터, 전력망, 그리고 에너지이다. 이 네 요소가 서로 얽혀 AI 슈퍼 사이클을 만들어갈 것이다. 자율주행, 자율로봇, 자율비행 등 AI 산업 생태계는 이미 우리 일상에 깊숙이 파고들었다. AI 데이터센터는 엄청난 전력을 집어삼키며 24시간 가동된다. 이런 전력을 어떻게 생산할 것인가? 신재생 에너지, 원자력, 소형 모듈 원자로(SMR) 등 모든 옵션을 고려해야 한다. 그리고 이 모든 것을 연결하는 첨단 전력망, 이게 바로 우리가 구축해야 할 '한국형 전력망 고속도로'다.

요즘 원자력 기반 AI 데이터센터에 관심이 고조되고 있다. 폭발적으로 늘어나는 AI 수요와 그에 따른 전력 문제를 해결하기 위해서다. 방법은 두 가지다. 하나는 AI 데이터센터용 전력을 원자력 발전소에서 직접 구매하는 것이고, 다른 하나는 아예 원자력 발전단지 근처에 데이터센터를 세우는 것이다. 앞으로는 한발 더 나아가 AI 데이터센터와 SMR을 같은 부지에 짓는 방안도 진지하게 검토해 봐야 할 것 같다. 미래 에너지와 첨단 기술의 만남, 이것이 우리가 그려볼 수 있는 내일의 모습이 아닐까.

이 전력망 고속도로의 핵심은 최첨단 기술의 결집이다. HVDC 기술로 초고압 송전선을 깔아 장거리 송전 손실을 최소화하고, AI로 전력 시스템을 정교하게 제어하며, 대용량 배터리로 잉여 에너지를 저장한다. 이렇게 하면 태양광, 풍력 같은 재생 에너지의 불안정성 문제도 해결할 수 있다. 더 나아가 이 고속도로는 지역 균형 발전의 열쇠가 될 수 있다. 재생 에너지 발전소가 많은 농어촌과 전력 소비가 집중된 대도시를 효율적으로 연결하면 에너지 불균형도 해소하고 지역 경제에도 활력을 불어넣을 수 있다.

우리나라는 세계 최고 수준의 IT 기술을 가지고 있다. 이 기술력을 총동원하면 세계 최고의 지능형 전력망을 만들 수 있다. 삼성, LG의 하드웨어 기술, 네이버, 카카오의 소프트웨어 역량, 한전과 발전 공기업들의 전력 기술을 결합하면 그 누구도 따라올 수 없는 최첨단 스마트 그리드를 만들어낼 수 있다. 이는 새로운 수출 상품이 될 수 있다. 많은 개발도상국이 노후화된 전력망 때문에 고생하고 있다. 우리 기술로 이들 국가의 전력망을 현대화할 수 있다. 과거 중동에서 원전을 수주했듯 이제는 아프리카, 동남아시아에서 스마트 그리드를 수주하는 그림을 그려볼 수 있다.

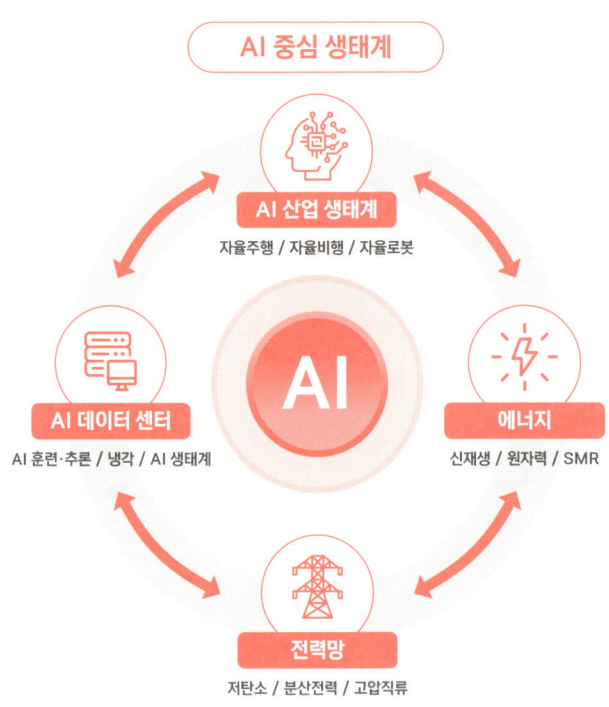

하지만, 이 모든 계획이 순탄하게 진행되리라 기대하면 안 된다. 특히 국내에서 전력 인프라 구축은 많은 사회적 갈등을 일으킬 수 있다. 송전탑 건설을 둘러싼 님비 현상이나 환경 파괴 우려 등 시민들의 반발을 무시할 수 없다. 정부와 기업은 사업의 필요성을 국민에게 끈질기게 설명하고 이해를 구해야 한다. 동시에 지역 주민들의 우려에 귀 기울이고, 환경 영향을 최소화하며, 합당한 보상

책을 마련해야 한다.

　AI 시대에 전기는 단순한 에너지원이 아니다. 국가 경쟁력의 핵심이자 국력 그 자체다. 깨끗하고 효율적인 에너지 시스템을 구축하는 일은 더 이상 선택의 문제가 아니라 생존의 문제다. 한국형 전력망 고속도로는 이를 위한 첫걸음이다. 이는 단순히 전기를 보내는 길이 아니라 우리의 미래를 밝히는 길이다.

　우리에겐 시간이 많지 않다. 미국, 중국, 유럽 선진국들은 이미 차세대 전력망 구축에 사활을 걸고 있다. 우리가 망설이는 사이 기술 격차는 더 벌어질 것이다. 지금 당장 행동해야 한다. 전기를 제대로 다루는 자가 AI 시대를 지배한다. 우리가 그 주인공이 되어야 한다. 한국형 전력망 고속도로는 단순한 기반 시설이 아니다. 대한민국의 미래가 달린 국가 대계다.

　AI 강국, 에너지 강국으로 도약할 수 있다. 망설일 시간이 없다. 전기의 힘으로 밝힐 미래를 향해 지금 당장 힘차게 달려 나가자. 그 길에 한국형 전력망 고속도로가 있다.

CHAPTER

02

국가 전력망 고속도로

2.1 국내 전력계통 빅쇼크

우리나라 전력계통이 빅쇼크를 맞을 조짐이 보인다. AI와 빅데이터 시대가 본격화되면서 전력 수요가 폭증할 텐데 한국의 전력 체계는 이에 대비하지 못한 채 심각한 곤경에 빠져 있다. 이건 마치 좁은 골목길에 대형 트럭들이 줄지어 들어오는 형국이라고나 할까.

지금 우리나라 전력 시스템은 수도권에 지나치게 몰려 있어 국가 에너지 안보와 지역 균형 발전에 큰 걸림돌이 되고 있다. 2023년 기준으로 수도권은 국토 면적의 11.8%밖에 안 되지만 전체 전력 소비량의 43.7%를 차지한다. 반면 발전량은 전국 발전량의 11.2%에 불과해 수도권의 전력 자립도는 25.6% 수준에 그친다. 이는 수도권이 필요한 전력의 74.4%를 다른 지역에서 가져온다는 뜻이다.

이런 상황의 근본 원인을 살펴보면 몇 가지가 눈에 띈다. 우선 대규모 전력 수요가 수도권에 집중되어 있다는 점이다. 특히 최근 들어 데이터센터들이 수도권에 우후죽순으로 들어서면서 문제가 더 심각해지고 있다. 한국데이터센터연합회에 따르면, 2023년 기준으로 국내 데이터센터의 70% 이상이 수도권에 몰려 있다. 데이터센터는 엄청난 양의 전력을 먹는 시설로 일반 사무실 건물의 40~100배가 넘는 전력을 쓴다.

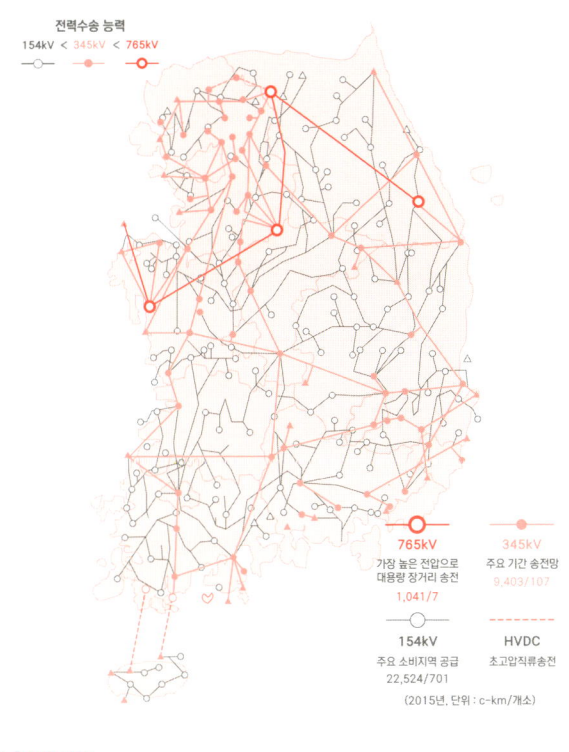

ⓒ 하이투자증권

또 발전지역과 수요지역이 불일치하는 것도 문제다. 발전소는 주로 지방에 있는데 전기를 많이 쓰는 곳은 수도권이니 말이다. 여기에 신재생 에너지의 증가도 한몫하고 있다. 태양광, 풍력발전은 좋은 점이 많지만, 전력 생산이 불안정해 기존 전력망 운영에 부담을 주고 있다. 게다가 송전선로 부족과 건설 지연도 문제를 악화시키고 있다. 밀양 송전탑 사태에서 보듯 송전선로를 새로 건설하는 게 여간 어려운 게 아니다.

이렇게 수도권에 전력 계통이 집중되면 여러 가지 심각한 문제가 생긴다. 먼저 전력 공급이 불안정해진다. 수도권으로 전력을 보내는 과정에서 사고가 나면 대규모 정전 사태로 번질 수 있다. 2023년 8월 15일 발생한 서울 강남 일대 대규모 정전 사태가 이런 위험성을 잘 보여준다. 당시 갑작스러운 전력 수요 증가와 송전선로 문제가 겹치면서 약 7만 가구가 정전을 겪었다. 전력 손실 문제도 있다. 먼 거리로 전기를 보내는 과정에서 생기는 전력 손실이 해마다 수조 원에 이르는 것으로 추정된다. 한국전력공사 자료를 보면 2022년 기준 송배전 손실률이 3.3%로, 이는 약 2조 원의 경제적 손실과 맞먹는다. 이는 나라 전체로 볼 때 큰 경제적 손실이며, 환경에도 나쁜 영향을 미친다. 그리고 지역 간 불균형 발전을 더 심하게 만든다. 발전소가 있는 지역은 환경 오염과 주민 건강 위험을 감수해야 하지만 생산한 전력의 대부분은 수도권으로 보내진다. 이는 지역 간 갈등을 부르고 국토의 균형 발전을 막는다.

이런 상황에서 현재 정부와 한전이 내놓은 대책은 발전제약, 즉 발전소의 출력을 상시 제한하는 것이다. 하지만 이는 임시방편에 불과하다. 발전기가 제 성능을 발휘하지 못하게 하니 경제적 손실도 크고, 전력 수급에 비상이 걸릴 경우 대응하기도 어렵다.

근본적인 대책은 뭘까? 우선 새로운 송전망을 건설해야 한다. 지금 동해안에서 수도권으로 가는 송전망은 교류(HVAC) 전력이 765KV, 345KV, 154KV로 이미 포화 상태다. 이것을 도로에 비유하면 기존 고속도로가 꽉 막혀 있는 셈이다. 그래서 정부는 직류(HVDC) 전력 500KV를 새로 건설하려 한다. 이건 마치 새로운 고속도로를 뚫는 것과 같다.[53] 2023년 12월, 동해안-수도권 간

HVDC 송전선을 건설하겠다는 계획을 발표했다. 직류 송전은 교류에 비해 여러 장점이 있다. 우선 장거리 송전 시 전력 손실이 적다. 교류는 거리가 멀어질수록 손실이 급격히 증가하지만 직류는 상대적으로 안정적이다. 또한 직류는 전력 조절이 쉽고 빠르다. 이는 신재생 에너지와 같은 변동성이 큰 전원과의 연계에 유리하다. 게다가 직류는 해저케이블 설치에 적합해 섬 지역이나 해상 풍력 발전 단지와의 연결에도 효과적이다. 마지막으로 직류 송전선은 교류에 비해 좁은 공간에 설치할 수 있어 환경 영향을 줄일 수 있고 사실상 전자파가 거의 발생하지 않는다. 이런 이유로 직류 송전은 미래 전력망의 핵심 기술로 주목받고 있다.

하지만 송전망 건설만으로는 부족하다. 수요를 분산시키는 것도 중요하다. 데이터센터 같은 대규모 전력 소비 시설을 지방으로 분산 배치하고, 지역별로 적정 수준의 발전 설비를 갖추도록 해야 한다. 정부는 2023년 '데이터센터 지역균형발전 추진방안'을 내놓고, 지방에 데이터센터를 짓는 기업에게 더 많은 혜택을 주기로 했다.[54] 이런 정책으로 수도권의 전력 수요를 줄이고 지역 균형 발전을 이룰 수 있다.

또한 수도권에 작은 규모의 발전 시설을 늘려야 한다. 태양광, 풍력 같은 재생 에너지 발전 시설을 확대하고, 건물에 태양광 발전을 적극 도입해야 한다. 이런 노력으로 수도권의 전력 자립도를 높이고 먼 거리 송전에 따른 문제를 줄일 수 있다.

스마트그리드 기술을 적극 도입해 전력 계통을 더 효율적으로 운영해야 한다. 이는 마치 도로에 지능형 교통 시스템을 도입하는 것과 비슷하다. 전력의 생산과 소비를 실시간으로 맞춰가며 효율을 높이는 것이다. 이를 통해 전력 계통의 효율성과 안정성을 높일 수 있다. 장기적으로는 국가 차원에서 전력 계통을 다시 짜야 한다.

지금의 수도권 중심 방사형 전력망 구조에서 벗어나 지역 간 균형을 이루는 그물망 구조로 바꿔야 한다. 이를 위해 '국가 전력망 고속도로' 구축 계획을 세우고 단계적으로 실행해 나가야 한다.

이 모든 대책은 결국 돈 문제로 귀결된다. 엄청난 비용이 들 수밖에 없다. 하지만 이 비용을 아끼다가 대규모 정전 사태라도 벌어진다면 그 피해는 상상을 초월할 것이다.

전력은 현대 문명의 혈액과도 같다. 이 혈액이 원활히 흐르지 않으면 사회 전체가 마비될 수 있다. AI 시대를 맞아 전력 수요는 더욱 폭증할 텐데 우리의 전력 체계는 이를 감당할 준비가 되어 있지 않다. 지금 당장 종합적이고 장기적인 대책을 세우고 실행에 옮기지 않으면 머지않아 심각한 전력난에 직면할 수 있다. 이는 단순히 전기가 부족한 문제를 넘어 국가 경제와 국민의 삶 전반에 막대한 영향을 미칠 수 있는 중대한 사안이다.

우리에겐 시간이 많지 않다. 정부, 국회, 한전, 발전 회사, 그리고 우리 국민 모두가 이 문제의 심각성을 인식하고 해결을 위해 힘을 모아야 할 때다. 전력 대란을 막는 것, 그것은 우리 세대의 책임이자 다음 세대를 위한 의무다. 전력 생산과 소비의 지역 간 불균형을 해소하고, 지속 가능한 에너지 체계를 만드는 것이 우리의 시급한 과제다. 이를 통해 안정적인 전력 공급과 함께 국토의 균형 발전, 환경 보호를 이룰 수 있을 것이다.

2.2 국가 전력망 고속도로 계획

전기는 우리 삶과 산업 전반에 혈관처럼 퍼져 있다. 이 보이지 않는 힘이 한 나라의 경쟁력을 좌우한다. 과장된 말 같지만 이게 바로 21세기의 현실이다.

한 나라의 경쟁력이 전기의 양과 질, 그리고 가격에 달려 있다. 스마트폰, 컴퓨터, 인공지능, 빅데이터, 이 모든 것들의 핵심에 전기가 있다. 특히 4차 산업혁명 시대에는 더욱 그렇다.

반도체나 배터리 같은 첨단 산업은 전기 품질에 민감하다. 안정적인 공급과 저렴한 가격이 핵심이다. 이게 바로 산업 발전과 국가 경쟁력의 열쇠다.

과거 우리나라의 산업용 전기는 말 그대로 '공짜'나 다름없었다. 1970년대에는 킬로와트시(kWh)당 6~27원, 2005년까지도 60원 선을 유지했다. 어떻게 가능했을까? 화력발전소와 원자력발전소를 계속 지었기 때문이다.

이 저렴하고 안정적인 전기 공급이 우리나라 산업 발전의 핵심 동력이었다. 철강, 조선, 자동차, 반도체…. 우리가 세계적인 제조 강국으로 도약할 수 있었던 배경에는 바로 이 '싸고 질 좋은 전기'가 있었다.

그런데 지금은 어떤가? 전기요금은 오르고, 안정적인 공급도 장담할 수 없다. 왜 이렇게 됐을까? 가장 큰 문제는 정책의 혼선이다. '탈원전' 이념에 사로잡혀 싸고 안정적인 원자력을 포기하려 했던 게 화근이었다.

재생 에너지도 중요하지만, 우리나라 여건상 한계가 있다. 그런데도 무리하게 밀어붙이다 보니, 전기요금은 오르고 공급은 불안해졌다.

한전의 현 상황을 들여다보면 이 문제가 얼마나 심각한지 여실히 드러난다. 최근 공개된 자료에 따르면, 한전은 지난 3년 동안 천문학적인 영업손실을 기록했다. 부채 규모 또한 천정부지로 치솟았다. 대한민국 최대 규모의 공기업이 위기에 내몰렸다는 얘기다.

이는 단순히 한 기업의 문제가 아닌, 우리 경제 전반에 대한 경고음이라 할 수 있다.

이런 상황에서 안정적인 전기 공급과 미래 투자는 불가능하다. 결국 이 부담은 국민과 기업에 전가된다. 전기가 이제는 우리 산업의 발목을 잡는 신세가 됐다.

첨단 산업에 미치는 영향이 특히 심각하다. 반도체, 디스플레이, 이차 전지 등 우리 주력 산업들의 전력 의존도는 80%를 넘는다. 전기 가격이 오르면 곧바로 이들의 경쟁력이 떨어진다.

4차 산업혁명의 핵심인 데이터센터도 문제다. '전기 먹는 하마'인 데이터센터의 전력 소비는 급증하고 있다. 2030년엔 전체 전력 소비량의 9% 이상을 차지할 전망이다.

이런 상황에서 기업들은 해외로 공장을 옮기거나 투자를 줄일 수밖에 없다. 이는 곧 일자리 감소와 경제 침체로 이어진다.

전기가 더 이상 우리 산업의 성장 촉진제가 아닌, 장애물이 되어가고 있다. 이대로라면 우리나라의 산업 경쟁력이 급격히 떨어질 수 있다. 그야말로 국가적 위기다.

이제 우리는 AI 시대에 맞는 새로운 도약이 필요하다. 1970년대 중화학공업처럼 지금은 AI와 첨단 전략산업 중심의 새로운 에너지 강국 모델이 필요하다. 이를 위해 정부는 2023년 12월 '전력계통 혁신대책'을 발표했다. 핵심은 '국가 전력망 고속도로'다.

첫째, '국가기간 전력망 확충 특별법'을 제정한다. 국가가 나서서 전력망 구축을 지원하고, 인허가 절차를 간소화한다. 이로써 송전선 건설 기간을 3~4년 단축할 수 있다.

둘째, 전력망 효율을 높인다. '계통특별관리지역'을 지정해 시간대별로 유연하게 관리하고, 기존 전력망의 용량을 늘리는 새 기술을 도입한다.

셋째, 모든 발전원에 계통 책임을 부여한다. 재생 에너지도 이제 전력계통 안정에 기여해야 한다.

정부는 이 계획으로 핵심 기간망 건설 기간을 30% 단축하고, 송전선로 건설 규모를 10% 줄이며, 계통 유연성을 2배로 늘릴 수 있다고 본다.

'국가 전력망 고속도로'의 핵심은 '횡축'과 '종축'이다. '횡축'은 동해안 울진의 원전에서 수도권으로, '종축'은 호남의 재생 에너지를 수도권으로 보내는 길이다. 2036년까지 서해안 초고압직류전력망(HVDC)을 구축할 계획이다.

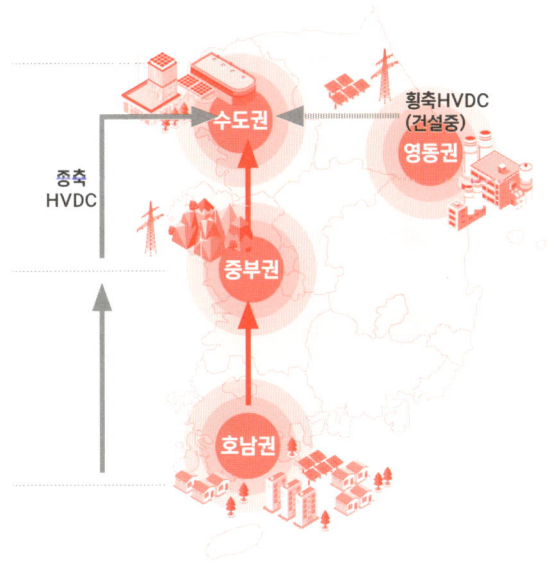

ⓒ 산업통상자원부

이는 전기 생산과 소비의 지역 불균형 때문이다. 서울은 전기의 9%만 자급하고, 경기도는 61%다. 반면 지방은 원자력과 재생 에너지 발전이 늘고 있다. 정부는 이 불균형을 해소하고, 수도권의 데이터센터를 지방으로 분산시켜 전기 수요와 공급을 균형 있게 만들려 한다.

동시에 안정적인 전기 공급을 위해 원전 건설도 계속한다. 새울 3·4호기, 신한울 3·4호기 완공과 함께 i-SMR을 포함한 최대 3기의 신규 원전도 계획 중이다. 재생 에너지 확대를 위해 RE100 이행수단과 신재생 에너지 의무할당제(RPS) 비율도 높인다.

이 종합적인 접근의 목표는 명확하다. 전기의 안정적 공급, 재생 에너지 확대, 지역 간 전기 불균형 해소, 그리고 분산 에너지 활성화를 통한 미래형 전력 시스템 구축이다. 여기에 민간 참여까지 검토 중이니 실현되면 획기적인 변화가 될 것이다.

이런 노력들이 모여 우리나라가 AI 시대의 첨단 전략산업과 에너지 강국으로 도약하는 계기가 되길 바란다. 과거 중화학공업의 경제 기적을 AI와 첨단 기술로 재현할 수 있을 것이다.

전력 인프라, 미래 먹거리

세상이 바뀌고 있다. 인공지능이 우리 일상에 파고들고, 전기차가 도로를 점령하고 있다. 신재생 에너지도 빠르게 확산 중이다. 이런 변화의 중심에 전력 인프라가 있다. 전력 없이는 이 모든 게 불가능하니 말이다. 그런데 여기서 우리가 주목해야 할 게 있다. 바로 전력 인프라를 수출 산업으로 키우는 일이다.

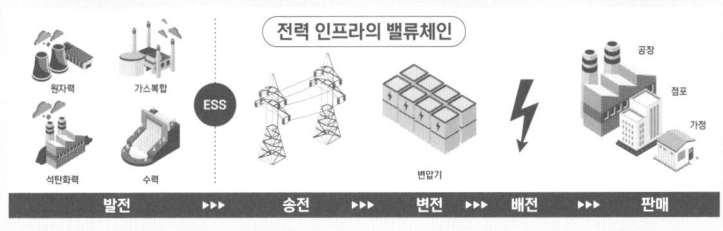
ⓒ KB증권

미국을 보자. 노후화된 전력망을 교체하겠다고 한다. 중동은 어떤가? 새로운 전력망 구축에 열을 올리고 있다. 이게 바로 우리의 기회다. 우리나라 기업들, 이 거대한 시장을 공략해야 한다.

그런데 잠깐, 우리 기업들의 실력이 어느 정도인지 살펴볼 필요가 있다. 세계적인 기업들과 비교해 보면 어떨까? HITACHI에너지, SIEMENS에너지, GE VERNOVA 같은 거물들과 견주어 보자. 솔직히 말해서, 아직은 한 수 아래다. 기술력이나 브랜드 파워에서 밀리는 게 사실이다. 하지만 절대 낙담할 일은 아니다.

우리의 강점을 보자. 전선 분야, 이건 우리가 세계 최고 수준이다. LS전선, 대한전선 같은 기업들, 초고압 케이블 기술에서는 세계 어디에도 뒤지지 않는다. 변압기나 차단기 같은 전력기기 분야도 만만치 않다. 효성중공업, 현대일렉트릭, 이 기업들 실력 알만하다.

그런데 여기서 눈여겨봐야 할 게 있다. 바로 중국 기업들이다. 그들은 우리를 바짝 추격하고 있다. 가격 경쟁력에서는 이미 우리를 앞섰다. 기술력도 빠르게 따라잡고 있다. 특히 국영기업인 중국 국가전망공사(State Grid Corporation of China)의 약진이 무섭다.

하지만 우리에게도 기회는 있다. 중국 기업들, 아직 품질 관리나 사후 서비스 면에서는 우리가 한 수 위다. 게다가 미국이나 유럽 시장에서는 중국 기업들에 대한 경계심이 크다. 이게 바로 우리의 기회다. 이제 우리는 어떻게 해야 할까? 전력 인프라를 수출 주력 산업으로 키워야 한다. 단순히 국내 시장에만 안주해선 안 된다. 미국, 중동 시장을 공략해야 한다. 특히 전선과 전력기기 분야에 집중해야 한다.

우리 기업들은 이 시장에서 어떻게 살아남을 수 있을까? 기술 개발에 사활을 걸어야 한다. 특히 AI와 빅데이터를 활용한 스마트 그리드가 핵심이다. 중국 기업들과의 격차를 벌리고, 세계적인 기업들과의 격차를 좁혀야 한다. 품질과 서비스로 승부해야 한다.

정부는 어떻게 해야 할까? 과감한 지원이 필요하다. 수출 금융 지원, 해외 시장 개척 지원 등이 절실하다. 특히 미국, 유럽 시장 진출을 위한 외교적 지원도 필요하다. 중국 기업들과 차별화할 수 있는 전략을 세워야 한다.

전력 인프라, 이게 바로 우리의 미래 먹거리다. 단순히 돈 벌 기회가 아니다. 우리의 미래가 걸린 문제다. 우리가 이 분야에서 세계를 선도할 수 있다면, 우리의 미래는 밝다. 미국과 중동 시장을 공략하고, 전선과 전력기기 분야에서 세계 최고가 되자.

지금이 바로 행동해야 할 때다. 기업은 투자를, 정부는 지원을, 우리는 관심을 가져야 한다. 전력 인프라, 이게 바로 우리의 미래다. 이제 우리는 어떤 선택을 할 것인가? 세계 시장을 향해 나아갈 때다. 중국 기업들을 따돌리고, 세계적인 기업들과 어깨를 나란히 할 때다.

CHAPTER

03

분산형 국가 전력망 고속도로

3.1 에너지 자립 모델

1948년, 우리나라는 암흑 속에 빠졌다. 북한이 전기 공급을 끊어버린 것이다. 미국 발전함을 부산항과 인천항에 들여와 겨우 불을 밝히던 그 시절, 우리는 뼈저리게 깨달았다. 에너지 자립이 국가 존립의 근간이라는 사실을.

그로부터 30년 뒤인 1978년, 고리원전 1호기 가동과 함께 우리 산업화의 불씨가 되살아났다. 우리는 '빨리빨리' 정신으로 경제성장에 매진했고, 그 결과 세계 10위권의 경제 대국으로 올라섰다. 하지만 급속한 성장의 이면에는 에너지 소비 급증이라는 그림자가 드리워져 있었다.

최근 AI 기술의 폭발적 발전은 이 문제를 더욱 첨예하게 만들고 있다. AI 서버 구동에 엄청난 전력이 필요하기 때문이다. 구글의 AI 챗봇 한 번 사용하는 데 들어가는 전기가 스마트폰 한 번 충전량과 맞먹는다고 하니, 앞으로 전력 수요가 얼마나 늘어날지 가늠하기 어렵다.

이런 상황에서 우리는 어떤 선택을 해야 할까? 답은 명확하다. 다양한 에너지원을 적절히 조합해 활용하는 멀티 에너지 정책이다. 신재생 에너지, 원자력, 소형모듈원자로(SMR)를 균형 있게 활용해야 한다. 이는 마치 주식 투자에서 분산 투자를 하는 것과 같은 이치다. 한 종목에 올인하면 위험하듯, 에너지도 한 가지에만 의존해선 안 된다.

신재생 에너지는 깨끗하고 무한하다는 장점이 있다. 태양광, 풍력, 수력 등 자연에서 얻을 수 있는 에너지원을 활용하기에 환경친화적이다. 하지만 날씨에 따라 발전량이 불안정하다는 단점도 있다.

여기서 원자력의 역할이 중요해진다. 원자력은 안정적인 전력 공급이 가능하고, 이산화탄소 배출량도 적다. 물론 사고 위험과 방사성 폐기물 처리 문제 등 해결해야 할 과제가 있지만, 기술 발전으로 이런 문제들을 극복해 나가고 있다.

최근 주목받고 있는 SMR은 원자력의 새로운 지평을 열고 있다. SMR은 기존 원전보다 크기가 작아 건설 비용과 시간을 크게 줄일 수 있다. 또한 안전성도 높아 도시 근처에 설치해 송전 손실도 최소화할 수 있다.

동해에서는 LNG(액화천연가스), 원자력을 통해 얻을 수 있는 전력량이 상당하다. 최근에는 해상 풍력발전에 대한 관심이 높아지면서 동해가 전력 에너지의 보고(寶庫)로 주목받고 있다. 이런 다양한 에너지원을 활용하면 우리나라의 에너지 자립도를 한층 높일 수 있을 것이다. 최근 동해안에서 석유와 리튬의 매장도 확인되고 있다.

이 세 가지 에너지원을 적절히 조합하면 우리는 안정적이면서도 환경친화적인 에너지 시스템을 구축할 수 있다. 예를 들어, 평상시에는 신재생 에너지와 SMR을 주로 활용하다가 전력 수요가 급증

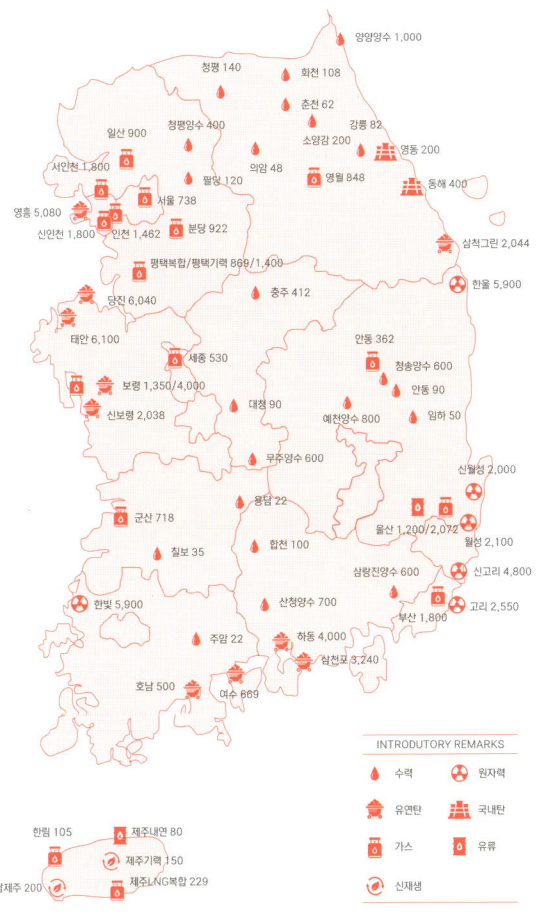

ⓒ 하이투자증권

하거나 날씨가 좋지 않을 때는 대형 원전의 전력을 보조적으로 사용하는 식이다.

이런 멀티 에너지 정책과 함께 주목해야 할 것이 바로 분산 에너지다. 분산 에너지란 전기를 쓰는 곳 근처에서 전기를 생산해 사용하는 시스템이다. 지금까지 우리나라는 대규모 발전소에서 전기를 만들어 전국으로 보내는 중앙집중형 시스템을 써왔다. 하지만 이 방식은 송전탑 건설 비용, 주민 반발, 전력 손실 등 여러 문제를 안고 있다. 분산 에너지는 이런 문제들을 해결할 수 있다.

정부도 이런 장점을 인식하고 최근 분산 에너지 활성화 특별법을 시행했다. 이 법의 핵심은 지역에서 생산한 전기를 그 지역에서 소비하는 것이다. 데이터센터 같은 대규모 전력 소비처를 지방으로 분산시키고, 건물마다 분산 에너지 설비 설치를 의무화하는 등의 정책이 도입됐다. 또한 '통합발전소사업'이라는 흥미로운 개념도 등장했다. 이는 작은 태양광 발전소나 에너지저장장치(ESS) 같은 것들을 하나로 묶어 큰 발전소처럼 운영하는 것이다.

이런 정책들이 제대로 작동하려면 경제적 인센티브도 필요하다. 그래서 정부는 지역별로 전기요금을 다르게 책정할 수 있는 근거를 마련했다. 발전소가 밀집한 지역의 전기요금을 낮춰 주는 대신 발전소에서 멀어질수록 전기요금이 높아지는 제도이다. 상대적으로 발전소는 적으면서 전기를 많이 소비하는 수도권의 전기요금은 오르고 경북, 부산, 충남 등 발전소가 집중된 지역의 요금은 내려갈 전망이다. 이렇게 하면 기업들도 자연스럽게 전기요금이 저렴한 지역으로 이동할 테니, 전력 수요의 지역 편중도 해소될 수 있다.

물론 이런 변화가 하루아침에 이뤄질 순 없다. 하지만 우리에겐 시간이 없다. 기후변화는 날로 심각해지고 있고, AI 시대의 도래로 전력 수요는 폭발적으로 늘어나고 있다. 우리는 지금 당장 행동해야 한다.

에너지 정책은 이념의 문제가 아니다. 현실과 과학에 기반한 냉철한 판단이 필요하다. 우리에겐 비참했던 과거도, 빛나는 성공의 역사도 있다. 이 경험을 토대로 우리는 더 나은 미래를 만들어갈 수 있다. 신재생 에너지, 원자력, SMR을 균형 있게 활용하는 멀티 에너지 정책과 분산 에너지 시스템이야말로 그 미래를 향한 첫걸음이 될 것이다.

우리는 지금 갈림길에 서 있다. 한쪽은 익숙한 중앙집중형 에너지 시스템이고, 다른 쪽은 낯설지만 희망찬 멀티 에너지와 분산 에너지의 길이다. 어느 쪽을 선택할 것인가? 나는 단연코 후자를 택하겠다. 그것이 우리의 미래를 위한, 그리고 우리 아이들의 미래를 위한 현명한 선택이라고 확신하기 때문이다.

에너지 자립은 더 이상 선택의 문제가 아니다. 그것은 우리가 반드시 이뤄내야 할 과제다. 1948년 우리가 겪었던 그 암흑의 시대를 다시는 되풀이하지 않기 위해서라도 말이다. 동해안의 에너지 자원을 기반으로 전력 에너지 산업을 일관성 있게 추진해 나가려면 '전력에너지자원청' 같은 독립적인 부처가 필요하다.

더 밝은 미래, 더 깨끗한 지구, 그리고 더 안전한 에너지 시스템을 향해 이제 우리 함께 나아가보자. 그 길에 멀티 에너지와 분산 에너지가 있다. 우리가 함께 만들어갈 새로운 에너지 패러다임, 그것이 바로 우리의 미래다. 그리고 그 미래는 이미 시작됐다.

3.2 분산형 국가 전력망 고속도로

우리나라가 AI 고속도로를 달리기 위해서는 전력망부터 바로 세워야 한다. 수도권 집중형 구조로는 한계가 있다. 분산형 전력 고속도로는 단순한 전기 공급 체계가 아닌 국가 미래를 좌우할 핵심 인프라다.

분산형 국가 전력망은 AI 강국 실현의 핵심이다. 이를 통해 전국에 AI 데이터센터를 구축하고 지역 특성에 맞는 AI 산업을 육성할 수 있다. 특히 울진-부산 구간은 미래 산업의 중심지가 될 것이므로 중요하다.

우리는 집중과 불균형을 유지할 것인가, 아니면 분산과 균형의 새 패러다임을 택할 것인가를 결정해야 한다. 이 선택이 AI 시대 승자가 되느냐를 결정할 것이다. 분산형 전력 고속도로로 AI 강국의 꿈을 실현하는 것이 우리가 그려야 할 대한민국의 미래다.

'분산형 전력망 고속도로'는 전기 생산과 공급을 전국에 분산하면서 지역 간 효율적 전기 거래를 가능하게 하는 네트워크다. 지역 특성과 산업 구조에 맞는 전력 기반을 구축하고 고효율 송전망으로 연결해 전국적 전력 균형을 목표로 한다.

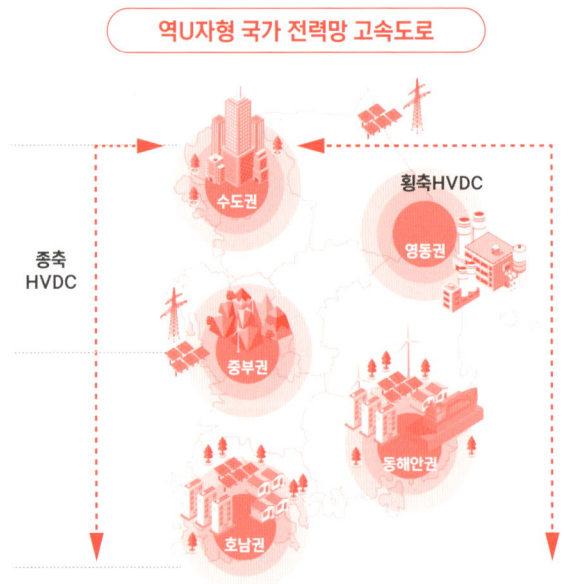

역U자형 국가 전력망 고속도로

국내 적용 방안은 '역U자형 분권형 전력망 고속도로' 구축이다. 기존 서해안-수도권, 울진-수도권 연결 계획을 넘어 울진에서 부산까지 연결해 진정한 역U자형 분권형 전력망을 만들어야 한다.

울진-부산 구간은 울산·포항 배터리 특화단지, 포스코 수소 환원 제철 프로젝트, 울산 전기차 생산 공장, 부산 반도체 특화단지 등 미래 핵심 산업이 집중돼 있어 중요하다. 2020년 기준 수도권 전력 소비량은 전국의 36%, 영남권은 28%지만 동남권 산업 구조 변화와 신산업 육성으로 전력 수요가 크게 증가할 전망이다.

분산형 전력 고속도로는 전기 생산과 공급을 전국에 분산하면서 지역 간 효율적 전기 거래가 가능한 네트워크 구축이 핵심이다. 지역 특성과 산업 구조에 맞는 전력 기반을 구축하고 고효율 송전망으로 연결해 전국적 전력 균형을 목표로 한다.

현 정부의 국가 전력 고속도로 계획은 동해안 울진-수도권, 전남-경기 구간에 집중되어 있다. 그러나 핵심적인 동해안 울진-부산 구간이 빠져 있다. 이는 주요 산업 발전에 장애가 될 수 있다.

포스코의 수소환원제철 기술 상용화 시 연간 7TWh의 추가 전력이 필요할 것으로 예상된다. 이는 포항시 연간 전력 소비량의 1.5배에 해당한다. 울진-부산 구간 전력망 고속도로 구축은 현재 전력 수요 충족을 넘어 미래 산업 발전 기반을 위한 핵심 투자다.

이 구간 전력망 확충은 동남권 신재생 에너지 발전 잠재력 활용에도 기여할 것이다. 동해안의 풍부한 해상풍력, 태양광 등 재생 에너지 자원을 활용하려면 안정적인 송전 인프라가 필요하다.

분산형 전력 고속도로는 데이터센터의 지방 분산 설치도 가능하게 한다. 현재 국내 데이터센터의 70%가 수도권에 집중돼 전력 수급 불균형의 원인이 되고 있다. 데이터센터의 지방 분산 설치는 전력 수요 균형과 지역 경제 활성화에 기여할 수 있다.

부산과 포항에 글로벌 데이터센터 설치는 여러 긍정적 효과를 가져올 수 있다. 지역 전력 수요 증가로 인프라 투자 타당성 제고,

양질의 일자리 창출과 관련 산업 육성을 통한 지역 경제 활성화, 데이터 처리 분산을 통한 국가 디지털 인프라 안정성 향상 등이 그것이다.

글로벌 기업들은 이미 데이터센터 지역 분산의 이점을 활용 중이다. 구글은 미국 전역 14개 데이터센터로 서비스 안정성과 속도를 향상시키고, 아마존도 전 세계 여러 지역 데이터센터로 글로벌 서비스 품질을 개선하고 있다.

따라서 역U자형 분권형 전력망 고속도로 구축이 필요하다. 이는 다양한 이점을 가져올 것이다.

이 구조는 지역 간 전력 수급 불균형 해소, 지역별 전력 생산과 소비 최적화, 재생 에너지 발전 촉진 및 효율적 연결, 산업 구조 고도화 지원 등의 이점을 제공한다. 또한 대규모 전력 소비 시설의 지방 분산을 통해 지역 산업 발전을 촉진한다. 전력 인프라 투자와 관련 산업 유치로 지역 경제에 새로운 성장 동력을 제공한다.

분산형 전력 고속도로 구축을 위해서는 몇 가지 과제 해결이 필요하다. 첫째, 국가 안보와 첨단 전략산업을 위한 장기적이고 종합적인 국가 에너지 계획이 필요하다. 둘째, 대규모 인프라 투자를 위한 재원 마련 방안이 필요하며, 정부 예산과 민간 투자 유치 방안을 모색해야 한다. 셋째, 해저 전력 고속도로와 지중화 확대, 명확한 법적 기준 마련으로 갈등을 최소화하고, 송전망 건설 주변 지역 보상 확대로 국가 책임을 강화해야 한다. 넷째, AI와 빅데이터를 활용한 스마트 그리드 등 첨단 전력 관리 기술 개발과 적용이 필요하다.

분산형 전력 고속도로는 지속가능한 국가 발전의 핵심 인프라다. 이는 전력 공급을 넘어 국가 균형 발전, 첨단산업 육성, 에너지 전환 등 다양한 국가적 과제와 연관된다. 정부, 산업계, 학계, 시민

사회 등 다양한 이해관계자의 협력이 필요하다. 우리의 협력으로 AI 고속도로를 통해 대한민국의 찬란한 미래를 만들어갈 수 있을 것이다. AI 시대 전력망 혁신으로 AI 강국, 리파워링 코리아를 꿈꿔본다.

세종의 빛, 뿌리 깊은 전력망

우리의 세종 성군의 지혜로 전력망의 빛 찬란하고

뿌리 깊은 나무같이 견고히 세워지니

스마트 그리드와 재생 에너지로 미래를 밝히고

국제 협력으로 넓은 바다를 열어 전력 혁신의 길을 닦네

밝은 아침 빛 솟아오르니
천지에 가득한 은혜로다
우리나라 강산에 전기 흐르는 길
이제 새롭게 닦아야 하리라

한양 땅에 몰린 전기의 길
한 곳에 치우친 힘 위태롭구나
큰 나무 한 그루에 모든 열매 달린 듯
한 번의 폭풍에 모든 것 쓰러질까 두렵도다
이제 온 나라에 고르게 뿌리내릴 때로다

옛날 성군 세종대왕 가르치신 뜻
깊은 뿌리 가진 나무 바람에 흔들리지 않으니
견고한 전력망은 국가의 근간이라
지하에 줄기 뻗어 재앙 막아내고
스마트한 기술로 효율을 높이세

AI의 지혜 더하여 국가 전력망 새로 지으니
만물이 서로 통하는 사물인터넷의 길
데이터의 강물 쉼 없이 흐르고
인공지능의 눈 밝게 살피어
고장 나기 전에 미리 고치도다

분산형 전력망 고속도로 닦으니
한 곳 막혀도 다른 길로 흘러
끊김 없이 온 나라 밝히는 빛

천 갈래, 만 갈래 그물처럼 얽혀
어느 곳 하나 소홀함 없으리

바람 불고 해 뜨는 자연의 힘
우리의 힘으로 바꾸어 쓰니
태양과 바람, 물의 기운 모아
넉넉한 에너지 창고에 저장하여
부족함 없이 나누어 쓰세

깊은 샘물 마르지 않듯 에너지도 아끼니
온 국민이 한마음으로 절약에 동참하고
현명한 예측으로 부족함 없이 공급하여
가뭄에도 마르지 않는 샘물과 같으리라

우리의 지혜 바다를 건너
이웃 나라와 손잡고 전기 나누니
서로의 부족함 채우고 넘치는 것 나누어
큰 바다에 흐르는 물결처럼 넉넉하도다

옛 성현의 지혜 새 시대에 펼쳐
첨단 기술로 이어받아
안전하고 효율 높은 전력의 길
온 국민이 편안히 쓰고 나누리라

이 나라 강산에 전기 흐르는 길
이제 우리 손으로 새롭게 닦으니

한양에 치우친 길 온 나라로 펼쳐

어느 곳 하나 소외됨 없이

고르게 발전하는 나라 되리라

후손들에게 물려줄 귀한 유산

길이길이 빛나리라

정책 리스트

순번	AI 고속도로 정책 리스트	페이지
1	국가 GenAI 가속기센터	261
2	AGI 연구소	263
3	GenAI Accelerator Challenge 프로그램	229
4	글로벌 데이터 파운드리 캠퍼스	264
5	헬스케어 연합 학습 생태계	224
6	AI 스타트업센터	263
7	K 슈퍼 클라우드 컴퓨팅 파크	260, 263
8	글로벌 AI 데이터센터 허브	265
9	AI 클라우드 국가첨단전략산업 특화단지	231, 260
10	국제 AI 안전 연구소 설립	63
11	국제 해저케이블 공급망 생태계	210
12	퀀텀통신 고속도로 실증단지	231
13	K 온디바이스 AI 플래그십 프로젝트	104
14	역U자형 국가 전력망 고속도로	298
15	원자력 기반 AI 데이터센터 분산 에너지 특구	279
16	전력에너지자원청 신설	297
17	AI 통신 혁신센터(AI RAN Innovation Center) 설립	212

참고자료

Chapter 1. AI 패권전쟁과 신인류

① 한국과학기술정보연구원, "중국제조 2025", 2015.11.

② Leopold Aschenbrenner, "Situational Awareness", 2024.06.

③ 매일경제, www.mk.co.kr/news/it/10889356

④ brunch.co.kr/@acc9b16b9f0f430/82

⑤ Alphabet Inc., "2022 Annual Report (Form 10-K)"

⑥ 중국 국무원, "차세대 인공지능 발전계획", 2017

⑦ Tortoise Intelligence, "Global AI Index 2023", 2023

⑧ European Parliament, "EU AI Act: first regulation on artificial intelligence", 2023

⑨ The White House, "FACT SHEET: President Biden Issues Executive Order on Safe, Secure, and Trustworthy Artificial Intelligence", 2023

Chapter 2. 생성 AI 텍스트 유니콘

⑩ Reuters, "ChatGPT sets record for fastest-growing user base - analyst note", 2023.02.01.

⑪ Precedence Research, "Artificial Intelligence (AI) Market Size, Share, and Trends 2024 to 2034", 2023.10.

⑫ IDC, "Worldwide Artificial Intelligence Spending Guide"

⑬ Canalys, "Worldwide cloud infrastructure services market Q4 2023 and full-year 2023"

⑭ AI TIMES, "NVIDIA, AI 칩 시장 90% 이상 점유할 것", 2023.07.11.

⑮ Cerebras Systems 공식 블로그, "Introducing Andromeda: A 13.5 AI Exaflop Wafer-Scale Cluster", 2022.11.14.

⑯ Lunit 공식 웹사이트, www.lunit.io/en

⑰ VUNO 공식 웹사이트, www.vuno.co/

⑱ Tesla 공식 웹사이트, 2023 Tesla AI Day

⑲ superinnovators, "Introducing Figure 02: 2nd-gen humanoid"

⑳ Boston Dynamics 공식 YouTube 채널, www.youtube.com/ watch?v=-e1_QhJ1EhQ

㉑ 산타토익 공식 웹사이트, kr.aitutorsanta.com

Chapter 3. 글로벌 AI 고속도로

㉒ The White House Archives, trumpwhitehouse.archives.gov/ai/

㉓ The White House, www.whitehouse.gov/ostp/ai-bill-of-rights/

㉔ 조선일보, www.chosun.com/economy/tech_it/2024/03/31/KP TV5PSLZZBWBM2YSYKRETSYU4/

㉕ MIT CSAIL 공식 웹사이트, www.csail.mit.edu

㉖ Built In Boston, www.builtinboston.com/companies/type/artificial-intelligence-companie

㉗ 글로벌이코노믹, news.g-enews.com/ko-kr/news/article/news_all /202303300900597700e8b8a793f7_1/article.html?md=20230330092140_U

㉘ 중국 국무원 공식 웹사이트, www.gov.cn/zhengce/content/2017-07/20/content_5211996.htm

㉙ 센스타임 공식 웹사이트, www.sensetime.com/en

㉚ MILA 공식 웹사이트

㉛ 대만 국가발전위원회, 2021.04.

㉜ Hsinchu Science Park 공식 웹사이트

㉝ TrendForce 보고서

㉞ 백악관 공식 웹사이트,
"President Trump Launched the American AI Initiative"

㉟ 미국 국립과학재단(NSF) 공식 웹사이트,
"NSF Increases Investment in Artificial Intelligence Research"

㊱ 백악관 공식 웹사이트, "Blueprint for an AI Bill of Rights"

㊲ 중국 국무원 공식 웹사이트,
"国务院关于印发新一代人工智能发展规划的通知"

㊳ 캐나다 정부 공식 웹사이트, "Government of Canada launches second phase of the Pan-Canadian Artificial Intelligence Strategy"

㊴ 대만 행정원 공식 웹사이트, "AI Taiwan Action Plan"

㊵ Research and Markets, "City Profile – Toronto; Comprehensive Overview of the City, Pest Analysis and Analysis of Key Industries Including Technology,
Tourism and Hospitality, Construction and Retail", 2023. 10.

Chapter 4. 한국형 AI 고속도로

㊶ Canalys, "Global cloud services spending up 16% in Q3 2023 as growth rate stabilizes",2023. 11. 22.

㊷ Jensen Huang, NVIDIA GTC Keynote, 2023

㊸ TOP500, "www.top500.org/lists/top500/2023/11/"

㊹ EMERGEN RESEARCH, "2023년 고급 분석 시장의 상위 10개 회사", 2023.07.11.

㊺ CIO, "AI 시장 2030년까지 연간 36.8% 초고속 성장" 마켓앤마켓, 2023.09.13.

㊻ 과학기술정보통신부, "AI 반도체 초격차 확보 전략", 2023

㊼ 부산일보, mobile.busan.com/view/busan/view.php?code2024020 618174460662

㊽ 연합뉴스, www.yna.co.kr/view/AKR20231115111000017

㊾ brunch.co.kr/%40carminedraco/391

㊿ Google AI, "Quantum Supremacy Using a Programmable Superconducting Processor", 2019

Chapter 5. 리파워링 코리아

(51) 전기신문, www.electimes.com/news/articleView.html?idxno=304593

(52) IEA, World Energy Outlook, 2023

(53) 제10차 장기 송변전설비계획

(54) 산업통상자원부, "데이터센터 지역 분산 정책 설명회", 2023.11.18.

AI를 잡는 자가 미래를 잡는다
AI 고속도로

초판 1쇄 발행 2024년 11월 22일

지은이 송경창

발행처 밝은사람들

출판등록 2002년 7월 26일 | 제 2011-8호

주소 대구광역시 남구 현충로8길 9-4

대표전화 053-660-6600

이메일 hipr@hanmail.net

홈페이지 www.hongbosil.com

ⓒ 송경창, 2024

이 책은 저작권법에 따라 보호를 받는 저작물이므로
무단 전재와 복제를 금하며, 이 책의 내용의 전부 또는 일부를 사용하려면
반드시 저작권자의 동의를 받아야 합니다.

ISBN 979-11-86270-40-0

정가 22,000원